Ulrich Parzany

IM EINSATZ FÜR JESUS

Ulrich Parzany

Im Einsatz für Jesus

Programm und Praxis des Pfarrers Wilhelm Busch

Schriftenmissions-Verlag Gladbeck

Umschlag: Gerd Meussen, Essen
Druck: Bongers, Lünen
ISBN 3 7958 0234 2

Inhalt

Keine Biographie!

Wilhelm Busch hat sich verbeten, daß eine Biographie über ihn geschrieben würde. Deshalb geht es in diesem Buch „nur" um sein Programm und seine Praxis. Was bedeutete für ihn die Predigt? Wie predigte er? Was können wir hier lernen?

Die gleichen Fragen im Blick auf die Evangelisation! Eigentlich kommen in diesem Buch nur Themen vor, die heute in der Kirche total gegensätzlich behandelt und praktiziert werden. Die Position Wilhelm Buschs soll hier noch einmal gebündelt zur Sprache kommen, und zwar für die Verkündigung, für die Jugendarbeit, für das Verhältnis von Pietismus und Kirche und für das Verhältnis von Pietismus und Politik.

Ich wünsche sehr, daß dies für viele tätige Christen eine Ermutigung und Hilfestellung bedeutet. Aber es soll auch eine kritische Anfrage an manches sein, das heute im Bereich der Kirche getrieben wird.

Dankenswerterweise hat das Kultusministerium von Nordrhein-Westfalen gestattet, daß ich im Hauptstaatsarchiv in Düsseldorf die noch nicht freigegebenen Akten der Geheimen Staatspolizei (Gestapo) über Wilhelm Busch einsehen und benutzen durfte. Im vierten Kapitel wird die Tätigkeit Wilhelm Buschs im Dritten Reich vornehmlich durch die Brille dieser Gestapo-Akten dargestellt. Das vierte Kapitel rundet die Aussagen der ersten drei über Predigt, Evangelisation und Jugendarbeit erst ab.

Also keine Biographie, sondern Programm und Praxis seines Dienstes!

Vorab aber jetzt die wichtigsten Daten seines Lebens im Überblick: Er wird am 27. März 1897 als ältester Sohn des Pfarrers Dr. Wilhelm Busch in Wuppertal-Elberfeld geboren, wächst in Frankfurt am Main auf, nimmt als Kriegsfreiwilliger am Ersten Weltkrieg teil und kommt als junger Leutnant an der Front zum lebendigen Glauben an Jesus Christus. Nach dem Krieg studiert er Theologie in Tübingen. Er arbeitet besonders bei Professor Adolf Schlatter und Professor Karl Heim. Nach seinem Examen ist er zweieinhalb Jahre Vikar und Hilfsprediger in Bielefeld. 1924 wird er zum Pfarrer eines Bergarbeiterbezirkes in Essen-Altstadt gewählt. Der Essener Jugendpfarrer Wilhelm Weigle tritt aus Krankheitsgründen am 1. August 1929 in den Ruhestand. Am 14. Oktober 1929 beruft das Presbyterium der Kirchengemeinde Essen-Altstadt Wilhelm Busch zum Jugendpfarrer. Am 24. Februar 1930 unterschreibt er seine Dienstanweisung. In dieser Zeit hat er die Tätigkeit im Essener Jugendhaus aufgenommen.

Die Übernahme dieser Aufgabe erschien damals offensichtlich als riskante Sache. Eine Gemeindevertretung räumt Wilhelm Busch ausdrücklich das Recht ein, nach 4 Jahren ohne Wahl in ein Gemeindepfarramt der Essener Altstadt-Gemeinde zurückzukehren. Nun, er blieb bis zu seiner Pensionierung 1962 Jugendpfarrer. Am 20. Juni 1966 starb er auf der Rückreise von einer Evangelisation in der DDR in Lübeck.

Noch ein persönliches Wort: In der Jugendarbeit von Wilhelm Busch habe ich den Entschluß gefaßt, in der Nachfolge Jesu zu leben. „Gedenket an eure Lehrer, die euch das Wort gesagt haben; ihr Ende schauet an und folget ihrem Glauben nach!“ (Hebräer 13, 7). Letzten Endes ist dieses Wort der Grund für das Buch über Programm und Praxis des Pfarrers Wilhelm Busch.

1. Kapitel

„So kommt der Glaube aus der Predigt . . .“

(Römer 10, 17)

Der Prediger

Das Wort Gottes ließ ihn nicht ruhen. Er mußte Bote sein. Sonntag für Sonntag predigte Wilhelm Busch. Ende 1929 trat er die Nachfolge des Jugendpfarrers Wilhelm Weigle an. Von da an predigte er regelmäßig sonntags um 8.30 Uhr in der Marktkirche.

Einmal wartete die Gemeinde vergeblich auf den Prediger. Ein Mitarbeiter bestieg die Kanzel und gab bekannt: Pastor Busch sitzt im Gestapo-Gefängnis in Darmstadt. Das war 1937.

Aber freiwillig hat er nicht aufgehört zu predigen. Auch unter Gefahr machte er weiter. Er bekam Redeverbot. Am nächsten Sonntag aber predigte er im Weigle-Haus anstatt in der Marktkirche. Er mußte es einfach riskieren. Gottes Wort brannte in ihm wie Feuer.

Und dann kamen die Bombenangriffe auf Essen. Die Marktkirche sank am 5. März 1943 in Schutt und Asche. Busch zog mit dem Gottesdienst um in das ehemalige Haus der Freimaurerloge. Auch der Saal war bald durch Bomben beschädigt. Pfützen standen auf dem Fußboden. Busch predigte weiter.

Die Abmachung mit der Gemeinde sah so aus: Wenn die Versammlungsstätte zerstört wurde, wollte man sich zur Gottesdienstzeit bei den Trümmern treffen, um von da zu einer neuen Stelle zu ziehen. Der Saal der Loge wurde zerstört. Der Gottesdienst wurde im Keller des Weigle-Hauses fortgesetzt, auch als dort fast nur noch Schutt anzutreffen war.

Die Gottesdienstzeit wurde durch die Fliegerangriffe problematisch. Wenn die Entwarnung am Samstagabend vor 24 Uhr kam, konnte der Gottesdienst wie üblich um 8.30 Uhr stattfinden. Kam die Entwarnung erst nach 24 Uhr, durfte vor 10 Uhr am Sonntagvormittag nichts veranstaltet werden. Die Gemeinde spielte sich auch darauf ein.

Im Keller des Essener Hotels Vereinshaus fand der Gottesdienst seine Stätte, als im Weigle-Haus wirklich nichts mehr zu machen war. In diesem Hotel fing Busch nach dem Krieg auch seine Jugendarbeit wieder an. Und dann ging es wieder im Weigle-Haus los. Der Saal wurde notdürftig hergerichtet. Die Leute standen bei Regen um die Pfützen herum und traten auf Ziegelsteine. Stück für Stück wurde geflickt.

Busch predigte weiter.

Wir sehen vor uns einen Mann, der von einer ungeheuren Leidenschaft zur Verkündigung des Wortes Gottes gepackt ist. Diese Leidenschaft prägte sein Leben.

Seine Gottesdienste fanden zu einer „unmöglichen" Zeit statt: Morgens um 8.30 Uhr. Und sonntags schläft man doch aus!

Wenn man von den zahlreichen Diskussionen über die richtigen Gottesdienstzeiten hört, die in den Kirchengemeinden immer wieder geführt werden, dann muß man wohl annehmen, daß die Kirchen nur deshalb so leer sind, weil leider noch nicht die günstigste Gottesdienstzeit gewählt wurde.

Busch also predigte zu dieser „unmöglichen" Zeit — und trotzdem war sein Gottesdienst überfüllt. Was war das Geheimnis seines „Erfolges"? War es der blendende Redner, der die Leute bannte?

Als Student wühlte ich einmal in einem theologischen Antiquariat. Plötzlich hielt ich ein vergilbtes Heft in der Hand: „Gespräch über das Predigen — praktische Ratschläge für Prediger und Predigthörer", Pfarrer Wilhelm Busch — Essen und Dr. med. August Knorr — Köslin [1]. Wilhelm Busch schreibt in diesem Heft seine Homiletik, seine Lehre von der Predigt.

Der Arzt Dr. August Knorr schreibt den Teil für den Predigthörer.

Ich war damals Theologiestudent. Und wenn mir ein Problem die Ruhe raubte, dann dies: Wie muß ich predigen, damit die Leute wirklich zuhören, nach Jesus fragen und ihr Leben ihm übergeben?

So war diese Schrift für mich wirklich ein „gefundenes Fressen". Es kam dann auch dazu, daß die kleine Schrift noch einmal herausgegeben werden konnte unter dem Titel „Evangelium — Aktualität und Kraft". [2]

1. Womit die Kirche steht und fällt

„Die Evangelische Kirche steht und fällt mit der Verkündigung des Evangeliums. Die Botschaft ausrichten — das ist ihre erste und vordringlichste Aufgabe." [3]

Nicht, als ob Busch das für leicht gehalten hätte. Es ist ihm selbst auch nicht einfach so in den Schoß gefallen. Er hat aber vor allem durchschaut, daß wir oft vor der schwierigen Aufgabe der Verkündigung in eine kirchliche Betriebsamkeit fliehen. Und für wie viele Pfarrer und sonstige hauptamtliche und ehrenamtliche Mitarbeiter in der Kirche liegt hier die größte Not!

„Gewiß, es ist sehr viel leichter, in Tagungen Zeitdiagnosen aufzustellen oder über die Ausgabe von Geldern zu reden, als die Botschaft in unsere Zeit hinein zu sagen. Es ist sehr viel einfacher, Kartotheken anzulegen und Häuser zu bauen, als den harten Herzen das Evangelium zu sagen. Und doch — die Ausrichtung der Botschaft hat unser Herr uns als das Wichtigste aufgetragen. Und es sollte uns tief beunruhigen, daß nur ein geringer Prozentsatz der kirchlichen Steuerzahler unserer Predigt zuzuhören geneigt ist." [4]

Und Busch fährt dann fort: „Wir machen es uns zu leicht, wenn wir einfach feststellen: ‚Die heutige Jugend läuft weg, wenn die Bibel aufgeschlagen wird', oder wenn wir resigniert erklären: ‚Der Mensch von heute ist von so vielem überlaufen, daß wir gar keinen Raum mehr finden in seinem Leben für unsere Botschaft'. Mit solchen Feststellungen machen wir es uns zu leicht. Wir sollten vielmehr fragen, ob es nicht an uns und unserer Verkündigung liegt, daß die aktuellste Botschaft (und die ist doch das Evangelium) so wenig abgenommen wird." [5]

Nun scheint es mir tatsächlich, daß diese Frage nicht intensiv genug gestellt wird. Wir finden uns so leicht damit ab, daß die Verkündigung nicht ankommt. Wir machen aus der Not eine Tugend und aus der Tugend eine Theologie.

Ich habe mich oft gefragt, wie Pfarrer es überhaupt aushalten, daß unter ihrer Verkündigung die Kirchen leerer und leerer werden. Man kann sich sogar ungeheuer zukunftsorientiert geben, indem man dieses Problem überspielt: „Die Kirche der Zukunft kommt ohne Predigt im Sonntagsgottesdienst aus. Da wird es ganz andere Strukturen und Aufgaben geben." So ist man „aus dem Schneider".

Menschlich gesehen ist es vielleicht gerade ein Grund für die „erfolgreiche" Predigt von Wilhelm Busch, daß er sich selber unerbittlich gefragt hat: Liegt es an mir, wenn die Botschaft nicht ankommt?

Aber daß man diese Frage so radikal stellt, setzt voraus, daß man von der Aktualität und Kraft des Evangeliums von Jesus Christus restlos überzeugt ist.

2. Das Was und das Wie

Es kann nicht deutlich genug gesagt werden: Das entscheidende Problem bei der Verkündigung ist nicht die Form, sondern der Inhalt.

Die beiden Fragen „Was soll ich predigen?" und „Wie soll ich predigen?" hängen untrennbar zusammen. Und zwar ist es billiger Unsinn, über das Wie lange Betrachtungen anzustellen, wenn wir uns über das Was nicht eindeutig im klaren sind.

Wenn ich tatsächlich überzeugt bin, daß ich die wichtigste, lebensnotwendigste, befreiende, frohmachende Nachricht zu verkünden habe, dann werde ich sie doch auch so weitersagen können, daß die Zuhörer nicht dabei einschlafen. Aber haben wir denn die Dringlichkeit der Botschaft selber begriffen?

Daß die Frage nach dem Inhalt der Predigt Vorrang hat, soll an zwei Komplexen in Buschs Predigtlehre verdeutlicht werden.

3. Schriftauslegung ist nötig

„Darüber darf kein Zweifel herrschen, daß der Prediger keine andere Aufgabe hat als die, das Wort des Herrn, wie wir es in der Schrift Alten und Neuen Testaments haben, auszulegen." [6]

Beim Weiterlesen erschrickt man. Das konnte Busch 1939 tatsächlich schreiben: „Gott sei Dank! daß sich diese selbstverständliche Erkenntnis in der Evangelischen Kirche allmählich wieder durchsetzt. Und, daß es nur unter heißem Kampf geschieht, beweist, wie tief der Schaden sitzt." [7]

Um Himmels willen, wo ist diese „selbstverständliche Erkenntnis“ geblieben? Einer meiner Freunde spottete immer etwas bitter und traurig über die „Starfighter-Predigten“, wie er sie nannte. Diesen Ausdruck hat er geprägt, als die Starfighter-Abstürze die Spalten der Zeitungen füllten. Damals beobachteten wir mit Entsetzen, wie krampfhaft Theologen sich an den Aktualitäten festhalten, angestrengt bemüht, ihren „Senf“ dazuzugeben. Zeitnah muß man doch sein! Nichts gegen aktuelle Bezüge. Aber wenn der Text nur noch den blassen Hintergrund oder gar nur den Anstoß zu einer mehr oder weniger gekonnten Gegenwartsanalyse bietet, dann ist die Verkündigung ohne lebenschaffende Substanz.

Leider hat schreckliche Auferstehung gefeiert, was Busch als Vergangenheit beschreibt: „Was haben unsere Gemeinden nicht alles über sich ergehen lassen müssen! Wer denkt nicht mit Schrecken an so manche ‚Kriegspredigten aus eherner Zeit'! Oder an die politischen Tiraden ‚sozialistischer Geistlicher'! Oder an die ‚geistvollen religiösen Kanzelreden', denen — wenn sich kein passendes Bibelwort fand — ein Goethewort zugrunde gelegt wurde! — Ach, du liebe Zeit! ‚Ein Prophet, der Träume hat, der erzähle Träume; wer aber mein Wort hat, der predige mein Wort recht. Wie reimen sich Stroh und Weizen zusammen? spricht der Herr' (Jer. 23, 28). — Die Schrift muß es sein! Nur die Schrift! Und die ganze Schrift!“ [8]

Aber nun müssen wir uns auch klarmachen, daß Busch unter Auslegung nicht Wiederholung und Breittreten des Bibeltextes verstand.

Beiläufig hat er uns einmal sinngemäß gesagt: Man kann von uns Predigern erwarten, daß wir nicht das sagen, was jeder sich nach flüchtigem Lesen des Bibeltextes selber sagen kann.

Was versteht Busch unter Auslegung? Er hat es klar bestimmt und sogleich mit einem Beispiel erläutert.

„‚Auslegen' heißt: Eine Linie vom Text zum Hörer ziehen. ‚Auslegen' heißt: Den Text dem Hörer verständlich machen. ‚Auslegen' heißt: Das Schriftwort in das Leben des Hörers hineinstellen. — Vielleicht widersprechen an dieser Stelle ernsthafte Leute. Als Student der Theologie besuchte ich an einer guten Fakultät das Homiletische Seminar, in dem wir das Predigen lernen sollten. Eines Tages bekam ich die Aufgabe, über den schwierigen Text 1. Kor. 10, 1—13 eine Predigt auszuarbeiten. Ich fragte den Dozenten: ‚Sagen Sie mir bitte, wie ich mir die Gemeinde vorzustellen habe. Sind es Bauern oder Arbeiter? Habe ich viele Akademiker vor mir? Sind da viele suchende Leute? Oder ist es eine gläubige Gemeinde? Ist viel Jugend da?' Da schaute mich der Dozent groß an und sagte mit tiefem Nachdruck: ‚Sie sollen Gottes Wort verkündigen.' — Das hat mir damals tiefen Eindruck gemacht. Heute weiß ich, daß es falsch war. Selbstverständlich soll in der Auslegung das Wort der Schrift gesagt werden. Aber es soll eine Linie vom Schriftwort zum Hörer gezogen werden. Niemals darf der Ausleger den Hörer außer acht lassen, der vor ihm sitzt." [9]

Wir sind noch nicht bei dem Wie der Predigt. Es geht immer noch um den Inhalt der Verkündigung. Der biblische Text hat den absoluten Vorrang. Er ist nicht nur Sprungbrett. Ich soll nicht bloß von ihm ausgehen und dann in der Welt und im Leben der Hörer herumspazieren. Ich soll das Wort Gottes in das Leben der Hörer hineinstellen. Ich habe die Bezüge zwischen dem Leben und dem Wort deutlich zu machen.

Ob es „funkt", ist dann in der Tat ein Werk des Geistes Gottes. Aber das entbindet uns in keiner Weise von der fleißigen Arbeit und Bemühung um die richtige Auslegung.

Hinter den Predigten Wilhelm Buschs steht eine gründliche exegetische und systematische Arbeit. Er studierte den Text, über den er sonntags predigte, die ganze vorhergehende Woche hindurch. Er ging vom griechischen bzw. hebräischen Urtext aus. Viele Kommentare wurden zu Rate gezogen.

Wilhelm Busch ist in seiner exegetischen Arbeit durch Professor Adolf Schlatter beeinflußt worden. Bei ihm hat er als Student in Tübingen gearbeitet. Von ihm hat er die Bemühung, den Text gründlich anzusehen und selbst reden zu lassen, gelernt.

Rufen wir uns in Erinnerung, was Schlatter in seiner Einleitung zum großen Matthäus-Kommentar über die Methoden der Schriftauslegung schreibt: „Ich heiße ‚Wissenschaft' die Beobachtung des Vorhandenen, nicht den Versuch, sich vorzustellen, was nicht sichtbar ist. Vielleicht entsteht daraus eine Einrede gegen den Wert einer solchen Darstellung, da die ratende Vermutung anrege und unterhalte, während die Beobachtung eine schwierige und harte Arbeit sei. Richtig ist freilich, daß Spiel leichter als Arbeit ist. Das Evangelium ist aber mißverstanden, wenn aus ihm ein Spielzeug wird." [10]

Für die systematische Arbeit, die mit jeder Textauslegung verbunden ist, hat Wilhelm Busch vor allem von Professor Karl Heim viel gelernt. Karl Heim kam selber aus der missionarischen Arbeit der Deutschen-Christlichen-Studentenvereinigung (DCSV). Er verstand seine systematische Arbeit weitgehend als Grundlegung missionarischer Verkündigung. Das geht deutlich aus seiner Autobiographie hervor. [11] Was bedeutet Transzendenz im Zusammenhang des modernen Weltbildes? Wo ist Gott? Wie ist die Wirklichkeit Gottes erfahrbar? Gibt es Gewißheit?

Wenn Wilhelm Busch auch in seiner Verkündigung nicht im engeren Sinne philosophisch argumentiert hat, so ist doch nicht zu verkennen, daß für ihn philosophische und theologische Reflexionen im Hintergrund stehen, wie sie sich in den sechs Bänden des Hauptwerkes von Karl Heim „Der evangelische Glaube und das Denken der Gegenwart" finden. Namentlich die im ersten Band („Glauben und Denken") dargelegte Dimensionen-Lehre Heims, aber auch die Gedanken zum Gewißheitsproblem, wie sie sich in zwei großen Abhandlungen Karl Heims niedergeschlagen haben, [12] sind für Wilhelm Busch von grundlegender Bedeutung.

Diese mühevolle exegetische Arbeit und systematische Besinnung gehören mit zur Predigtarbeit Wilhelm Buschs.

4. Der springende Punkt

Wenn einer wirklich etwas zu sagen hat, dann kann er den Inhalt seiner Botschaft in wenigen Sätzen klarmachen. Wem das nicht gelingt, dem ist wohl selber nicht ganz klar, was er eigentlich will.

Kann man von der Verkündigung Wilhelm Buschs sagen, daß sie einen springenden Punkt gehabt habe? Ich glaube, daß seine Predigten das einwandfrei ausweisen.

Wir sind sogar in der erfreulichen Lage, daß Busch in den letzten Jahren seiner Predigttätigkeit diesen springenden Punkt mit Nachdruck formuliert hat.

Anlaß war eine Festschrift für den damaligen Ratsvorsitzenden der EKiD, Präses Dr. Kurt Scharf. [13]

Männer der Kirche aus den verschiedenen Bereichen wurden aufgefordert, auf knapp bemessenem Raum die entscheidendsten Erkenntnisse und Grunderfahrungen ihres Lebens und Dienstes zu beschreiben. So auch Wilhelm Busch.

Was er dort unter dem Titel „Römer 3 erwecklich predigen" geschrieben hat, muß ihm sehr wichtig gewesen sein.

Ich habe das gespürt, als er diesen Artikel in die neue Ausgabe seiner kleinen Predigtlehre einfügte. Und vor allem hat er die gleichen Worte noch einmal in seinen autobiographischen Notizen „Plaudereien in meinem Studierzimmer" niedergeschrieben.[14] Es ist das Manifest dieses Predigers. Wir müssen es deshalb hier im Wortlaut vor Augen haben:

Thema also: „Römer 3 erwecklich predigen". — „Als junger Pfarrer konnte ich mich nicht damit abfinden, daß von unseren Gottesdiensten so wenig Wirkung ausgeht. Wir haben doch eine Botschaft, die Menschen und Welt verändern kann!

Und da sagte ich mir: Es hat Prediger gegeben, unter deren Verkündigung wirklich etwas geschehen ist. Durch Volkenings Predigt in Jöllenbeck wurde das Ravensberger Land von Grund auf verändert. Zu den Predigten des jungen Hofacker in Württemberg strömten Menschen herzu, die bisher völlig gleichgültig gewesen waren. Die Wirkungen von Ludwig Harms in der Lüneburger Heide sind heute noch festzustellen. — So sammelte ich mir aus Antiquariaten die Predigten dieser Männer. Ich geriet an den badischen Erweckungsprediger Henhöfer; an Gottfried Daniel Krummacher, der das Wuppertal bewegt hat; an den gewaltigen schwedischen Zeugen Rosenius, an den Engländer Spurgeon, an Zinzendorfs ‚Berliner Reden'. Es waren Lutheraner und Reformierte darunter. Aber in einem waren sie eins: Ihre Predigt kreiste um Römer 3, um die Rechtfertigung des Sünders.

Nun, die Botschaft von Römer 3 ist seit der Reformation viel gepredigt worden. Aber je länger, je mehr wurde solche Predigt unaktuell, trocken, lehrhaft. Sie versenkte die Gemeinde in den Schlaf. Und nun machte ich die Entdeckung: Die Erweckungsprediger verkündeten die freie Gnade Gottes für Sünder niemals so, daß die Menschen in eine trübe Sicherheit gerieten. Es geschah vielmehr das Eigentümliche, daß der Mensch durch die Predigt von dem, was Gott für ihn getan hat, im Gewissen getroffen und erweckt wurde, daß er aufstand und umkehrte. So entstand lebendige Gemeinde.

Es wurde mir deutlich, daß wir viel mehr als bisher bei diesen von Gott legitimierten Predigern in die Schule gehen mußten. Ich bin gewiß, daß die evangelische Kirche steht und fällt mit ihren Predigten. Und ich bin überzeugt, daß darin die eigentliche Aufgabe unserer Predigt besteht: die Rechtfertigung ‚erwecklich' zu predigen. Das gilt ebenso für unsere Predigten wie für die besondere Verkündigung der Evangelisation, die trotz mancher Veränderung der Zeiten auch heute noch ihre Bedeutung hat. Ein Leben lang habe ich mich darum gemüht. Dabei bin ich ein Schüler geblieben bis zu diesem Tag. Es gab Gottesdienste, in denen ich mich geradezu entschuldigte, daß ich so unaktuell predigen müsse. Aber ich habe erleben dürfen, daß solche Predigt Bewegung schafft. Es stellte sich heraus, daß die Predigt vom Kreuz in der Tat hoch aktuell ist. Wenn vom ‚Frieden mit Gott' gepredigt wird, entdeckt der Mensch, was ihm fehlt und woher alle seine Nöte kommen. Ich lernte Paulus verstehen: ‚. . . daß ich nichts wüßte als Jesum Christum, den Gekreuzigten.'

Die Frage nach der Predigt hat sich für mich zugespitzt, als ich Jugendpfarrer wurde. Jugend im ‚Ruhrgebiet', junges Volk, das von den Fragen unserer Zeit bewegt ist. Wird es das wirklich? Immer mehr sah ich, daß diese Jugend von Jahrzehnt zu Jahrzehnt leerer und snobistischer wurde. Ja, ich habe entdeckt, daß dies die eigentliche geistige Not unserer Jugend ist, daß sie nichts mehr ernst nehmen kann.

Nun dürfen wir erfahren, daß die Botschaft von Römer 3 eine Botschaft ist, die zum Ernstnehmen zwingt. Junges Volk horcht auf, wenn es diese Botschaft hört.

Ich weiß, daß die Vernunft vor diesem Wege warnt. Aber wir haben nicht der Vernunft zu folgen, sondern im Glauben und Gehorsam die uns befohlene Botschaft auszurichten — ohne nach dem ‚Erfolg' zu fragen. Dann stellt es sich aber heraus, daß Gott sich zu dieser Botschaft bekennt: Und wir dürfen staunend erfahren, daß unter unserer Verkündigung Menschen erweckt werden, Buße tun, umkehren. Und so sah ich Gemeinde entstehen, wirkliche, aktive, lebendige, opferfreudige, missionswillige Gemeinde."

So weit das „Manifest".

Das verschlägt einem den Atem. Liegt da der springende Punkt? Stecken wir nicht immer noch in der gleichen Zwickmühle? Einerseits die „unheimlich" richtigen Predigten, unanfechtbar orthodox — nur bewegt sich dadurch nichts.

Und auf der anderen Seite seichte, liberale Anbiederung beim „modernen" Menschen. Es soll aktuell sein, und ist doch vor allem nur belanglos.

5. Nachträglich eine Korrektur?

Ich sagte schon, daß Busch die Ausführungen über den springenden Punkt der erwecklichen Predigt in den „Plaudereien" noch einmal niedergeschrieben hat. Er zitiert ausdrücklich seinen Essay aus der Festschrift für K. Scharf — und fügt dann eine Korrektur an: „Aber offenbar ist diese Antwort nicht genügend." [15]

Was ist an der Antwort nicht genügend?

Man kann nicht über den Inhalt der Predigt sprechen losgelöst von dem Prediger. Ja, es geht bei der Predigt auch immer um die Person, die predigt.

In einem Gespräch mit dem badischen Dekan D. Ferdinand Hauß über Buschs „Römer 3 erwecklich predigen" wird dieser Punkt angesprochen. Busch formuliert dann in den „Plaudereien" die Ergänzung, indem er Hauß aus dem Gedächtnis zitiert:

„Das Wichtigste bei den Männern der Erweckung war, daß sie selbst demütig und zerschlagen waren und allezeit das Zeichen der Schwachheit an sich trugen. Weil sie ihr Vertrauen nicht auf sich selbst setzten, waren sie angewiesen auf anhaltendes Gebet. Sie suchten nicht eigene, glänzende Gedanken, sondern sie predigten das Wort Gottes in großer Schlichtheit. Sie wurden der Gnade Gottes ganz gewiß und hatten persönlich allein durch den Glauben an den Herrn Jesus Christus, den Gekreuzigten, den völligen Frieden." [16]

Jede Predigt spiegelt bis zu einem gewissen Grade den Zustand des Predigers — auch wenn er gar nicht von sich selbst redet. Man muß fragen, ob die Krise der Predigt nicht in vielen Fällen auch die Krise des Predigers ist. Die Probleme liegen nicht darin, daß diese oder jene Aussagen heute so schwer nachzuvollziehen und verständlich zu machen wären. Die Probleme liegen darin, daß der Prediger nicht in Übereinstimmung mit dem lebt, was er predigt oder was er von der Bibel her predigen soll.

6. Warum der Prediger Stille braucht

Den Abschluß der Predigtlehre Wilhelm Buschs bilden folgende Ausführungen über den Prediger:

„Das, was der Prediger des Evangeliums zu sagen hat, ist letztlich nicht durch Schulung zu erlernen. Der Prediger soll ein Zeuge Jesu Christi sein. Es kann aber nur der ein Zeuge Jesu Christi sein, dem Gott durch Jesus Christus das Herz abgewonnen hat.

Der rechte Prediger wird deshalb immer wieder darum zu ringen haben, daß sein Wort nicht eine Rede wie tausend andere Reden sei. Sein Wort, seine Predigt muß Zeugnis sein — Zeugnis von dem freien Heil, das Gott in Jesus Christus geschenkt hat.

Warum fehlt unserer Verkündigung so weithin der Zeugnischarakter? Weil der Prediger nicht mehr ein Mann der Stille ist. Das Schrittmaß unserer Zeit nimmt ihn gefangen. Er geht unter in viel Betriebsamkeit. Davor rettet auch die Flucht in die Studierstube nicht immer. Auch dort gibt es viel Betriebsamkeit.

Wahre Stille ist nur vor dem Angesicht Gottes. Es gibt viele Prediger des Evangeliums, die mit der Bibel nur soweit umgehen, als sie sie in der Gemeinde auslegen wollen. Wir müssen stille werden unter dem Wort Gottes, ohne daß wir uns dabei für eine Bibelstunde oder eine Predigt vorbereiten. — Wir müssen das Wort selbst zu uns reden lassen. Und im Gebet darauf antworten!

Ja, ein Prediger muß ein Mann mit Gott sein. Sonst begibt er sich in eine gefährliche Lage, denn Predigtamt: ein unheimliches Amt. Wir müssen uns jeden Tag klarmachen, was für ein großes Ding wir mit der Verkündigung des Wortes Gottes übernehmen: Wir wollen Menschen im Namen Jesu für Gott beschlagnahmen. Wir wollen dem Teufel Land streitig machen. Wir wollen die ‚Herde Jesu' weiden.

Was sind das für unheimlich große Aufgaben! Damit sagen wir der Hölle den Krieg an. Und so ist es kein Wunder, daß ein Prediger des Evangeliums ganz besonderen Anfechtungen ausgesetzt ist. Er geht auf einem schwindelnd schmalen Pfad. Auf der linken Seite droht Übermut und falsche Sicherheit. Auf der anderen Seite Mutlosigkeit und Verzagtheit. Vor beidem wird er bewahrt, wenn er den Blick freihält im Glauben auf den, der auch für ihn gestorben und auferstanden ist.

Darum muß auch der Prediger des Evangeliums ein Mann der Stille sein. Erst in der Stille kommt er unter die Zucht des Heiligen Geistes, der ihm seine eigene Sünde aufdeckt.

Der Prediger hat nicht nur die frohe Botschaft zu verkündigen. Das Wort Gottes ist auch das Schwert, das den tödlichen Streich führt gegen das alte, natürliche Wesen des Menschen. Der Prediger muß die Sünde richten, daß die schuldbeladenen Gewissen vor Gott offenbar werden. Wie kann er das mit Vollmacht tun, wenn er nicht selber beständig unter dem Todesurteil Gottes über sein altes Wesen steht! Das Wort Gottes, das wir verkündigen, kann sich an unsern Hörern nur dann als richtendes Schwert erweisen, wenn wir selbst zuvor gerichtet wurden.

Darum muß der Prediger ein Mann der Stille sein.

In der Stille wirkt der Heilige Geist. Und eine Frucht des Heiligen Geistes ist nach Gal. 5, 22 die Liebe, ohne die jede Predigt fruchtlos bleibt. Über der Kanzel einer großen Essener Kirche steht das Wort aus 1. Kor. 13: ‚Wenn ich mit Menschen- und mit Engelzungen redete und hätte der Liebe nicht, so wäre ich ein tönend Erz oder eine klingende Schelle.'

Jeder junge Prediger geht im Anfang seiner Tätigkeit mit einer gewissen Liebe an seine Arbeit. Aber diese Liebe ist weithin keine Geistesfrucht, sondern natürliche Art. Man macht sich falsche Vorstellungen von seiner Gemeinde und von seiner eigenen Kraft. Dieser hochgemute Schwung erlahmt bald. Und dann werden wir Menschenverächter oder Menschenknechte. Nicht ernst genug muß vor diesen beiden Gefahren der Menschenverachtung und der Verknechtung unter Menschen gewarnt werden! Wie leicht kommt ein Prediger des Evangeliums dahin, daß er in Abhängigkeit gerät von gewissen einflußreichen Kreisen, mit denen er gesellschaftlichen Verkehr unterhält und mit denen er es nicht verderben möchte. ‚Werdet nicht der Menschen Knechte!' warnt Gottes Wort. Hochfliegendere Geister werden dieser Gefahr eher entgehen. Aber die tiefen Einblicke, die ein Seelsorger in die gefallene Welt tut, machen ihn stattdessen gar leicht zum Menschenverächter. Eine ungeheure Gefahr!

Von beiden sind wir frei, wenn der Heilige Geist uns rechte Liebe schenkt: Liebe zu dem Herrn, der uns erkauft hat, und Liebe zu unsern Brüdern. Aus solcher Liebe wächst die rechte Seelsorge und die rechte Verkündigung.

Darum muß ein Prediger ein Mann der Stille sein." [17]

Dies hat Wilhelm Busch selber praktiziert. In seiner Bibel hat er vorne auf die erste Seite die Tage eingeschrieben, an denen er in seinem persönlichen Bibelstudium wieder bei 1. Mose 1 angefangen hat. Man ist erstaunt, in welch relativ geringer Zeit Busch die ganze Bibel für sich persönlich durchlas. Er suchte viel stille Zeit. Auf langen, einsamen Spaziergängen sprach er mit Gott über sein Leben und seine Arbeit.

Wir wollen alle methodischen Erwägungen nicht gering achten. Busch hat sich in diesen Fragen auch sehr viel Mühe gegeben. Aber es kann doch nicht übersehen werden, daß Vollmacht in der Verkündigung nicht durch die Methode, sondern durch den Umgang des Predigers mit dem lebendigen Gott gewonnen wird.

So vital und temperamentvoll Busch auch war und wirkte — man kann den Prediger Wilhelm Busch nicht verstehen, ohne zu wissen, daß er wirklich ein Mann der Stille vor Gott war.

Nach diesen notwendigen Überlegungen zur Person des Predigers nun zurück zum Inhalt der Predigt.

7. Zum Beispiel so!

Römer 3 erwecklich predigen — wie hat das denn bei Busch ausgesehen?

Zu dem Erscheinungsbild des Predigers Wilhelm Busch gehört auch die Tatsache, daß seine Predigten nicht nur gehört, sondern auch gelesen wurden. Nach dem 2. Weltkrieg wurden sie in der Flugblattreihe „Die Kirche am Markt" regelmäßig gedruckt und von Tausenden in ganz Deutschland und darüber hinaus gelesen.

„Die Kirche am Markt" (Jahrgang 1952) bringt eine *Passionspredigt* über *Gal. 6, 14:* „Es sei aber ferne von mir, mich zu rühmen, denn allein von dem Kreuz unseres Herrn Jesu Christi." Aus dieser Predigt sei hier als Beispiel der größte Teil wiedergegeben. Hier erkennen wir, was Busch darunter versteht, Römer 3 erwecklich zu predigen:

„Es hat mich einmal jemand gefragt: ‚Woran kann man eigentlich einen wirklichen Christen erkennen?' Ja, woran? Unser Text gibt die Antwort: Daran, daß er über alles das Kreuz Jesu rühmt.

‚Es sei ferne von mir, mich zu rühmen, denn allein von dem Kreuz unseres Herrn Jesu Christi.' Das ist nun allerdings eine seltsame Rühmerei. Sie entspricht weder den Gepflogenheiten unserer Welt noch den Gedanken unserer Vernunft. Das möchte ich euch heute aufzeigen und Gott bitten, daß es dann zur Frage an uns werde, ob wir in dieses Rühmen einstimmen können.

Thema: *Ein wunderlicher Ruhm*

1. Wie peinlich: Ein Hinrichtungspfahl wird gerühmt

Ich hörte einen Christen erzählen, wie er in eine große Not kam, wie er dann zum Herrn gerufen und gebetet habe und wie der Herr ihm aus seiner Not heraushalf.

Nicht wahr, solch eine Geschichte ist wunderbar. Und doch: Wenn es einen lebendigen Gott gibt, wird er ja Gebete erhören. Das kann schließlich auch ein blinder Weltmensch begreifen. Und darum könnte man es verstehen, wenn der Apostel Paulus sagte: ‚Ich will mich meiner Gebetserhörungen rühmen!' Oder: ‚Ich will die wunderbare Durchhilfe meines Herrn rühmen!' Ja, wenn er so sagte, wäre das immerhin einleuchtend.

Aber nun erklärt er hier: ‚Es sei ferne von mir, irgend etwas zu rühmen außer dem Kreuz!' Das ist doch wirklich befremdlich. Aber noch befremdlicher muß es einen Weltmenschen berühren, daß heute, im Jahre 1952, Tausende von Christen genauso sagen: ‚Jawohl, wir wissen nur ein einziges Rühmen: Das Kreuz von Golgatha!'

Ein Kreuz?! Das ist doch eine besonders raffinierte Sorte von Galgen. Und solch ein Kreuz ist der ausschließliche Ruhm der Christen? Das ist doch — wie sollen wir sagen? — wahnsinnig, aber sicher unbegreiflich! Darum müssen wir Christen immer wieder den Versuch machen, das zu begründen.

Am klarsten wird es an der Geschichte von dem Barrabas: Er saß als ein zum Tode verurteilter Mörder einst in seiner Zelle und hörte ein Hämmern. Und da wußte er: Nun wird das

Kreuz für mich gezimmert. Als die Zellentür aufging, dachte er entsetzt: Jetzt geht's zum Tode! — Aber, o Wunder — man ließ ihn frei! Er verstand das nicht. So ging er wie im Traum hinaus an die Richtstätte. Und — da sah er sein Kreuz. Es stand hoch aufgerichtet. Doch an dem Kreuze hing ein anderer: Sein Kreuz war gleichsam besetzt von einem anderen — von Jesus.

Ich kann hier nur persönlich reden: So ging es mir. Der heilige Gott stellte es mir vor Augen, daß ich seine Gesetze übertreten habe. Er sprach mich des Todes schuldig. Und als ich endlich so weit war, daß ich das zugab und mich nicht mehr verteidigen konnte — da sah ich, daß an meiner Statt schon ein anderer gerichtet war: Der unschuldige Sohn Gottes. Mein Todesplatz war von ihm besetzt. Und ich — ich war frei. So verstand ich das schwere Wort aus Jesaja: ‚Die Strafe liegt auf ihm, auf daß wir Frieden hätten. Und durch seine Wunden sind wir geheilt.'

Und nun meine ich: Das wäre doch wahnsinnig, wenn ich nicht mit Paulus bekennen wollte: ‚Es sei ferne von mir, mich zu rühmen, denn allein von dem Kreuze Jesu Christi.'

2. Und peinlich ist auch alle Rühmerei in religiösen Dingen

Es gibt im modernen Jargon ein Wort, das heißt: ‚Angeben'. Es bezeichnet eine unangenehme Ruhmrederei. Angeber sind unerfreulich.

Nun sagt Paulus hier, er wolle ‚angeben' mit dem Kreuze Christi. Das muß eigentlich peinlich wirken auf jeden fein empfindenden Menschen. Es ist doch in unserer abendländischen Kulturwelt geradezu die allgemeine Verabredung getroffen worden, daß man über so subtile Dinge wie Religion und gar Sünde möglichst gar nicht spricht. Das sind doch — sagt man — Dinge, die jeder still für sich abmachen muß.

Wie peinlich müssen da Christen wirken, die sich an diese Verabredung einfach nicht halten, sondern frisch und fröhlich das Kreuz Jesu rühmen.

Sowohl diese Verabredung der Welt, zu schweigen über das Evangelium, wie auch das Rühmen der Christen, hat seinen tiefen Grund. Den will ich aufzeigen. Der große Philosoph Kierkegaard sagt in seinem Buch ‚Die Krankheit zum Tode' etwa folgendes: Ich stelle mir einen armen Tagelöhner vor und dazu den mächtigsten Kaiser, der je gelebt hat. Angenommen, dieser Kaiser bekäme den Einfall, nach dem Tagelöhner auszuschicken, der es sich nie hat träumen lassen, daß der Kaiser überhaupt von seinem Dasein wisse, und ließe ihm sagen: Du sollst mein Schwiegersohn werden. Was dann?

Der Mann würde das nicht fassen und es für einen Spott halten. Wenn der Kaiser ihm ein Geschenk gäbe oder ihm eine Gnade erwiese — ja, das könnte er fassen. Aber — Sohn werden?! Das ist zu groß.

Und nun sagt das Evangelium: Gott wird Mensch, leidet, stirbt — und dieser gekreuzigte Gott fleht den armen Menschen geradezu an, durch ihn Gottes Kind zu werden. Wahrhaftig — sagt Kierkegaard — wenn es etwas gibt, worüber man den Verstand verlieren könnte, dann ist es dies. Jeder, der nicht den demütigen Mut hat, dies zu glauben, ärgert sich daran, hält es für Verrücktheit und Unsinn.

Aber — Freunde — wenn es nun einer faßt?! Dem müssen ja Herz und Mund übergehen: Durch Jesu Tod bin ich mit Gott versöhnt und Kind Gottes. Wahrlich — es sei ferne von mir, mich zu rühmen, denn allein vom Kreuze unseres Herrn Jesu Christi.

3. Das Wunderlichste:

Das Rühmen fängt da an, wo nichts mehr zu rühmen ist.

Jeder Mensch hat etwas, mit dem er sich rühmt. Wer krank ist, erzählt von seinem Leiden. Wer gesund ist, protzt damit. Wer dumm ist, rühmt sich, daß er nicht ‚intellektuell verbildet' sei. Und wer klug ist, gibt mit seiner Klugheit an. Der Reiche brüstet sich mit seinem Geld, und der Arme erfüllt die Welt mit seinem Geschrei von seinem Elend. Kurz: Jeder rühmt das, was er ist oder hat oder tut oder getan hat.

Ganz anders aber Paulus! Er rühmt nicht das, was er getan hat, nicht das, was er besitzt oder was er ist, sondern er rühmt das, was Gott getan hat. ‚Also hat Gott die Welt geliebt, daß er seinen eingeborenen Sohn gab.'

Ja, das ist gerade die notwendige Voraussetzung: Das Kreuz Jesu kann nur der rühmen, dem alles eigene und menschliche Rühmen total vergangen ist.

Lest nur einmal den Römerbrief! Da sagt Paulus: ‚Wir ermangeln des Ruhmes, den wir bei Gott haben sollten.' Wir haben an uns nichts mehr zu rühmen. Wir sind nur schuldige und verlorene Leute. Aber gerade darum rühmen wir nun laut, daß

Gott für uns Jesus dahingegeben hat. So singt Paul Gerhardt: ‚An mir und meinem Leben / ist nichts auf dieser Erd! / Was Christus mir gegeben, / das ist der Liebe wert.'

Nur wer an sich selbst ganz und gar zu Schanden geworden ist, der wird jubelnd einstimmen in dieses Lob: ‚Es sei ferne von mir, etwas zu rühmen, denn allein von dem Kreuze unseres Herrn Jesus Christus!'"

8. „Die vergessene Sprache"

Noch eine Predigt sei ausführlicher zitiert, weil sie zeigt, wie sich Wilhelm Busch mit den Schwierigkeiten, Römer 3 im 20. Jahrhundert erwecklich zu predigen, auseinandergesetzt hat. Der Predigttext ist Jes. 53, 11: „Mein Knecht, der Gerechte, wird viele gerecht machen; denn er trägt ihre Sünden."

„Kürzlich fragte mich jemand: ‚Sagen Sie mal, ist das nicht furchtbar schwierig, Sonntag für Sonntag eine Predigt auszudenken? Auf die Dauer fällt einem doch nichts Neues mehr ein.'

Ich habe geantwortet: ‚Wenn ich ein Märchenerzähler wäre oder ein Unterhalter, dann wäre es schwierig. Aber ich habe eine gute und wundervolle Botschaft. Es ist eine Lust, die weiterzusagen.

Ich sah letzthin in der Zeitung das Bild eines Geldbriefträgers, der einer Frau mitteilte, daß sie in der Lotterie das große Los gewonnen hätte. Den Auftrag hat der Mann sicher gern übernommen. Das ist die Lage eines Predigers des Evangeliums: Es ist nicht meine Aufgabe, eure religiösen Gefühle zu streicheln und zu erwecken. Sondern ich habe eine gute Botschaft zu bringen, die es wert ist, daß sie immer wieder gesagt wird.

Heute wollen wir nachdenken über

Das Herzstück des Evangeliums

1. Die vergessene Sprache

Der Geldbriefträger hat es einfacher als ich: Der zieht Geldscheine heraus. Das ist eine Sprache, die jeder versteht. Die Sprache der Bibel aber versteht nicht jeder. Es ist ja so: Unsere Sprache verändert sich ständig. Seitdem die Technik beherrschend wurde, hat die Sprache eine Menge Ausdrücke aus der Technik übernommen, die unsere Väter noch gar nicht kannten. Z. B. fordert der Lehrer den Schüler auf: ‚Du mußt rascher schalten!' Und wenn das nicht hilft, sagt er ihm: ‚Du hast eine lange Leitung.' Wenn dann der Schüler sitzenbleibt, hat er ‚eine Panne'. Ein anderer dagegen ‚macht das Rennen'. Nicht wahr, das sind alles neue Ausdrücke aus dem Bereich der Technik.

So wird unsere Sprache reicher. Auf der anderen Seite verarmt sie. Da geraten Ausdrücke in Vergessenheit. Weiß jemand von Ihnen, was ein ‚Roßkamm' ist? Das ist ein Wort, welches in Kleists ‚Michael Kohlhaas' vorkommt und ‚Pferdehändler' bedeutet. Mit den Pferden sind auch die ‚Roßkämme' verschwunden und schließlich das Wort.

Und nun gibt es ein Gebiet, in dem eine ungeheure Verarmung der Sprache eingesetzt hat. Seit etwa 250 Jahren hat das Abendland einen geistigen Vorgang erlebt, den man die ‚Säkularisation' nennt, d. h. die ‚Verweltlichung'. Zur Zeit Luthers war das Christentum so im Mittelpunkt, daß jeder die Worte und Begriffe der Bibel verstand. Heute ist das Christentum — trotz der Volkskirche — geschwunden. Und darum verstehen die Menschen heute auch nicht mehr die Sprache des Evangeliums. Es sind nur noch unklare Erinnerungen vorhanden. Man kennt nicht das Wort ‚Gott'; man sagt ‚Höheres Wesen' oder ‚Herrgott'. Unter ‚Erlösung' versteht man ‚etwas Soziales'. Und wenn ich bei den Jungbergleuten ‚Heiliger Geist' sage, grinsen sie. Sie verstehen darunter einen nächtlichen Spuk.

Der Mensch von heute hat die Wirklichkeit Gottes aus seinem Bewußtsein verdrängt. Und die Sprache Gottes hat er dabei verlernt. Das ist aber schlimm. Denn — Gott ist da, auch wenn keiner an ihn glaubt. Und das Gericht Gottes kommt über jeden, auch wenn keiner etwas davon wissen will. Die Verkümmerung der geistlichen Sprache zeigt also eine Verkümmerung des Menschen von heute an, der vor der Wirklichkeit Gottes die Augen verschließt. Wenn die Menschen alles, was mit Denken zusammenhängt, verlernen würden, dann würde die Welt zur Idiotenanstalt. Und wenn die Menschen alles, was mit Gott und Glauben zusammenhängt, verlernen, dann wird die Welt zur — Hölle.

Und darum müssen wir die Sprache der Bibel, die göttliche Sprache wieder lernen und auch die göttliche Sache.

Im Herzstück der christlichen Botschaft steht ein Wort, das zur Zeit Luthers jeder dumme Junge verstand und das heute kein Mensch versteht. Um dieses Wort geht es. Es heißt: ‚Gerecht vor Gott'.

2. Die zwei Wege

Es gehört zur Verkümmerung des geistlichen Verständnisses, daß man meint, unser Verhältnis zu Gott beruhe auf religiösen Gefühlen. Irrtum! Unser Verhältnis zu Gott beruht auf *Recht*. ‚Im Reiche dieses Königs', sagt die Bibel, ‚hat man das Recht lieb.' Das ist die unerhört wichtige Offenbarung am Sinai, daß Gott alles religiöse Gefühl beiseite schob, Gebote gab und unser Leben mit ihm auf einen Rechtsboden stellte. Wir sind vor dem heiligen Gott gerecht, wenn wir untadelig all seine Gebote halten, ihn ehren und fürchten, den Sonntag heiligen, den Nächsten lieben, rein, selbstlos, wahrhaftig und göttlich leben. Dabei gilt nicht der gute Wille, sondern das Tun. Wenn ich den besten Willen habe, mit meinem Auto korrekt zu fahren — und ich fahre einen Menschen tot —, dann werde ich bestraft. So ist das Recht.

Das ist der eine Weg, vor Gott gerecht zu sein: Der Weg des Gesetzes. Weise nach, daß du kein Gebot übertreten hast! Ich erinnere mich an den Schrecken, als mir aufging: Das kann ich nicht. Ich habe alle Gerechtigkeit vor Gott für immer verloren. Er muß mich verdammen in Ewigkeit. Denn das Gericht gehört ja auch zu dem Rechtszustand zwischen Gott und uns.

Und jeder Tag meines Lebens ist voll Freude, weil ich gelernt habe, daß Gott noch einen zweiten Weg gegeben hat, um vor ihm gerecht zu werden, den Weg der Gnade. Und diesen zweiten Weg zur Gerechtigkeit vor Gott preist unser Text an. Dieser Weg ist so: Ich erkenne an, daß ich die Gebote Gottes nicht halten kann und daß ich darum vor ihm schuldig und verloren bin. Aber — ich bin nicht verloren: denn ich setze mein ganzes Vertrauen auf den Bürgen, der für mich eingetreten ist, der meine verlorene Sache vor Gott herrlich führt — auf Jesus, den Sohn Gottes, der für mich starb.

‚Mein Knecht, der Gerechte, wird viele gerecht machen. Denn er trägt ihre Sünden.' Seht doch! Auch da, wo die Gnade regiert, verläßt Gott den Rechtsboden nicht. In der Bibel steht: ‚Zion muß durch Recht erlöst werden.' Gott ist nicht einfach barmherzig und läßt fünf gerade sein. Er bleibt beim Recht. Aber er läßt es zu, daß ein anderer für mich bezahlt, daß ein anderer mein Gericht trägt — nämlich der Sohn, Jesus, mein Heiland. ‚Er trägt vieler Sünden.' Da sind die meinigen dabei. Er trägt sie weg ans Kreuz.

Das sind die zwei möglichen Wege zur Gerechtigkkeit vor Gott. Entweder: Man hält alle Gebote Gottes (und wer vermag das?). Oder: Man vertraut von Herzen Jesus, dem Bürgen.

Nun muß ich noch sagen: Man kann die beiden Wege nicht vermischen. Da heißt es: Entweder-Oder! ‚Dem aber, der nicht mit Werken umgeht, glaubt aber an den, der die Gottlosen gerecht macht, dem wird sein Glaube gerechnet zur Gerechtigkeit', sagt die Bibel. Es gehen so viele moralisch hochstehende Leute verloren, weil sie nicht wissen: Wenn man auf diesem Weg vor Gott bestehen will, muß man das ganze Gesetz Gottes ohne Makel gehalten haben. Gehen wir doch lieber den Weg der Übergabe an Jesus, der unsere bösen Herzen reinigt, gerecht macht und erneuert.

. . . . ich beschwöre euch: Keine Frage unseres Lebens ist so wichtig wie die, daß wir vor Gott gerecht werden. Ich beschwöre euch: ‚Ach sucht doch den, laßt alles stehn/die ihr das Heil begehret./Er ist der Herr und keiner mehr/der euch das Heil gewähret. . . . /Uns wird das Heil durch ihn zuteil/uns macht gerecht der treue Knecht/der für uns ist gestorben.'"

9. Noch eine Bemerkung zur Aktualität solcher Predigt

In dem programmatischen Text über erweckliche Predigt haben wir die Sätze schon gelesen: „Es gab Gottesdienste, in denen ich mich geradezu entschuldigte, daß ich so unaktuell predigen müsse. Aber ich habe erleben dürfen, daß solche Predigt Bewegung schafft. Es stellte sich heraus, daß die Predigt vom Kreuz in der Tat noch aktuell ist. Wenn vom ‚Frieden mit Gott' gepredigt wird, entdeckt der Mensch, was ihm fehlt und woher alle seine Nöte kommen . . . ".

In seinem Vorwort zu dem Buch „Ein Mensch hatte zwei Söhne" schreibt Busch zum Thema „Aktualität der Verkündigung" eine interessante Bemerkung. In dem Buch wird das Gleichnis vom verlorenen Sohn (Luk. 15) ausgelegt. Die Predigten, die dem Buch zugrunde liegen, hielt Busch während des Dritten Reiches.

Im Vorwort heißt es:

„Als ich das Manuskript durchsah, fiel mir ein, daß ich die erste Predigt in einer Gefängniszelle vorbereitet hatte, um bereit zu sein, wenn sich die eiserne Tür öffnete. Und als sie sich öffnete und ich zum ersten Mal wieder auf der Kanzel stand, sah ich, daß viele in der Kirche waren, die jetzt dadurch eine kleine Sensation erwarteten, daß ich mir meinen Groll von der Seele reden würde. Mir aber ging es darum, eine Predigt zu halten, die einem Menschen den Weg zum Leben weisen könnte. Und so habe ich die Enttäuschung jener Leute gern ertragen.

Ich habe mich gefreut, als ich folgendes hörte: Nach einer Versammlung, die P. Niemöller in Amerika gehalten hat, sagte ein Zuhörer: ‚Nun hat dieser Mann sieben Jahre im KZ gesessen. Und er weiß uns heute nichts anderes zu predigen als Jesus!'

Es ist doch so, daß unsere moderne Situation im Grunde nichts anderes ist als die jener ‚Zöllner und Sünder' und ‚Pharisäer und Schriftgelehrten', denen der Herr Jesus die Geschichte von dem Vater und den beiden Söhnen erzählte."

10. Arbeit und Phantasie sind Schwestern der Liebe

Vielleicht macht sich mancher mit der Predigtvorbereitung und dem Predigen deshalb nicht viel Mühe, weil er im Grunde die Überzeugung hat: „Das, was ich sagen werde, lohnt die Mühe einer guten Verpackung nicht." Im Grunde nimmt er die eigene Botschaft nicht ernst.

Wenn ich aber eine Botschaft habe, die mein eigenes Leben gerettet hat, und von der ich weiß, daß allein sie die Menschen in meiner Umgebung retten kann, dann werde ich die Mühe nicht scheuen, sie möglichst so zu sagen, daß sie „ankommt". Wenn wir die Menschen, mit denen wir leben, wirklich lieben, dann werden wir nicht ruhig sein können, bis sie von Jesus gehört haben. Mittel und Wege, ihr Ohr zu erreichen, müssen sich dann finden lassen. Die Arbeit und die Phantasie sind Schwestern der Liebe.

Wilhelm Busch hat nachdrücklich auf die selbsttätige Wirksamkeit des Wortes Gottes hingewiesen. „Und es ist vielleicht der größte Mangel aller Ausleger unserer Tage, daß wir viel zu wenig damit rechnen", schreibt er.[18]

Aber er ist nie dem unbiblischen Entweder-Oder zwischen Gottes Wirken und menschlicher Tätigkeit verfallen. Deshalb widmet er der Methode der Verkündigung große Aufmerksamkeit.

Der Mann, in dessen Gottesdienst wirklich alle sozialen Schichten und alle Altersstufen vertreten waren, hat sich sehr intensiv darüber Rechenschaft gegeben, was falsche und richtige Volkstümlichkeit ist.

Er schreibt: „Das ist rechte Volkstümlichkeit, daß wir uns bemühen, so zu predigen, daß das Wort Gottes vom Hörer gehört und verstanden werden kann, so daß er Stellung dazu nehmen kann. — Das aber ist falsche Volkstümlichkeit, wenn wir die Hauptsache, das Kreuz Christi, nicht Hauptsache sein lassen und das Kreuz als Gericht und Gnade verdunkeln". [19]

Man wird nicht bestreiten können, daß die Predigten Wilhelm Buschs in hervorragender Weise gemeindegemäß sind. Er hat auch gewußt, was er tat, als er so predigte. Er hat sich bemüht, die Gedankenwelt der Gemeinde kennenzulernen und darauf zu achten. Busch war ein außerordentlich belesener Mann. Sein Wortschatz war nicht gering. Aber er bemühte sich bewußt darum, sich in seiner Verkündigung dem armen Wortschatz vieler Leute anzupassen, um verständlich zu sein. Er hatte Barmherzigkeit mit dem Mangel an Konzentrationsfähigkeit beim heutigen Menschen.

Die Forderung nach Anschaulichkeit in der Verkündigung ist heute nicht fremd. Zwischen dem Wissen von der Notwendigkeit solcher Anschaulichkeit und dem Tun liegt bei uns Predigern allerdings oft eine große Kluft.

Immerhin sollten wir einen Augenblick bedenken, daß Wilhelm Busch zum Thema „Anschaulichkeit der Verkündigung" nicht zunächst über Bilder und Geschichten spricht, sondern über die klare Gedankenführung: „Da ist zunächst zu sagen, daß die größte Klarheit auch die größte Anschaulichkeit ist. Ich habe immer wieder gefunden: Je weniger einem Prediger das, was er vorträgt, selbst klar geworden ist, desto allgemeiner und unanschaulicher redet er über die Sache. Und je klarer und heller sich ihm selbst das Lehrstück aufgeschlos-

sen hat, desto packender und anschaulicher kann er es verkündigen.
Ach, wie viele Bibelstunden und Predigten gibt es, in denen man einen Wortschwall allgemeiner Sätze anhören muß! Und dabei wird man das peinliche Empfinden nicht los: Jetzt ringt der Redner selbst um eine Klarheit, die er sich hätte vorher verschaffen sollen. Da werden dann leider auch kräftige biblische Worte wie ‚Erlösung', ‚Versöhnung', ‚Liebe Gottes', ‚das Blut Jesu Christi', ‚Sünde', ‚Gnade' in verschwenderischer Fülle ausgeschüttet. Aber diese Begriffe werden nicht hell und deutlich. Sie sind im Munde des Predigers nun einfach Wortgepränge, Phrasen geworden, die seinen eigenen Mangel an Wahrheit verdecken sollen." [20]

Ich weiß nicht, ob in vielen homiletischen Seminaren über „die anschauliche Einseitigkeit eines Bibelwortes"[21] nachgedacht worden ist. Ich habe viele Leute darüber klagen hören, daß sie nicht verstehen könnten, was die Prediger eigentlich wollten. Der Grund liegt meist darin, daß Theologen es lieben, sich in ihren Aussagen nach allen Seiten hin abzusichern. Sie wollen jedes Mißverständnis vermeiden. Die Folge ist, daß sie dauernd in „Zwar-aber" und „Sowohl-als-auch" reden, bis dem Hörer im Kopf alles rund geht. Zum Schluß bleibt überhaupt keine Aussage mit scharfen Konturen mehr übrig. Der Hörer soll alles immer zugleich von mindestens vier Seiten sehen. Es scheint so, als ob die größte Gefahr, die die Prediger zu bekämpfen hätten, die drohende Einseitigkeit wäre.

Busch hat ausdrücklich unter dem Stichwort „Anschaulichkeit unserer Verkündigung" Mut gemacht, Bibeltexte in ihrer ganzen Einseitigkeit zu verkündigen. Die verschiedenen Akzente können in verschiedenen Predigten oder Bibelabenden aufeinander folgen. Aber wir sollten nicht die Klarheit der Aussage des Textes in einem dialektischen Geschwafel untergehen lassen.

Busch schreibt dazu: „Wir dürfen die anschauliche Einseitigkeit eines Bibelwortes nicht durch lehrhafte Anbauten und Überbrückungen um seine Wirkung bringen. Sonst verschießen wir Pfeile, bei denen die Spitzen abgebrochen sind. — Ich bin überzeugt, daß unser — oft gut gemeintes — lehrhaftes Bemühen manchen Bibeltext um seine Anschaulichkeit bringt."[22]

11. „Verkündigung als Gespräch"

Hier liegt das Geheimnis einer Predigt, der die Zuhörer mit gespannter Aufmerksamkeit folgen. Hier liegt aber zugleich auch das methodische Problem der meisten Predigten. Die Kernfrage lautet: Gelingt es uns, den Hörer so anzureden, daß er sich unversehens in ein Gespräch verwickelt sieht, an dem er voll und ganz beteiligt ist. Oder warum gelingt uns das nicht?

„Weithin liegt es an der unnatürlichen Sprache der Prediger. Der eine redet plötzlich drei Töne höher, als er im normalen Leben gewohnt ist. Ein anderer beginnt auf einmal, seine Hörer anzuschreien. Ein dritter umgibt sich mit einem bombastischen Pathos.

Warum eigentlich? Warum sprechen wir nicht, wie wir im Gespräch sprechen? Meinen wir, wir seien es den paar Zentimetern, die wir über den Hörern stehen, schuldig, in so ein unnatürliches Wesen zu verfallen?

Wenn wir uns mit irgendeinem Menschen unterhalten, dann wird es doch nie geschehen, daß unser Gesprächspartner mitten im Gespräch auf einmal anfängt zu schlafen. Wenn es mit unserer Verkündigung richtig steht, dann muß sich der Hörer in ein Gespräch verwickelt sehen, dem er folgt, ohne daß er sich krampfhaft anstrengen muß; dem er folgt, weil es ihn angeht. Wir wollen also den Hörer nicht anschreien, nicht anpredigen und nicht ansäuseln. Wir wollen mit ihm sprechen.

Und wenn unsere Predigt vollmächtig ist, dann wird der Hörer bald auf das Gespräch eingehen. Seine natürliche Vernunft wird vielleicht widersprechen. Sein Gewissen aber wird der Botschaft recht geben. Sein Wille wehrt sich oder ergibt sich. Die Vernunft lehnt sich auf oder wird gefangengenommen unter die Wahrheit Christi.

Wo aber alles das geschieht, da ist der Hörer mit seiner ganzen Persönlichkeit beteiligt. Und es ist ganz unvorstellbar, daß er dabei einschlafen oder mit seinen Gedanken spazieren gehen könnte."[23]

Verkündigung als Gespräch — das ist ein sehr populäres Programm. Wer denkt da nicht an die unzähligen Versuche, die mit Dialogpredigten gemacht wurden. Manche haben davon die Lösung aller Probleme erwartet. Aber auch in der

Dialogpredigt ist man von der Gefahr nicht frei, daß man im Gespräch miteinander an den Fragen und an der Situation der Zuhörer vorbeiredet.

Und außerdem: Wenn ich nichts zu sagen habe, dann wird das auch dadurch nicht mehr, daß ich es in die Form eines Dialogs bringe. Der Inhalt ist entscheidend: Einer meiner Freunde pflegte zu diesem Punkt ein sehr drastisches Happening zu veranstalten. Er hatte ein aufziehbares Gebiß, das er auf einen Tisch setzte und klappern ließ. Er konnte mit Hilfe dieses Anschauungsmittels bissige Worte über Bla-bla-Predigten finden. Ich entsinne mich, wie er eines Tages ein zweites Gebiß aus der Tasche zog, es aufdrehte und dem schon auf dem Tisch klappernden gegenüberstellte. Wir schauten etwas verwundert auf dieses Bild. Er kommentierte mit einem Wort: „Dialogpredigt!"

Aber damit ist ja nur gezeigt, wie schwierig das Problem an dieser Stelle ist. Und die Form der Dialogpredigt löst das Problem auch nicht von vorneherein. Vielleicht vergrößert sie sogar die Gefahr, daß der Hörer sich nur als Zuschauer und Zuhörer vorkommt, daß also das Gespräch mit dem Hörer noch schwerer zustande kommt.

12. „Primitivität und Schlichtheit"

Die Forderung nach Schlichtheit unserer Predigt ist eine Forderung der Liebe. Aber nun ist es geradezu von schicksalhafter Bedeutung, ob wir Schlichtheit und Primitivität auseinanderhalten können. Wilhelm Busch hat die Unterscheidung im Blick auf Vorbereitung und Durchführung einer Predigt plastisch dargestellt:

„Schlichtheit ist nicht dasselbe wie Primitivität. Eine primitive Verkündigung würde so aussehen: Der Prediger hat sich flüchtig den Bibeltext angesehen. Und nun knüpft er allerlei bekannte Selbstverständlichkeiten an den Text an. Er läßt das Bächlein seiner Rede fröhlich dahinfließen. Er sagt, was ihm gerade einfällt; und wenn ihm nichts mehr einfällt, erzählt er eine rührende Geschichte. Nein, unsere Verkündigung darf nicht primitiv sein. Aber sie muß schlicht sein.

Was bedeutet das? Ehe es zu einer schlichten Verkündigung kommt, muß der Prediger in die Tiefen des Textes hinabgestiegen sein. Er muß die Türen hinter sich zuschließen und vor dem Bibelwort stille werden. Er muß anfangen, gründlich zu exegesieren. Er muß Kommentare und Auslegungen gewissenhaft einsehen und durchprüfen. Er muß also den Text gründlich abklopfen und dann darüber beten, also: Exegese und Meditation!

Nun schließt sich ihm der Text auf. Das Bibelwort ist ihm hell geworden. Und es gibt viele Prediger, die nun eigentlich mit der Vorbereitung aufhören. Das gibt dann gute, aber unverständliche Predigten, denen die Hörer nicht folgen können. Der Prediger gleicht einem guten, weittragenden Geschütz, das mit hoher Geschoßbahn sehr weit schießt. Aber die Geschoßbahn geht über das nahe Ziel hinweg. Das nahe Ziel waren die Gewissen der Hörer, die vor ihm sitzen.

Wenn der Text sich uns aufgeschlossen hat, dann kommt erst der zweite Teil der Vorbereitung. Dann muß der Prediger erwägen: Wie kann ich die großen Wahrheiten meines Textes so schlicht sagen, daß ein Kind sie verstehen kann?

Dazu muß er die Gedanken ordnen. Es muß die Hauptrichtung deutlich werden, nach der der Text zielt. Es müssen alle anderen Gedanken dieser Hauptrichtung untergeordnet werden. Dann kommt ein sehr schweres Werk: Es müssen eine Reihe wertvoller Gedanken und Wahrheiten gestrichen werden. Man muß es da machen, wie es ein Förster in einem heranwachsenden Wald macht. Es sind wohl viele kleine Baumpflanzen gepflanzt. Aber nicht alle können große Bäume werden. Da würde nachher ein Baum den anderen bedrücken und ersticken. Darum geht der Förster eines Tages durch den Wald und bezeichnet eine Menge Bäume, die gefällt werden. Gewiß, es ist schade um diese kleinen Bäume. Aber um des ganzen Waldes willen müssen sie fallen."[24]

Zur Forderung nach Schlichtheit der Verkündigung gehört für Wilhelm Busch die Forderung nach der klar gegliederten Predigt. Es ist bekannt, daß Wilhelm Busch seinen Predigten durchweg eine Dreiteilung gegeben hat. Und zwar war das nicht nur eine innere Gliederung seiner Gedankenführung, sondern die drei Teile bekamen griffig formulierte Überschriften, die betont herausgestrichen wurden. Die drei Teile insgesamt standen unter einem Thema. Jede Predigt Buschs hatte ein Thema. Trotzdem waren seine Predigten nicht eigentlich Themapredigten, sondern Textpredigten. Er ging vom Text aus. Er scheute nicht den langen Marsch durch Exegese und Meditation. Die Themaformulierung war ihm nicht vorschnell zur Hand. Das Thema hat hier eine dienende Funktion. Es soll helfen, die Auslegung des Textes gezielt und konzentriert zu gestalten. Ja, die Wahl des Themas gehörte für Wilhelm Busch zur Schlichtheit der Verkündigung. Ein griffig formuliertes Thema hilft dem Hörer, noch im Verlauf der folgenden Woche sich an die Predigt zu erinnern. Eben den gleichen Zweck erfüllen die durchformulierten Überschriften der einzelnen Predigtteile. Das Gerippe der Predigt hat der Hörer so nach jeder Predigt im Kopf: Das Thema und die Überschriften der drei Teile. Und daran hängt dann gedächtnismäßig immer eine Menge Fleisch.

Wir greifen uns einfach einen Band der gedruckten Predigten Wilhelm Buschs heraus. Es ist der Jahrgang 1953 seiner Predigtreihe „Die Kirche am Markt".

Er predigt über die Jahreslosung Hebr. 10, 35: „Werfet euer Vertrauen nicht weg, welches eine große Belohnung hat."

Thema: „Drei wichtige Mitteilungen Gottes: 1.) Ich darf Vertrauen haben. 2.) Gott läßt es mit den Proben auf's Äußerste kommen. 3.) So dumm kann ich sein, daß ich das Beste wegwerfe."

In diesem Jahrgang hat er Passionspredigten unter dem Gesamtthema: „Menschen unter dem Kreuz" gehalten. Er spricht über Pilatus (Matth. 27, 24) unter dem Titel: „Der Mann, der dort fehlte". — Über Simon von Kyrene (Matth. 27, 32): „Der Mann, der nicht dabei sein wollte". — Über den Hauptmann (Matth. 27, 45): „Der Mann, dem ein Licht aufging". — Über Nikodemus (Luk. 23, 49 u. Joh. 19, 39): „Der Undurchsichtige unter dem Kreuz".

Luk. 23, 35: „Und das Volk stand und sah zu." — Dieses Wort legt Wilhelm Busch aus unter dem Thema: „Das glotzende Volk". „1.) Wie sie zusahen. 2.) Ist solche Masse nicht hoffnungslos verloren? 3.) Zuschauen und zuschauen ist etwas Verschiedenes."

Diese Stichproben sollen reichen. Sie sind willkürlich herausgewählt. Natürlich kann man die Dinge erst richtig abschätzen, wenn man Themenformulierung und Überschriften im Zusammenhang der ganzen Predigt liest und hört.

Busch hat die Einwände gegen solche Gliederungen ernst genommen, aber trotzdem entschieden für eine durchformulierte Gliederung plädiert.

„Es gibt sehr viele, die mit großem Ernst darauf hinweisen, daß damit Menschengedanken das Bibelwort in ein Prokrustesbett zwängten. Nun, wenn das geschieht, dann ist es eben falsch gewesen. Die Gliederung einer Verkündigung muß textgemäß sein, es geht mithin um: Textgemäße Gliederung!

Gewiß, es hat große Prediger gegeben, die die Homilie, die Texterläuterung, vorzogen, die so verkündigten, daß sie Vers für Vers weitergingen und Vers für Vers auslegten. Gewiß, man kann das auch. Wer wollte dem Heiligen Geist, der in der Gemeinde wirkt, Vorschriften machen! Aber ich habe den Eindruck, daß die meisten diese Form der Homilie wählen, weil sie sich damit ein tüchtiges Stück Arbeit ersparen. Und dann wird eben ihr Auslegen oft nur ein Breittreten des Textes.

Eine klare Gliederung des Textes hat den großen Vorzug, daß der Hörer sich das Gehörte leicht wieder vergegenwärtigen kann."[25]

Mir kommt es immer vor, als ob diese Themen und Predigtteil-Überschriften wie Henkel an einer Tasche sind. Es ist verhältnismäßig schwer, eine große Tasche oder einen Koffer zu tragen, wenn kein Henkel daran ist, auch wenn der Koffer selbst kein allzu großes Gewicht hat. Andererseits: Wenn eine Tasche Henkel hat, an denen man anfassen kann, dann ist der Transport relativ einfach, selbst wenn die Tasche verhältnismäßig schwer ist. So haben gut formulierte Überschriften oft die Funktion von Henkeln, mit deren Hilfe man das Gehörte in die Woche tragen kann. Den Predigthörern eine Gedächtnisstütze zu geben, ist ja schließlich auch ein Werk der Barmherzigkeit.

Jeder Prediger, der einmal versucht, solche Themenformulierungen zu finden und Gliederungen durchzuziehen, wird merken, welch ein ungeheures Maß an Arbeit dies fordert. Die Mühe der Predigtvorbereitung hat zwei Teile: Einmal die intensive Bemühung um das Verständnis des Textes: Was steht wirklich da? Und dann die intensive Bemühung um die Frage: Wie kann ich das meinen Hörern verständlich machen, so daß es sie in ihrem Leben trifft und bewegt? Scheuen wir die Mühe in einem der beiden Teile, so wird sich das für die Predigt — und das heißt letzten Endes für den Hörer — schlecht auszahlen.

Wir waren von der Forderung nach der schlichten Verkündigung ausgegangen und sind nun bei der großen Mühe, die die Predigtvorbereitung erfordert. Busch schreibt: „Das Ende einer solchen Predigtvorbereitung ist eine ganz schlichte Verkündigung. Aber sie ist nicht mehr primitiv. Das, was gesagt wird, ist aus dem Reichtum der Schrift geschöpft."[26]

13. Das Überraschende

Natürlich gibt es besondere Begabungen. Es ist Wilhelm Busch sicherlich leichter gefallen als vielen anderen, passende Beispiele zu finden. Er erlebte den Alltag wirklich intensiv, wie man so etwas selten findet. Wo er war, passierte tatsächlich immer etwas. Oder lag es nur daran, daß er offene, wachsame Augen hatte für das, was um uns alle herum dauernd passiert? Auf den Vorwurf von Studenten, daß er so viele Geschichten erzähle, hat er einmal gesagt: „Das Leben besteht nicht aus blassen Gedanken, sondern aus Geschichten."

Aber hinter dieser Tatsache einer besonderen Begabung sollten wir nicht übersehen, daß Woche für Woche harte Kleinarbeit zur Vorbereitung der Predigt von Wilhelm Busch geleistet wurde.

Er unterstellte sich einer Forderung, die sicherlich unbequem ist, die aber nicht der nebensächlichste Grund für die Originalität seiner Predigten ist: Der Prediger hat nicht das zu sagen, was sich jeder Hörer und Leser des Textes nach einigem Überlegen selber sagen kann. Dazu hat ein Theologe das Handwerkszeug bekommen und dazu hat ihn die Gemeinde zeitlich freigestellt, daß er ihr das Besondere am Text deutlich macht. Deshalb hatten seine Predigten immer etwas Überraschendes.

Bevor er sich dann am Samstagvormittag hinsetzte und die Predigt schrieb, kam eine der schwierigsten Aufgaben: Viele Gedanken mußten gestrichen werden. Die Predigt mußte sich auf Weniges konzentrieren, um dieses Wenige ganz deutlich und behältlich zu machen. Es ist ihm oft schwer gefallen,

„die liebsten Kinder zu töten". Aber Ergebnis dieser Mühe war eben die schlichte, begreifliche Verkündigung.

Übrigens schrieb Wilhelm Busch seine Manuskripte mindestens vom Kriege an wörtlich. Einmal, weil seine Predigten zunächst vervielfältigt und verschickt, dann in der Reihe „Die Kirche am Markt" regelmäßig gedruckt wurden. Andererseits aber legte sich Busch auf diese Weise auch Rechenschaft darüber ab, daß seine Sätze kurz und überschaubar blieben. Ein Grund für Unverständlichkeit sind komplizierte Schachtelsätze. Die wird man bei Busch vergeblich suchen. Es ging ihm nicht um kunstvolle Rhetorik, sondern um Verständlichkeit der Botschaft.

Dies alles bedeutete harte Arbeit. Wer diese Arbeit scheut, soll nicht Prediger werden.

14. Die kurzen Predigttexte

Wilhelm Busch hat fast immer nur über einen oder zwei Bibelverse gepredigt. Jedenfalls waren die Texte bewußt sehr kurz gewählt. Das hat ihm manche Kritik eingetragen. Besonders Theologen haben ihm deshalb unterstellen wollen, daß er die kurzen Bibeltexte nur als Sprungbrett für eigene Gedanken gebrauchen wolle. Nun, in dieser Sache braucht man Wilhelm Busch wahrhaftig nicht zu verteidigen. Seine Predigten liegen schließlich in erstaunlich umfangreicher Zahl gedruckt vor. Einmal in den Jahrgangsbänden der Reihe „Die Kirche am Markt" von 1950—1966 und dann in vielen einzelnen Predigtbänden. Da kann man sich selbst vergewissern, in welch intensivem Maße Busch exegetische Arbeit leistete.

Die Wahl kurzer Texte geschah im Blick auf den Hörer. Wer kann schon nach einmaligem Hören einen Predigttext von 10 bis 15 Versen Länge während eines Gottesdienstes im Gedächtnis behalten! Der kurze Vers, den Busch auslegte, war während der Predigt allen Hörern gegenwärtig. Sie konnten das Gesagte immer wieder an dem Bibelvers messen. Ja, sie konnten die Predigt kontrollieren hinsichtlich der biblischen Richtigkeit ihrer Aussage. So wurden die kurzen Predigttexte gerade gewählt, um dem Hörer den Rückbezug der Predigt auf den Text jederzeit durchschaubar zu machen.

Wilhelm Busch war sich der Problematik der Textwahl für die Predigt wohl bewußt: „Weithin sind in der evangelischen

Kirche feste Perikopenordnungen in Kraft. Jemand, der in Württemberg in die Kirche geht, der weiß im voraus, welcher der vier Jahrgänge an der Reihe ist. Und er kann den Text sogar im Anhang seines Gesangbuches aufschlagen.

In solch einer Ordnung liegt eine große Kraft. Allerdings soll nicht verschwiegen werden, daß auch mancherlei dagegen eingewendet werden kann. So sind die Perikopen oft viel zu lang, als daß es zu einer gründlichen Auslegung kommen könnte. Außerdem bleibt die Predigt eben doch auf einen ganz bestimmten Bezirk der Bibel beschränkt.

Aber jedenfalls ist eine festgesetzte Perikopenordnung jener wilden Freizügigkeit vorzuziehen, wo der Prediger sich für jeden Sonntag irgendeinen Text sucht. Da wird es trotz aller Vorsicht eben doch so kommen, daß der Prediger schließlich auf bestimmten Lieblingstexten hängenbleibt. Die Gemeinde bekommt so eine ganz einseitige geistliche Nahrung. Ach, und man weiß ja, wie es dann schließlich hergeht. Am Samstagvormittag fängt der Prediger verzweiflungsvoll an, nach einem Text zu suchen. Und weil er dann nicht mehr viel Zeit hat, muß es ein Text sein, der nicht allzuviel Mühe macht. Ja, vielleicht ist es sogar so, daß er sich allerlei geistliche Gedanken zurechtgelegt hat. Und nun sucht er den Text als Überschrift dazu. — Von allen diesen Mißständen abgesehen, ist es hierbei der Gemeinde völlig unmöglich, sich auf die Predigt selbst vorzubereiten.

Am besten ist es wohl, wenn ein Prediger fortlaufende Texte hat, etwa ein biblisches Lebensbild oder zusammenhängende Stücke aus dem Alten und Neuen Testament.

Wer fortlaufend predigt, der hat sicher schon diese Erfahrung gemacht: Da kommt man an eine Stelle, von der man denkt: ‚Nein, dieser Text ist zu schwierig für die Gemeinde! Dieser Text liegt auch zu sehr außerhalb der Gedankengänge meiner Gemeinde!' Aber dann macht man sich doch an die Bearbeitung dieses Textes. Man ringt um ihn. Man klopft bei ihm an. Man betet über ihm. Man trägt es mit sich herum, wie man das, was der schwere Text sagt, der Gemeinde klarmachen kann. Und das gibt dann meist die besten und gesegnetsten Predigten, weil der Prediger hier mit Furcht und Zittern auf die Kanzel steigt und in ganz besonderer Weise sich seiner Abhängigkeit vom Geiste Gottes bewußt wird.“ [27]

Busch hat biblische Texte über Wochen und Monate hin Vers für Vers ausgelegt. So z. B. die Geschichte von den Magiern (Matth. 2). Über die Geschichte von Zachäus (Luk. 19) hat er 18 Predigten hintereinander gehalten! [28] Auch über einen so schwierigen Text wie Luk. 18, 1 ff. (Das Gleichnis vom ungerechten Richter) hat er vier Predigten hintereinander gehalten. Bezeichnenderweise hatte die erste das Thema „Ein unmögliches Gleichnis". [29] Nicht vergessen werden dürfen die jährlich fortlaufenden Auslegungen der Passionsgeschichte. Luk. 19, 11—28 hat er in 14 Predigten behandelt. [30] Die Geschichte von den 10 Aussätzigen (Luk. 17, 11 ff.) hat er in acht Predigten behandelt. Wenn wir so Stück für Stück die Jahrgänge seiner Predigten durchgehen, sehen wir, wie Wilhelm Busch große Teile der Schrift systematisch auch in Predigten ausgelegt hat. Ganz zu schweigen von der Energie, mit der er in Bibelstunden ganze biblische Bücher über lange Zeit hin in Fortsetzung behandelt hat.

Er hatte ein Recht zu schreiben: „Die Schrift muß es sein! Nur die Schrift! Und die ganze Schrift!" [31]

15. Die fesselnden Predigtanfänge

Ob Wilhelm Busch sich systematische Gedanken über die Form seiner Predigtanfänge gemacht hat? Sicher auch. Aber es gibt für ihn eigentlich nur einen übergreifenden Gesichtspunkt für die Gestaltung des Predigtanfangs: Er muß den Hörer fesseln und für das Thema der Predigt gewinnen. Der Anfang muß dem Hörer schon das Verständnis für die Predigt aufschließen oder wenigstens für dieses Verständnis den Boden bereiten.

Anschaulichkeit ist auch hier oberstes Gebot. Gepackt wird der Mensch nur durch das, was er miterlebt. Der Predigtanfang ist eigentlich nicht der Einstieg des Predigers in die Predigt, sondern er soll der Einstieg des Hörers in die Predigt sein.

Greifen wir einige Beispiele heraus! Sie lassen sich sogar etwas klassifizieren. Bestimmte Typen von Predigtanfängen kehren immer wieder.

Häufig stellt ein aktuelles Erlebnis den Bezug zum Predigtthema her. Zum Beispiel in der Predigt über Matth. 2, 1—2 (die Magier aus Mesopotamien kommen zum König Herodes und fragen nach dem neugeborenen König der Juden).

Busch fängt an: „Laßt mich mit einer kleinen Begebenheit aus vergangenen Tagen beginnen: Einer meiner jungen Freunde war zum Arbeitsdienst eingezogen worden. Gleich am ersten Abend legte er seine Bibel offen auf den Tisch. Das gab in dem gottlosen Kreise eine beträchtliche Aufregung. Und als mein junger Freund am nächsten Abend seinen Spind öffnet, ist die Bibel verschwunden.

Er dreht sich um, sieht einen Kameraden grinsen und fragt: ‚Hast du meine Bibel geklaut?' — ‚Ja', sagt der, ‚und jetzt hat sie der Oberfeldmeister.'

Mein junger Freund geht tapfer zu dem hohen Chef. Da liegt seine Bibel auf dem Schreibtisch. Mit drohendem Blick nimmt sie der Vorgesetzte, blättert darin und sagt: ‚Wie können Sie solch ein Buch mitbringen! Wissen Sie nicht, daß dies Buch Unruhe verbreitet?' Darauf mein junger Freund strahlend: ‚Jawohl, es verbreitet Unruhe, sogar wenn's im Spind eingeschlossen ist!' —

Nun, wenn das gedruckte Wort Gottes schon Unruhe schafft, — wieviel mehr wird das bei dem Fleisch gewordenen Wort Gottes, bei Jesus, der Fall sein. Ja, er verbreitet diese Unruhe schon, als er noch ein Kind ist, das gar nicht sprechen kann. Davon berichtet unser Text: Die seltsame Unruhe um Jesus." [32]

Damals — 1950 — hatte diese Geschichte noch einen durchaus aktuellen Bezug. In diesem Jahr erschien die Predigt gedruckt. Gehalten wurde sie also früher.

Ein weiterer Typ begegnet uns in dem Erlebnis, das selbst noch keinen geistlichen Inhalt hat, das aber als Gleichnis gebraucht wird. Z. B.:

„Als ich noch ein Schuljunge war, sagte unser Studienrat eines Tages: ‚Morgen habt ihr frei, weil Lehrerkonferenz ist.' Da hatten wir Spaß. Was allerdings eine Lehrerkonferenz ist — davon hatte ich keine klare Vorstellung. Es interessierte mich auch nicht. Das war ja Sache der Lehrer.

Aber ein paar Tage später bekam mein Vater einen ‚blauen Brief'. In dem stand, die Lehrerkonferenz sei der Ansicht, daß meine Versetzung gefährdet sei.

Mit einem Schlage war nun diese Konferenz für mich nicht mehr uninteressant. Da war ja über mich und meine Angelegenheiten verhandelt worden. Jetzt hätte ich gern alle Einzelheiten dieser Konferenz gewußt.

So ähnlich erging es mir mit dem Kreuz Jesu. Davon habe ich seit frühester Jugend gehört. Aber das war eine Sache für Pastoren. Mich interessierte sie nicht.

Es war die größte Entdeckung meines Lebens, daß am Kreuze Jesu meine Sache verhandelt wurde. Seitdem ich das entdeckt habe, steht für mich das Kreuz im Mittelpunkt alles Interesses.

In den Akten der Krankenhäuser liegen die sogenannten ‚Krankengeschichten' der Patienten. Nun, am Kreuz wurde nicht meine Krankheitsgeschichte verhandelt, sondern meine Sündengeschichte. Seitdem ich das begriffen habe, ist das Wort ‚Sünde' für mich nicht mehr ein leerer, abstrakter Begriff. Es bezeichnet etwas sehr Schmerzliches und Wichtiges. Ich wünschte, euch allen ginge solch eine Erkenntnis der Wirklichkeit auf." [33]

Und dann predigt Busch unter dem Thema „Drei Wahrheiten über die Sünde" über Hosea 13, 12.

Eine gelegentlich wiederkehrende Form der Einleitung ist die Einführung eines Sprichwortes oder einer Redensart, die das Thema abgeben soll. So in der Predigt über Matth. 2, 3—4 (König Herodes versammelt die Priester und Schriftgelehrten, um zu erfahren, wo der Christus geboren werden sollte). Busch beginnt:

„In Württemberg gibt es ein nettes Schlagwort, das man braucht, wenn eine Lage kritisch wird: ‚Jetzt wird's ernst.'

Da mußte ich einmal in einem Städtchen einen Vortrag halten. Ein Arzt brachte mich im Auto dorthin. Die Zeit war furchtbar knapp. Es ging um Minuten. Da! — 2 Kilometer vor dem Ort knallte es im Motor: Panne! Da ließ der Arzt die Hände vom Steuerrad und sagte nur: ‚Jetzt wird's ernst!'

‚Jetzt wird's ernst!' — Dieses Sätzlein fuhr mir durch den Sinn, als ich unsern heutigen Text überdachte.

Ja, es gibt auch im geistlichen Leben solche Stunden, wo es heißt: ‚Jetzt wird's ernst!'" [34]

In vielen Predigten fängt Wilhelm Busch gleich mit der Bibel an. Er verstand es meisterhaft, biblische Geschichten zu erzählen. Darauf kommen wir später noch zurück. In den Predigteinleitungen bringt er nur Bruchstücke solcher Erzählungen. Meist geht es ihm darum, ein ganz bestimmtes Element aus der Geschichte anschaulich zu machen. Noch einmal ein Beispiel aus der Predigtreihe über die Magier:

„Viele Leute haben die seltsame Vorstellung, die Bibel sei ein zum Einschlafen langweiliges Buch. Das Gegenteil ist richtig. Das wird ja einfach schon daran sichtbar, daß im Worte Gottes viel berichtet wird von Menschen, die nachts nicht schlafen, weil sie von Gott beunruhigt sind. Wie viele Nachtwanderungen werden in der Bibel erzählt!

In der Nacht wandert Jakob zum Jabbok und ringt dort mit dem Engel des Herrn. Als die Nacht der Schrecken sich über Ägypten gesenkt hat, zieht Israel unter Lobgesängen in die Freiheit. In der Nacht bricht Gideon mit seinen 300 Gottesstreitern auf. Durch die Nacht eilen in der Weihnachtsgeschichte die Hirten, den Heiland zu suchen. Eine Nachtwanderung unternehmen die Emmausjünger, um zu verkünden, daß Jesus auferstanden ist.

Und nun sehen wir auch die Magier auf nächtlicher Wanderung. Die Hirten, die in den Tälern um Bethlehem ihre Herden weiden, schrecken auf, als da auf der stillen, nächtlichen Straße der geheimnisvolle Zug vorübereilt: Fremdländische Gestalten auf hohen Kamelen." — So die Einleitung zur Predigt über Matth. 2, 9—10, die unter dem Thema steht: „Wanderer in der Nacht".

Viele biblische Texte drehen sich um das Geschick bestimmter Personen. Diese Personen zu porträtieren, war eine besondere Stärke Wilhelm Buschs. Er hat in Predigten und Bibelarbeiten viel über Personen der Bibel in Fortsetzung gesprochen. Ein plastisches Porträt mit wenigen Strichen bildet die Einführung in eine Predigt über Zachäus (Luk. 19, 3 a):

„In den letzten Tagen wurde in unserer Straße der Hausrat eines bankrotten Kaufmanns verauktioniert. Allerlei Leute fanden sich dazu ein. Am meisten fielen mir auf einige Männer mit eiskalten Gesichtern, denen man es ansah, daß sie sich auf ihren Vorteil verstanden. Bei ihrem Anblick schoß es mir durch den Sinn: Genau so sah der Zachäus aus, von dem unsre Geschichte erzählt. Ja, ich sah geradezu den Zachäus unter diesen Herren, wie er mit kühler und gespannter Miene überlegte, ob hier ein gutes Geschäft zu machen sei.

Was ist das für ein mächtiges Wirken des Geistes Gottes, wenn es von solch einem Mann auf einmal heißt: ‚Er begehrte, Jesus zu sehen.' Da ist etwas ganz Neues aufgewacht." [35]

Begierig hat Wilhelm Busch den Bilderreichtum der Bibel selbst aufgenommen. Er predigt z. B. in langer Fortsetzung über Bilder aus dem Propheten Hosea. Da ging es dann eines Sonntags um das Wort: „Ephraim ist wie ein Kuchen, den niemand umwendet" (Hosea 7, 8). Hier galt es nur, die Chance zu nutzen und das Bild deutlich zu malen. Und so steigt Wilhelm Busch ein:

„Welch ein Buch ist doch die Bibel! Da ist von den größten Dingen die Rede: von Himmel und Hölle, vom Anfang und Ende der Welt — und auch von Pfannkuchen!

Ich könnte mir denken, daß empfindsame Gemüter geradezu abgestoßen werden durch den Vergleich mit diesem Pfannkuchen, der qualmend verbrutzelt. Und anderen wird dies gewöhnliche Bild aus der Küche lächerlich vorkommen.

Aber wir haben hier ein ganz besonders wichtiges Wort Gottes vor uns. Und zwar ist es wichtig für Leute, die einen Anfang im Glaubensleben gemacht haben. Es spricht nämlich von den Gefahren des Christenstandes." Und das ist dann auch das Thema der Predigt: „Von einigen Gefahren des Christenstandes"! [36]

Noch ein letzter Typ sei erwähnt. Für Wilhelm Busch war es sehr wichtig, daß er mit seinem Hörer in ein Gespräch kam — auch während der Predigt. Jedenfalls sollte der Hörer den Eindruck haben, in ein Gespräch verwickelt zu sein. Gelegentlich bilden Dialoge den Eingang einer Predigt. Und zwar Dialoge, in wörtlicher Rede wiedergegeben. Dadurch wurde der Hörer ganz direkt in eine Auseinandersetzung hineingezogen.

Ein einfaches und anschauliches Beispiel bildet die Predigt über Ps. 80, 20: „Herr, Gott Zebaoth, tröste uns, laß dein Antlitz leuchten; so genesen wir."

„In diesem Sommer erzählte mir ein Ausländer: ‚In unser Land kommen auch sehr viele Menschen aus Westdeutschland.' Ich fragte: ‚Was haben Sie denn für einen Eindruck von diesen Deutschen?' Er überlegte und sagte dann: ‚Nun, sie sind sehr anspruchsvoll!'

Der Mann hat sicher recht. Wir sind anspruchsvoll! Aber gerade darum ist es so verwunderlich, daß wir im Geistlichen so merkwürdig bescheiden sind. Und gerade da sollten wir anspruchsvoll sein. Ich will das kurz andeuten.

Die ersten Christen waren ‚voll des Heiligen Geistes'. Wir begnügen uns damit, ‚christlich' zu sein, ohne recht zu wissen, was das ist. Die ersten Christen wollten mit ihrem Leben ‚ewas sein zu Lobe seiner Herrlichkeit'. Wir begnügen uns damit, Albert Schweitzer zu feiern, ‚der für uns alle christlich gehandelt hat'.

Die ersten Christen waren auch im Gefängnis erfüllt mit Freude am Herrn. Wir begnügen uns damit, auf die Kirchensteuer zu schimpfen. Meint ihr nicht, daß Gott uns sehr reich, sehr glücklich machen könnte? Warum sind wir so anspruchslos? Hier im Text nun wird etwas Wichtiges gezeigt: Anspruchsvoller Christenstand". [37]

Auch Beispiele aus der Literatur sind in den Predigtanfängen nicht selten. Es ist faszinierend zu sehen, wie packend, fesselnd diese Predigtanfänge bei Wilhelm Busch sind. Voller Phantasie und Lebensnähe. Und das, obwohl er Sonntag für Sonntag predigte!

Der Predigtanfang muß den Hörer mithineinziehen in das Gespräch.

16. Und wie stand er zur Schrift?

Wir sollten uns nicht darin täuschen, daß diese Frage für alle, die das Evangelium zu verkündigen haben, von außerordentlicher Wichtigkeit ist. Unsere Predigt nimmt die Legitimation aus der Schrift. Sie muß an der Bibel nachgeprüft werden. Die Predigt hat, wie wir schon früher darstellten, die Aufgabe, eine Linie vom Text in das Leben des Hörers zu ziehen. Also ist die Bibel Ausgangspunkt, Basis, Norm. So wie das gesprochene Wort Gottes gegenüber dem geschehenen Wort Gottes, Jesus Christus, abgeleitete Bedeutung hat, so das verkündigte Wort Gottes gegenüber dem geschriebenen. Jesus Christus, Bibel, Predigt — das ist ein unumkehrbarer Begründungszusammenhang.

Wie dachte Wilhelm Busch über die Bibel?

Die einen beschimpften ihn als Fundamentalisten. Den Fundamentalisten war er zu freizügig im Umgang mit der Bibel.

Er war kein Fundamentalist in dem Sinne, daß er die Gültigkeit und Unfehlbarkeit der Bibel auf Grund einer Theorie der Verbalinspiration als erwiesen betrachtet hätte. Auch forderte er von anderen nicht gesetzlich, die Bibel in diesem Sinne anzuerkennen. Er kündigte die Gemeinschaft nicht auf, wo einer mit diesem oder jenem Wunder oder der Jungfrauengeburt Schwierigkeiten hatte.

Aber er selbst stand ganz vorbehaltlos zur Schrift. Und dieses Vertrauen zur Schrift war eine Ursache seiner Vollmacht. Er verschwendete keine Zeit auf krampfhafte Versuche, die Bibel zu verteidigen. Die Bibel erweist sich selbst als Wort Gottes — das war seine Grundvoraussetzung.

Er konnte allerdings zornig und zynisch werden, wenn Pfarrer und Religionslehrer Menschen, die dem Glauben an Jesus fern und gleichgültig gegenüberstanden, mit Bibelkritik kamen. Es erschien ihm wie plumpe, charakterlose Anbiederung, wenn erst mal dargelegt wurde, was die Bibel alles nicht sei — kein Biologie-, kein Geschichtsbuch etc. Er vermutete wohl nicht zu Unrecht, daß gerade kritische Hörer dabei schnell den Schluß ziehen: „Siehst du, ich dachte es mir doch immer schon, also laß mich damit in Frieden ..."

Am besten sehen wir uns die Problematik einmal in der Praxis bei Wilhelm Busch an.

Die Himmelfahrt des Elia ist sicherlich eine Bibelstelle, bei der sich die „Gretchenfrage": „Wie hältst du's mit der Bibel?" nachdrücklich stellt. In einer Bibelstundenreihe über den Propheten Elisa hat Busch die Himmelfahrt des Elia ausgelegt (2. Kön. 2, 11 f.) Der folgende Text ist vom Tonband abgeschrieben:

„Elisa hat allen Grund, sich zu freuen, weil er solch ein Wunder sieht: Elia fährt im feurigen Wagen mit feurigen Rossen gen Himmel. Jetzt muß ich einfach mal fragen: Glauben Sie das? Oder ist das unwahrscheinlich? Hier sitzen ja kluge und gebildete Leute. Da gibt es Leute, die sagen: ‚Das ist natürlich eine alte Legende. Das kann man in alten Religionen überall finden.' Andere sagen: ‚Das war natürlich ein Gewitter, das hat ihn erschlagen.' Bloß, wenn einen ein Gewitter erschlägt, dann liegt nachher eine Leiche da. Hier aber heißt es: Er sah ihn nicht mehr. —

Glauben Sie das, was da steht?

Zunächst darf ich einmal versichern: Wenn Sie es nicht glauben können, dann können Sie doch selig werden, wenn Sie nur glauben, daß Jesus für Sie gestorben ist, ihm Ihre Schuld und Sünde hinlegen, umkehren und ihm Ihr Herz geben. Dann können Sie selig werden, auch wenn Sie diese Geschichte für unwahrscheinlich halten. Ich kenne viele liebe Menschen, die Eigentum Jesu sind und sagen: ‚Das geht mir zu weit.'

Aber ich möchte Ihnen bekennen, daß ich es glaube, wie es hier steht. Und diese Geschichte ist mir außerordentlich wichtig. Man steht da einfach vor einer prinzipiellen Entscheidung. Vor der Entscheidung, ob man diesem Buch Vertrauen schenken will, ob es Gottes Wort ist oder nicht. Billy Graham erzählte sehr interessant, als er hier war, daß er einige Zeit predigte, ohne irgendeine Wirkung. Und dann sagt er: ‚Ich entschloß mich eines Tages, kniete nieder und betete: Herr, ich will von heute ab jedes Wort der Bibel als dein Wort nehmen. Von dem Augenblick an geschahen Bekehrungen und Bewegungen'. Er sagte weiter: ‚Man wirft mir vor, das sei ein sacrificium intellectus, ein Opfer des Verstandes.' — Natürlich ist es das. Ich stehe vor der prinzipiellen Entscheidung, ob mein kleiner Verstand maßgebend ist oder Gottes Wort. Und ich habe mich eines Tages entschlossen, meinen Verstand unter Gottes Wort zu stellen.

Außerdem: Wenn ich anfange, solche Wunder zu leugnen, bekomme ich dann nicht mit einem Schlage eine schreckliche Verarmung? Das heißt: Ich glaube noch an Gott. Aber nicht, daß er je und dann seine Herrlichkeit zeigt durch Wunder und Zeichen. Und wenn Sie sagen, ich habe kein Wunder gesehen, dann sage ich: Dann lesen Sie das hier wenigstens.

Es macht mein Leben hell, daß ich einen Gott habe, der je und dann sich bezeugt durch Wunder und Zeichen. Er wird mich kaum mit feurigen Wagen gen Himmel holen . . . Aber daß ich einen Herrn habe, der solche Dinge tun kann und jederzeit tun kann, das macht meinen Glauben — ich suche das rechte Wort — farbig, lebendig. In dem Augenblick, wo ich solche Dinge wegstreiche, da bekomme ich plötzlich einen theoretischen Gott, von dem ich nicht mehr annehmen kann, daß er eingreift und seine Herrlichkeit bezeugt. Darum sind mir solche Taten Gottes so wichtig.

Weiter ist mir wichtig, daß es nicht nur einmal in der Bibel steht, sondern daß die ganze Bibel — die durch rund 60 Schreiber in beinah 1 500 Jahren entstanden ist — von da ab den Elia als einen Mann sieht, der in besonderer Weise uns nahesteht. Als Jesus verklärt wird, erscheinen ihm Mose und Elia. Mose ist ähnlich geheimnisvoll gestorben . . . Und diese beiden, die der Herr so heimholt — außerhalb der Reihe —, die erscheinen Jesus auf dem Berge der Verklärung. Das heißt: Die ganze Bibel rechnet mit der Wahrheit dieser Geschichte.

Ich wäre froh gewesen, wenn ich der Elisa gewesen wäre und hätte dabeisein können. Ich lechze danach, die Herrlichkeit des Herrn zu sehen. Von der Erbärmlichkeit der Menschen habe ich jetzt soviel zu sehen gekriegt in den 64 Jahren meines Lebens, daß ich eigentlich davon reichlich genug habe. Aber ich sehne mich danach, die Herrlichkeit des Herrn zu sehen.

Am herrlichsten wird er mir immer wieder in der Auferstehung Jesu. Und wenn sonst nichts mehr käme, die Auferstehung Jesu Christi von den Toten, die schlägt alles."

17. Starkult oder anonyme Predigt?

Eines Tages nimmt Busch die allgemeine Klage über Starprediger, die Zulauf haben, zum Anlaß, um über dieses leidige Problem zu schreiben. In LL 67/1956, Nr. 1, S. 4 ff. setzt er sich mit der Frage auseinander, ob nicht das Herausstellen von Namen bei Predigern gefährlich sei. Sehr häufig würde und wird Kritik daran geübt, wenn Leute nicht in ihrer Ortsgemeinde zum Gottesdienst gehen, sondern sich irgendwo sonst in der Stadt einen Prediger suchen, der sie anspricht.

Busch selbst hat sich von vielen Kollegen diesen Vorwurf gefallen lassen müssen. Er hatte in den letzten 30 Jahren seiner Predigttätigkeit gar keine Parochie. Trotzdem war sein Gottesdienst überfüllt. Konnte es da ausbleiben, daß seinen Gottesdienstbesuchern Personenkult vorgeworfen wurde? Insofern verhandelt er in den nun zu zitierenden Ausführungen seine eigenen Probleme und die seiner Gottesdienstbesucher, ohne das ausdrücklich zu erwähnen.

„Man sagt uns: Wenn Du zu einem Gottesdienst oder in eine christliche Versammlung gehst, darfst Du nicht fragen: ‚Wer predigt jetzt?' Du hast bei einem christlichen Artikel nicht zu fragen: ‚Wer schrieb das?' Es geht nämlich gar nicht um den Boten, sondern nur um die Botschaft.

Ist das nicht einleuchtend? Ist das nicht wahrhaft geistlich? Spricht daraus nicht die große Demut der Pfarrer unserer Zeit, daß sie so ganz hinter der Botschaft verschwinden wollen?

Ja, ja, es ist einleuchtend! Also: Laßt uns bei Evangelisationen nicht mehr den Namen des Evangelisten veröffentlichen! Es genügt, wenn wir rufen: Es wird evangelisiert! Laßt uns die Namen der Prediger aus den Kirchenzetteln streichen. Jeder gehe in die Kirche, bei der er zuständig ist. Er wird schon das Richtige hören! Schluß mit dem ‚Starkult'! Es lebe die anonyme Predigt!

Welch wundervolle Ordnung tritt dann in der Kirche ein! Es wird nicht mehr vorkommen, daß ein Schäflein, welches zur Christuskirche gehört, höchst unordentlicherweise zu dem Prediger der Erlöserkirche läuft. Jeder in seinen Schafstall! Es lebe die Ordnung!

Nun erlaube man mir wenigstens, einige Fragezeichen anzubringen. Ich möchte den schlichten Leuten helfen, die ein wenig erschüttert fragen: ‚Ja, aber wie ist das denn? Bei Billy Graham wurde mein Gewissen aufgerüttelt! Und bei jenem Prediger finde ich Nahrung, die mein geistliches Leben braucht. All das habe ich aber bei meiner ‚zuständigen Gemeinde' nie gefunden. Wie ist denn das?' Leute mit solchen Fragen habe ich vor mir. Darum erlaube man mir ein paar Randbemerkungen zu der anonymen Predigt.

1.) Wenn das, was da gesagt wird, richtig ist, dann würde es ja genügen, wenn ein Bischof am Freitag eine Predigt auf Tonband spräche. Und dann könnte man diese Predigt am Sonntag in allen Kirchen laufen lassen. Wieviel Zeit und Kraft würde gespart!"

Busch fährt dann weiter unten fort: „4.) Doch wir haben vor allem die Bibel zu fragen. Was sehen wir da? Bis zum heutigen Tage ist das Zeugnis von Jesus mit dem Namen der Boten verbunden. Wir haben Briefe des Paulus und des Petrus, ein Evangelium des Matthäus und des Markus. Es hätte sehr nahe gelegen, aus dem Neuen Testament eine anonyme Team-

Arbeit zu machen, wie sie dem Kirchentag vorschwebt. Wollen wir wirklich geistlicher sein als die Apostel? Welch ein unheimlicher Fortschritt in der evangelischen Kirche!

Man muß in diesem Zusammenhang auf eine biblische Geschichte hinweisen. Apostelgeschichte 25 wird berichtet, wie der König Agrippa den römischen Prokuratur Festus in Cäsarea besucht. Da ist viel die Rede von Paulus. So erklärt Agrippa: ‚Den Mann möchte ich auch gern hören.' Da haben wir genau das, was die Kirche heute nicht will: Agrippa wäre nie in eine christliche Versammlung gegangen. Aber — der Mann Paulus interessierte ihn. Ihn wollte er hören. Man muß einmal nachlesen, wie sehr dann die Rede des Paulus sein Gewissen getroffen hat. Ich glaube, es wird zu allen Zeiten so sein, daß Menschen zunächst angezogen werden von der Persönlichkeit des Boten Jesu. Und wenn Gott es schenkt, dann geht es ihnen wie den Jüngern des Johannes, daß sie vom Boten zum Herrn selbst kommen. Warum soll dieser biblische Weg auf einmal nichts mehr gelten unter uns?

5.) Wenn Tausende gern die Botschaft von Billy Graham hören, muß dann das nun wirklich ‚Star-Kult' sein? Zum ‚Star-Kult' gehören ja zwei: Die Masse, die einen Mann vergöttert, und der Mann, der sich vergöttern läßt. Und nun meine ich: Ein Prediger, der hochmütig wird und sich vergöttern läßt, wird schnell seine Vollmacht verlieren und dann ebenso schnell bedeutungslos werden. Das gilt namentlich für Evangelisten. Kirchenfürsten und Professoren behalten dann immer noch ihren Titel und ihr Amt, wenn sie vollmachtslos geworden sind. Evangelisten aber versinken in dunkler Bedeutungslosigkeit. Also — nur nicht so viel Angst vor dem ‚Star-Kult' bei Predigern und Evangelisten! (Bewahren wir uns lieber die Furcht gegenüber der kirchlichen Titelsucht!) Im übrigen: Gott sorgt schon dafür, daß seine Boten gedemütigt und klein gehalten werden.

6.) Und nun muß es ja einmal ausgesprochen werden: Es ist einfach nicht wahr, daß auf allen Kanzeln dasselbe Wort Gottes verkündigt wird. Nein, das ist nicht wahr! Ein Theologe bultmannscher Richtung wird von der Auferstehung Jesu anders predigen als ein bibelgläubiger Prediger. Und ein orthodoxer Prediger wird anders reden als ein lebendiger Zeuge Jesu Christi. Und ein Pfarrer, welcher überzeugt ist, daß die

Kindertaufe die Einpflanzung in den Leib Christi bedeutet, wird anders predigen als ein Evangelist, der weiß, daß Menschen mitsamt ihrer Kindertaufe verlorengehen können, wenn sie sich nicht von ganzem Herzen zum Herrn Jesus bekehren.

Ich bin gar nicht so sehr davon überzeugt, daß die Leute sich glänzende Redner aussuchen. Die Menge hungert vielmehr nach dem Brot des Lebens. Und wo das geboten wird, da entsteht Leben, und da sammeln sich die Menschen."

18. „Ich mach's nur mit dem Mund!"

Wilhelm Busch konnte packend erzählen. Auch seine Predigten sind durchzogen von Geschichten. Alles wurde plastisch. Theorie verhandelte er nicht, es lief ein Film, nein: Es passierte wirklich etwas.

Er konnte auch Erzählungen schreiben. Fünf Bändchen mit Erzählungen sind von ihm erschienen. In LL gab es die beliebte Spalte „Schriftleiter, erzählen Sie mal . . . !" Aus dieser Reihe nehme ich eine kurze Erzählung, die den Schlußpunkt hinter das Predigt-Kapitel setzen soll. Hier wird noch einmal das Wichtigste an der Verkündigung beleuchtet. Und es geschieht in einer Form, die beispielhaft ist. Man könnte die Aussage dieser Geschichte auch in einen gedrängten, theologisch gehaltvollen Satz stecken. Nur, wer würde sie dann noch hören? Der Titel der Geschichte: „Ich mach's nur mit dem Mund!"

„Es war drei Tage nach Weihnachten. Da erlebte ich eine ganz kleine Geschichte am Rande, über die ich herzlich lachen mußte.

Nichtsahnend und friedlich trat ich aus der Haustür, um einen Gang in die Stadt zu machen. Unversehens aber befand ich mich in einer wilden und kriegerischen Welt. Die kleinen Buben in der Nachbarschaft hatten zu Weihnachten Cowboy-Kleider und allerlei Schießzeug bekommen. Und nun spielten sie ‚Wild-West'.

Hinter Bäumen und parkenden Autos gingen sie geduckt in Stellung und schossen mit ihren Zündplättchen-Pistolen gewaltig aufeinander los. Ab und zu versuchte einer zum Angriff vorzugehen. Aber dann verstärkte sich das Feuer nervenzermürbend.

Für diese Jungen war das hier keine simple Straße in Essen. Sie befanden sich in der amerikanischen Prärie unter Banditen, Räubern und Cowboys.

Ich schaute mir die Sache an. Und allerlei Gedanken zogen durchs Gehirn. ‚Es ist doch merkwürdig, wie sehr der Mensch von Natur einen Spaß am Töten hat. Oder ist hier in der Erziehung etwas schräggelaufen? Wild-West-Filme und der Unverstand der militaristischen oder sehr gedankenlosen Eltern lassen diese Buben in solche Mordatmosphäre schliddern, oder aber ist es nur einfach die Jungensehnsucht nach Abenteuer?'

Während ich dem nachdachte, rannte mich einer beinahe um. Er trug eine kindliche, blecherne Maschinenpistole und fingerte aufgeregt daran herum.

‚Junge!', sagte ich, ‚laß das Ding doch mal sehen, wie funktioniert das eigentlich?'

Er schaute zuerst wild nach allen Seiten, ob kein Feind in Sicht sei. Dann ließ er sich zu einer Antwort herab. Und die war verblüffend. ‚Sie ist kaputt seit gestern', erklärte er. ‚Ich mach das Schießen mit dem Mund.' Und dann hielt er seine Maschinenpistole wie zum Schießen bereit, und indem er mit dem Mund ‚Päff-päff-päff' knallte, rannte er davon. Es war so komisch, daß ich laut lachen mußte.

Während ich weiterging und der Schlachtenlärm hinter mir verhallte, liefen meine Gedanken noch mal davon. Aber diesmal in einer anderen Richtung.

Ich sah den Jungen vor mir, der gewaltiges Getöse machte. Aber — nur mit dem Mund. Es war nur Schein. Nichts schoß wirklich. Nicht einmal Zündplättchen. Nur der Mund besorgte alles. Und das tönte gewaltig, als wenn etwas passieren müsse. Doch — es konnte ja gar nichts passieren. Er machte ja alles ‚nur mit dem Mund'!

Da mußte ich wehmütig an so viele Gemeinschaftsstunden und Predigten denken. Da tönt es gewaltig. Aber — man macht es nur mit dem Mund. Es wird niemand getroffen. Es ist alles völlig harmlos, trotz des großen Getöses, trotz Pathos und tiefer Gedanken.

Geistlicher Scheinkampf — nur mit dem Mund!

Wo aber in Vollmacht verkündigt wird, da werden Menschen ‚getroffen'. Da geht's nicht mehr harmlos zu. Ja, da gibt es wirklich ‚Sterben', nämlich Sterben des alten Menschen." [38]

Anmerkungen zum 1. Kapitel

1 in: Stimmen und Zeugnisse, Heft 105, Berlin 1938
2 W. Busch, B. Graham, C. ten Boom, Evangelium – Aktualität und Kraft, hg. v. U. Parzany, Gladbeck 1963. Die Ausführungen Buschs werden im folgenden nach dieser Ausgabe zitiert.
3 aaO. S. 9
4 aaO. S. 10
5 aaO.
6 aaO. S. 11
7 aaO.
8 aaO. S. 12
9 aaO. S. 12 f.
10 A. Schlatter, Der Evangelist Matthäus, 5. Aufl., Stuttgart 1959, S. XI
11 K. Heim, Ich gedenke der vorigen Zeiten, 3. Aufl., Hamburg 1960, besonders S. 92 ff.
12 K. Heim, Das Gewißheitsproblem in der systematischen Theologie bis zu Schleiermacher, Leipzig 1911, und:
K. Heim, Glaubensgewißheit, Eine Untersuchung über die Lebensfrage der Religion, 2. Aufl., Leipzig 1920
13 H. Vogel (Hg.), Männer der evangelischen Kirche in Deutschland, Berlin und Stuttgart 1962; in LL 73/1962, Nr. 1, S. 4 ff. veröffentlicht W. Busch einen Aufsatz, in dem ebenfalls die ganze Frage um „Römer 3 erwecklich predigen" behandelt wird.
14 W. Busch, Plaudereien in meinem Studierzimmer, S. 110–112
15 aaO. S. 112
16 aaO.
17 Evangelium - Aktualität und Kraft, S. 39—41
18 aaO. S. 13
19 aaO. S. 17
20 aaO. S. 24 f.
21 aaO. S. 26
22 aaO.
23 aaO. S. 20 f.
24 aaO. S. 21 f.
25 aaO. S. 23
26 aaO.
27 aaO. S. 35 f.
28 Die Kirche am Markt, Jahrgang 1950
29 Die Kirche am Markt, Jahrgang 1950
30 Die Kirche am Markt, Jahrgang 1951
31 Evangelium - Aktualität und Kraft, S. 12
32 Die Kirche am Markt, Jg. 1950, 2. Predigt
33 Die Kirche am Markt, Jg. 1959, Nr. 46
34 Die Kirche am Markt, Jg. 1950, 3. Predigt
35 Die Kirche am Markt, Jg. 1950
36 Die Kirche am Markt, Jg. 1959, Nr. 29
37 Die Kirche am Markt, Jg. 1960, Nr. 39
38 Licht und Leben, Evangelisches Monatsblatt, abgekürzt LL 72/1961, Nr. 2, S. 28

2. Kapitel

„... und für alle, die ferne sind ...“

(Apostelgeschichte 2, 39)

Der Evangelist

Wir müssen neben der Predigttätigkeit Wilhelm Buschs seine evangelistische Arbeit noch gesondert in den Blick nehmen. Sicherlich waren auch seine Predigten missionarisch. In seine Gottesdienste kamen Leute, die sonst keine Kirche betraten oder lange nicht mehr betreten hatten. Flüsterpropaganda und Abschleppdienst halfen dabei.

Dennoch, die evangelistische Arbeit Buschs trägt ihren eigenen Akzent. In vielen Städten und Dörfern Deutschlands, des deutschsprachigen Auslandes und Skandinaviens, ja auch in den Vereinigten Staaten und Kanada ist Wilhelm Busch zu Vorträgen und Vortragswochen unterwegs gewesen. Es fing schon früh in den zwanziger Jahren an. Die Einladungen kamen bald in steigender Zahl.

Vor mir liegt ein vergilbtes Plakat aus dem Jahre 1927. Manches an der Graphik ist auch heute wieder beliebt. Es wird für eine Vortragswoche in Wien geworben. Dick unterstrichen das Gesamtthema: „Christus und die Menschen“. — Dann die Themen wie Stichworte: „Die Masse, Die Ehrlichen, Die Lästerer, Die Schwachen, Die Abgestumpften, Die Sünder“.

„Vorträge für Männer von Pfarrer W. Busch — Essen. Allabendlich ½ 8.00 Uhr von Montag, 25. April, bis Samstag, 30. April 1927 im CVJM VII. Neubaugürtel 26“, heißt es dann. Der einladende Zusatz: „Eintritt frei“ — zwei Hände weisen mit ausgestreckten Fingern auf diese Tatsache. Und: „Wer Wahrheit sucht und ein offenes männliches Wort hören will, ist willkommen.“

Wilhelm Busch war damals 30 Jahre alt. Er stand noch in der Anfangsphase von 4 Jahrzehnten Evangelisationstätigkeit.

Man spürt schon dem Plakat den offensiven, kämpferischen Geist an. Hier findet man sich nicht damit ab, daß die Männer weitgehend der Kirche fernbleiben. Hier geht man nicht in Richtung auf den geringsten Widerstand vor. Hier werden Grenzen der Gemeinde Jesu Christi nach außen durchbrochen.

Hans Währisch hat eine Sammlung der wichtigsten Aufsätze Wilhelm Buschs unter dem Titel „Verkündigung im Angriff" besorgt. [1] Damit ist etwas Wesentliches über die Arbeit des Evangelisten gesagt. Wenn man der Entstehungsgeschichte des Wortes „evangelisieren" im Neuen Testament einmal nachgeht (es geht hier um das griechische Wort „euangelizomai" und seinen Vorläufer in der hebräischen Sprache), dann erkennt man die eigentliche Bedeutung: Eine Botschaft vom Sieg wird im Land bekannt gemacht. D. h. diese Botschaft wird dorthin getragen, wo sie noch nicht bekannt ist. Evangelisation heißt also immer, daß wir Grenzen überschreiten. Die Botschaft von Jesus soll Menschen gesagt werden, die Jesus bisher nicht kennen. Sei es nun, daß sie wirklich kaum eine Ahnung haben von Jesus und der Bibel. Oder sei es, daß sie keinen persönlichen Kontakt zu Jesus Christus haben und ihn deshalb im eigentlichen Sinne des Wortes nicht kennen. Der Evangelist kann sich also nicht mit dem Bestehenden zufrieden geben. Er kann nicht nur die Gemeinde betreuen. Er muß die Grenzen der Gemeinde durchbrechen.

Auch formal gestaltete Busch eine Evangelisationsansprache anders als eine Predigt. Dies war der Punkt, an dem sich die Brüder Wilhelm und Johannes Busch nicht einig waren. Johannes Busch ging bei Evangelisationsvorträgen von einem Bibeltext aus. Wilhelm Busch hatte ein Thema. Er sprach zuerst von der Situation des Menschen, den er erreichen wollte. Ja, es war ihm wichtig, den Hörer dort abzuholen, wo dieser stand. Natürlich spielten im Laufe des Vortrags eine ganze Reihe von Bibeltexten eine Rolle. Aber es ging eben nicht um die Auslegung eines Bibelabschnittes.

In seiner Predigtlehre lesen wir unter der Frage „Was heißt Auslegung?": „Es gibt Leute, denen ein Bibeltext nur ein willkommenes Sprungbrett ist, von dem aus sie für ihre Rede starten. Nun läßt sich das gewiß verantworten in einer Evangelisationsversammlung oder in einer lehrhaften Rede — sofern der Redner dabei in den Bahnen der göttlichen Wahrheit bleibt. (Von den Leuten, denen ein Bibelwort nur ein Ausgangspunkt für irgendwelche eigenen Gedanken oder rein willkürliche Anliegen ist, wollen wir hier gar nicht reden). Aber in unseren Bibelstunden und Predigten sollten wir Auslegung treiben. Und dazu muß der Text reden und nicht der Verkünder." [2]

Hier formuliert Busch selber den Unterschied. In der Predigt fühlt er sich strenger an den jeweiligen Text gebunden. Beim Evangelisationsvortrag denkt er im gesamten Zusammenhang der biblischen Botschaft und der menschlichen Situation.

Man sollte diesen Unterschied nicht allzu grundsätzlich sehen. Auch Johannes Busch ging auf seinen Zuhörer ein, und Wilhelm Busch blieb ganz bestimmt nicht in der Analyse der menschlichen Situation stecken. Diese Situation wurde in einigen groben Zügen gezeichnet. Meist markierte er die Lage durch eine Begebenheit, die symptomatisch war.

Aber immerhin, dieser formale Unterschied zwischen Predigt und Evangelisationsvortrag zeigt, daß Buschs Arbeit als Evangelist besonders gewürdigt sein will.

1. Ist die Zeit der Evangelisation vorbei?

Oft wird die Frage diskutiert, ob die Zeit der Evangelisation vorbei ist. Wovon ist das abhängig? Woran erkennen wir, ob ein Bedürfnis da ist?

Wilhelm Busch schreibt in seinem Referat, das für den Weltkongreß für Evangelisation in Berlin 1966 bestimmt war, zu diesem Problem: „In den christlichen Ländern ist der Besuch der Kirchen erschreckend gering. Und die jungen Völker sind so beschäftigt mit ihren politischen, sozialen und wirtschaftlichen Problemen, daß die Zeugen Jesu nur schwer gehört werden. — Da will uns denn der Mut entsinken. Es gibt in meinem Lande Christen, die in allem Ernst behaupten: ‚Die Zeit der Mission und der Evangelisation ist vorüber. Jetzt gilt es nur noch, die Gemeinde zuzurüsten auf die Wiederkunft des Herrn.' — Jesus aber sagt etwas anderes: ‚Die Ernte ist groß.' Das ist ein Satz, der gegen unsere Vernunft geht. Und wir stehen vor der Frage, ob wir den Statistiken glauben und uns entmutigen lassen wollen, oder ob wir dem Wort unseres Herrn glauben und gewiß sind, die Chancen der Evangelisten sind riesengroß. Die Welt hungert nach Gott und seinem Heil, und wir dürfen gewiß sein, daß die Welt auf unsere Botschaft wartet." [3]

Und dann berichtet Wilhelm Busch im gleichen Referat: „Als junger Pfarrer kam ich im Ruhrgebiet in einen völlig entkirchlichten Bergarbeiter-Bezirk. Die Lage schien aussichtslos. Hier waren nicht Heiden, die das Evangelium noch vor sich hatten. Hier schien eine Ernte unmöglich zu sein. Hier war wirklich nachchristliche Welt. Die Menschen schienen das Christentum hinter sich zu haben. — Ich fing an und ging von Haus zu Haus in jede Wohnung. Meist versuchten sie, mir die Türe vor der Nase zuzuschlagen und sagten voll Haß: ‚Wir brauchen keinen Pfaffen!' Ich hatte aber schon meinen Fuß in den Türspalt geschoben und erklärte: ‚Es ist wahr! Sie brauchen keinen Pfaffen, aber Sie brauchen einen Heiland!' Da staunten sie und machten die Türen auf. — Nach einem Jahr brauchte ich mich nur noch auf die Straße zu stellen. Dann kamen die Männer und Frauen zu mir mit ihren Nöten und Sorgen — und auch mit ihren Sünden." [4]

Wilhelm Busch folgert: „Laßt uns doch an das Erntewerk gehen mit der großen Freude der Farmer, denen eine wundervolle Ernte herangewachsen ist! Sie müssen noch viel Schweiß vergießen und viel Mühsal auf sich nehmen in der heißen Ernte. Aber die Ernte ist groß und reif. Und sie steht auf dem Felde." [5]

2. Das Noch des Unglaubens

Für ein Mitarbeitertreffen eines CVJM-Landesverbandes war ihm als Thema für sein Referat die Frage gegeben worden: „Wie kommt unsere Botschaft heute noch an?"

Es ist typisch für Buschs Sicht der Verkündigung und der Evangelisation speziell, wie heftig er dieses „noch" kritisiert. Er deutet die Weltgeschichte nicht an Hand von Statistiken. Er versucht nicht ängstlich, Trends zu erspüren. Die Weltgeschichte steht im Zusammenhang der Heilsgeschichte Gottes, und so gewinnt er die Kriterien für die Verkündigung und deren Chancen.

Er schreibt: „Ich wünschte von Herzen, wir würden dieses Wörtlein ‚noch' aus unserem Wörterbuch streichen. ‚Noch!' Das ist das Wort des Rückzugs. ‚Bei uns gehen noch 4 v. H. der evangelischen Bevölkerung in die Kirche', las ich kürzlich. Das heißt doch: ‚Im nächsten Jahrzehnt werden es wahrscheinlich nur ‚noch' 3 v. H. sein.'

‚Noch' — das ist das Wort des Rückzuges. ‚Wir halten die Stellung noch', wurde etwa im Krieg gemeldet. ‚Noch' — das ist das Wort des Unglaubens, der sich auf dem Rückzug sieht.

Wer aber den auferstandenen Herrn bekennt, der weiß: Jesus ist immer in der Offensive. Er greift an! Ihm ist alle Gewalt gegeben im Himmel und auf Erden. Wie könnte er das Wörtlein ‚noch' im Munde seiner Zeugen hören wollen." [6]

3. Die Not mit den falschen Alternativen

Die sozialen Folgerungen, die aus dem Evangelium gezogen werden müssen, sind leider oft in Gegensatz gesetzt worden zum Ruf an den einzelnen, umzukehren und sein Leben mit Gott in Ordnung bringen zu lassen.

Die Alternative ist falsch: Einerseits Veränderung des Menschen durch Veränderung der Verhältnisse, andererseits Veränderung der Verhältnisse durch Veränderung des einzelnen.

Diese Vereinseitigung ist unbiblisch. Natürlich ist die Veränderung des einzelnen in Umkehr und Wiedergeburt der wesentliche Ansatzpunkt. Aber die Umgestaltung der Welt nach dem Willen Gottes folgt daraus nicht automatisch. Wer unter der Herrschaft Jesu lebt, muß für alle Bereiche — private und öffentliche — nach dem Willen Gottes fragen. Um die Veränderung nach dem Willen Gottes muß man also ringen. Sie kommt nicht von selbst.

Wilhelm Buschs Konzeption der Jugendarbeit und sein Engagement in der sogenannten „UfE" (= Universität für Erwerbslose) zur Zeit der Weltwirtschaftskrise zeigen, daß er nicht in falschen Alternativen dachte. Gleichwohl konnte er harte Worte gebrauchen, wenn die Notwendigkeit der Evangelisation von dieser Seite her in Frage gestellt wurde.

In seinen „Plaudereien" hat Wilhelm Busch die verschiedensten grundsätzlichen Fragen im Zusammenhang mit dem Porträt entspechender Männer abgehandelt. Das Problem „Evangelisation und/oder soziale Arbeit" stellt sich in der Person von Dr. John Mott, dem Präsidenten des Weltbundes der CVJM. Ihn trifft Wilhelm Busch zum ersten Mal auf der Weltkonferenz des CVJM in Helsingfors im Jahre 1926.

Wilhelm Busch schreibt darüber: „Nun hatten die amerikanischen CVJM und mit ihnen die ostasiatischen und südafrikanischen — während unsere Arbeiten durch Krieg und Nachkriegszeit getrennt waren, — eine bedrohliche Entwicklung erlitten. Riesige Klubhäuser waren entstanden. Hier betrieb man Charakterbildung durch wissenschaftlich-erzieherische Behandlung des jungen Mannes nach psychologischen und soziologischen Grundsätzen. In unseren Augen war das ein Abrücken von der biblischen Botschaft, wie sie in der ‚Pariser Basis' für den Weltbund der CVJM festgelegt ist. An die Stelle des biblischen Evangeliums war das ‚social gospel', ein soziales oder gesellschaftliches Evangelium, getreten.

Eine Woche lang redeten wir in einem Kreis von etwa 60 Männern aus den verschiedensten Nationen verzweifelt aneinander vorbei. Und das hat später auch die große deutsche Delegation, die zur eigentlichen Konferenz eintraf, nicht ändern können. — Ja, der Graben im Verständnis des Evangeliums war auch auf der Weltkonferenz 1931 in Toronto (Kanada), die ich noch mitmachte, nicht überbrückt." [7]

Wilhelm Busch erlebte in Helsingfors, wie John Mott die Gegensätze zusammenhielt, weil er sie in sich vereinigte.

Busch schreibt: „Mich hat die gewaltige Persönlichkeit John Motts jedesmal mitgerissen, wenn ich ihn sah. Allerdings — es blieb das große Problem, wie dieser Mann zwei Welten in sich vereinigen konnte: Persönlich war er ein frommer Pietist, der in der Methodisten-Kirche sich ‚bekehrt' hatte, der sicher ein ernstes Gebetsleben führte und für sich in der Stille die Bibel las. Zugleich aber waren unter seiner Leitung die amerikanischen CVJM von ihrer evangelistischen Aufgabe abgegangen und hatten sich auf Grund der liberalen Theologie sozialen Aufgaben zugewandt. Das verstand ich damals in Helsingfors nicht. — Aber zwischen den beiden Weltkonferenzen Helsingfors und Toronto wurde ich in eine seltsame Aufgabe hineingeführt, die mich John Motts ‚Zwiespältigkeit' ein wenig ahnungsvoll verstehen ließ." [8]

Und nun berichtet Wilhelm Busch, wie in der Zeit der Weltwirtschaftskrise auch in Deutschland 1930 die große Arbeitslosigkeit begann. Er gründete, um der Not zu wehren, die sogenannte UfE, die Universität für Erwerbslose. Zunächst hieß das Unternehmen UfA, Universität für Arbeitslose. Da aber drohte die Ufa-Filmgesellschaft mit einem Prozeß. Busch schreibt dazu die nette Bemerkung: „Bis zu diesem Tag bin ich den richtigen Universitäten dankbar, daß sie mir nicht auch einen Prozeß androhten. Offenbar hatten die Professoren mehr Humor als die Filmleute." [9]

Durch Zeitungsinserate wurden die Arbeitslosen ins Weigle-Haus eingeladen. Dort wurden Kollegs für Mathematik, Sprachen, Geographie, Literatur, Geschichte, Landwirtschaft, Dekoration, Jura angeboten. Studienräte, arbeitslose Ingenieure und andere Fachleute nahm Busch ins Dozentenkollegium auf. Sogar ein Orchester wurde gebildet. Ein Jiu-Jitsu-Meister unterrichtete seinen Sport. Busch sorgte auch dafür, daß die Männer morgens ein Frühstück bekamen.

Wie er zu dieser Arbeit kam, beschreibt er so: „Eines Tages saß vor mir ein junger Mann. ‚Sehen Sie', sagte er, ‚wenn ich jetzt in die Ruhr springe, entsteht überhaupt keine Lücke. Mein Vater ist froh, daß er den unnützen Esser los ist, der Staat und die Gesellschaft sind froh, daß einer weniger das Stempelgeld abholt. Ein sinnloses Dasein!' — Das ließ mich nicht mehr los. Schließlich kam mir eine Idee: Es gibt noch einen Stand auf der Welt, der keine produktiven Werte leistet und doch nie das verzweifelte Gefühl der Wertlosigkeit hat: Die Studenten! Ich könnte die Besten der jungen Menschen aus ihrer Verzweiflung retten, wenn ich die Arbeitslosen in Studenten verwandelte." [10]

Die Aktion hatte tatsächlich einen beachtlichen Erfolg. „Man hatte wieder einen Lebensinhalt. Man mußte früh aufstehen, um rechtzeitig in den ‚Kollegs' zu sein. Man fand neue Freunde. Man lernte, andere Standpunkte zu verstehen. Man hatte Hausaufgaben zu machen." [11]

Ein alter Film vermittelt noch einen lebendigen Eindruck von einer Exkursion der UfE ins Sauerland. Trotz der traurigen wirtschaftlichen Lage ein fröhliches Bild! Busch: „Wenn ich da mit meinen Hunderten von jungen Burschen durch das Sauerland oder das Bergische Land zog — manche in SA-Uniform, andere in Rot-Front-Kämpfer-Montur, wieder andere in Räuberzivil —, dann ließen die Kaufleute in den Städten die Rolläden herunter, und die Bauern trieben das Vieh von der Weide, weil sie meinten, jetzt ginge die Revolution los." [12]

Und genau hier durchkämpft Wilhelm Busch für sich die falsche Alternative „Evangelisation oder soziales Engagement“: „Es war herrlich! Aber nachts lag ich wach und quälte mich. Als Bote des Evangeliums war ich doch angetreten. Hatte ich jetzt nicht meine eigentliche Berufung verlassen? War dieser soziale Dienst meine Aufgabe? War das nicht die Aufgabe anderer Stellen?

Und mir standen die amerikanischen CVJM vor meiner Seele. Waren sie nicht so wie ich jetzt in die sozialen Aufgaben hineingerutscht und auf diesem Weg abgeglitten von ihrem eigentlichen Dienst, das Evangelium diesen jungen Männern zu sagen? Damals begann es, daß ich John Mott in seiner Zwiespältigkeit begreifen lernte.

Aber den Weg der Amerikaner wollte ich auf keinen Fall mitgehen. Und so wagte ich eines Tages, mit viel innerlicher Furcht, den ‚Studenten' bekanntzugeben: ‚Im neuen Semester findet jede Woche einmal eine Weltanschauungs-Stunde für alle Teilnehmer statt. Freie Diskussion wird zugesichert!'

Und nun gestaltete es sich so, daß gerade diese Stunde der geistige Mittelpunkt der ‚UfE' wurde. Ich sprach zuerst 10 Minuten über die Botschaft der Bibel. Dann folgte die Diskussion. Hier bedurfte es großer Vollmacht, die jungen Männer zum Zuhören auf den anderen zu bringen. In der letzten Viertelstunde antwortete ich auf alle gestellten Fragen. — Diese Stunde bekam Gewicht. Das liegt am Evangelium von Jesus Christus, durch das Herzen bewegt und Gewissen getroffen werden.“ [13]

Nun, bei John Mott waren die theologischen, geistlichen Voraussetzungen klar. Wilhelm Busch war mit ihm einig. Busch zeigte Verständnis für die Zwiespältigkeit Motts, ohne den Weg des Aufgebens der Verkündigung zu billigen.

Schärfer wurde er, wenn von liberalen theologischen Voraussetzungen her die falsche Alternative aufgestellt und gegen Evangelisation polemisiert wurde.

1960 evangelisierte Billy Graham in Essen. Busch schrieb danach in „Licht und Leben“ einen Artikel über ihn. Er setzte sich in diesem Artikel zunächst mit vielen Presseäußerungen über Graham auseinander. Dann heißt es u. a. — und ich meine, das muß heute genauso gesagt und gehört werden: „Es ist deutlich geworden, daß der schärfste Widerspruch gegen die Evangelisation heute von den Leuten kommt, die soziales Evangelium predigen wollen, die die Gesellschaft verchristlichen wollen. Ich möchte noch einmal betonen, daß ich diese Aufgabe für sehr wichtig halte. Doch wenn sie geschieht im Protest gegen die Verkündigung des Kreuzes und gegen die Verkündigung, daß der einzelne Mensch zu einer Entscheidung für Jesus aufgerufen ist, dann können wir nur sagen: Ihr habt einen anderen Geist als wir." [14]

4. Zwei Leiden eines Evangelisten

Es gibt Evangelisationswochen, die liefern den Kritikern der Evangelisation schlagende Argumente. Da versammelt sich alles christliche Volk und hört eine Woche lang einem Redner zu. Es ist wie ein religiöser Wild-West-Film. Es läuft einem kalt und heiß den Rücken herunter bei den radikalen und herausfordernden Reden. Aber ein großer Teil der anwesenden Christen hat überhaupt nicht begriffen, was hier eigentlich gespielt werden soll. Christen in Evangelisationsveranstaltungen sind Hindernisse, wenn sie nicht selber eine missionarische Haltung einnehmen. Eine Evangelisation ist nicht die Sache des Evangelisten. Sie ist die Sache der ganzen Gemeinde. Alle, die Jesus Christus als Wirklichkeit in ihrem Leben erfahren haben, sind in der Lage und müssen bereit dazu sein, diesen Jesus anderen weiterzusagen. Dazu bedarf es tatsächlich keiner Evangelisationsveranstaltungen. Das sollte im Alltag geschehen. Offene Abende und Evangelisationswochen können im Rhythmus des missionarischen Lebens von Gemeinden eine besondere Aufgabe sein. Aber das Entscheidende ist dann, daß der Redner nur ein Mitglied in einer Mannschaft von Missionaren am Ort ist. Christliche Zuschauer und Konsumenten können wir in Evangelisationsveranstaltungen schlecht gebrauchen.

Wie sehr auch Wilhelm Busch unter diesem Problem gelitten hat, sehen wir an folgenden Sätzen. Er hat sie in einem Artikel, der an Evangelisten gerichtet ist, niedergeschrieben. Der Titel des Artikels lautet „Drei Freuden und drei Leiden eines Evangelisten." [15]

Wilhelm Busch schreibt: „Das erste Leiden: Die ersten zwanzig Reihen der Versammlung können einen verwirren.

Die lieben, alten, erfahrenen Christen über siebzig haben viel Zeit. Und so kommen sie als die ersten und sichern sich die guten Plätze in den vorderen Reihen. Hinten sind die Fragenden, Suchenden, Spottenden, die Jungen und Mädel. Aber die sehen wir kaum. Die ersten zwanzig Reihen fesseln unseren Blick. Und so sind wir versucht, mit den Leuten dort zu sprechen, statt — wie es für eine Evangelisation nötig ist — mit denen da hinten.

Ich gehe oft kurz vor dem Vortrag hinten durch den Saal und auf die Empore. Und dann möchte ich am liebsten rufen: ‚So! Nun dreht mal alle Eure Stühle herum! Ich rede von hier aus.' Dann hätte ich nämlich die vor meinen Augen und vor meiner Nase, die ich mit der Evangelisation ansprechen möchte.

Aber weil das nicht geht, muß der Evangelist immer über die Köpfe der Leute in den ersten zwanzig Reihen hinwegreden zu denen, die das Auge nicht mehr gut erkennt.

Das zweite Leiden: Die Verständnislosigkeit vieler lieber Christen.

Die erfahrenen Christen freuen sich, jetzt mal die Botschaft des Evangelisten in aller Gemütsruhe zu hören. Sie haben von dem Manne viel gehört und manches gelesen. Und nun ist die Vortragswoche eine Festzeit für sie.

Schön! Aber sie sollten doch lieber begreifen, daß eine Evangelisation ein Einbruch sein will in die Welt der Fernstehenden. Und da sollten die bekehrten Christen mit im Dienst stehen. Sie sollten dafür sorgen, daß viele Leute, die erst in den letzten zehn Minuten erscheinen, einen guten Platz bekommen. Sie sollten sich umsehen, ob da nicht Menschen sind, die ihren seelsorgerlichen Dienst brauchen.

Als ich einst in einer westdeutschen Stadt evangelisierte und der Saal zu voll wurde, schlug ein lieber, alter Bruder vor: ‚Sagen Sie doch, daß die Jugend in den Vorraum geht. Da können sie ja die Übertragung hören.' Ich wurde böse. ‚Nein!' sagte ich. ‚Ich bin ja so froh an diesen jungen Menschen. Soll ich die jetzt draußen stehen lassen, damit die längst bekehrten Christen gemütlich sitzen können?!' Er verstand es nicht.

Bei einer anderen Evangelisation sagte eine Frau: ‚Sorgen Sie doch dafür, daß wir nicht so eng sitzen! Die zuletzt kommen, können doch in den Übertragungssaal gehen. Dann haben wir Platz!' Ich wurde traurig. Diese Frau hatte mitgebetet und mit vorbereitet. Aber nun begriff sie nicht, daß die Leute der letzten zehn Minuten gerade die sind, die wir in der

Evangelisation suchen, und daß die gewissermaßen diejenigen sind, für die man allen ‚guten Kundendienst' aufwenden muß." [16]

5. Der „Stellenwert" des Evangelisten

Vom erhöhten Herrn heißt es in Eph. 4, 11: „Und er hat etliche zu Aposteln gesetzt, etliche zu Propheten, etliche zu Evangelisten, etliche zu Hirten und Lehrern, daß die Heiligen zugerüstet würden zum Werk des Dienstes. Dadurch soll der Leib Christi erbaut werden."

Ein bedrohliches Problem der Gemeinde Jesu Christi heute liegt darin, daß von bestimmten Personen zu viel erwartet wird, und daß zugleich Fähigkeiten bei anderen Menschen brachliegen.

Wir sprachen schon von der Not der falschen Alternativen. Daß die Notwendigkeit des sozialen Einsatzes gegen den evangelistischen ausgespielt wird, gehört zu diesem Problem. Der Evangelist hat nach dem Stellenplan Jesu nicht alle, nicht einmal unbedingt die entscheidende Arbeit in der Gemeinde Jesu zu tun. Seine Arbeit ist nur so viel wert, wie sie ergänzt wird durch die anderen Dienste, die Jesus zum Aufbau der Gemeinde eingesetzt hat. Der Evangelist gründet seinen Dienst auf die Arbeit der Apostel und Propheten. Sein Werk bleibt ohne die Tätigkeit der Seelsorger, Gemeindeleiter und Lehrer ein Torso. Ja, ohne die Ergänzung kommt es zu geistlicher Krüppelbildung. Manche Christen hetzen dann von Evangelisation zu Evangelisation und suchen letztlich nur die Sensation und die Stimmung. Sie sind Fans bestimmter Redner, aber sie nehmen nicht teil — aktiv und passiv — am Aufbau der Gemeinde. Es besteht in allem Ernst die Gefahr, daß Evangelisten überschätzt werden. Sie sollen in einer Woche tun, was eine Gemeinde in fünf Jahren versäumt hat.

Hier liegt der Hauptgrund für den gelegentlich beklagten Mißerfolg einer Evangelisation. Sie muß ja verpuffen, wenn sie nicht in einen Prozeß der Gemeindebildung eingebettet ist, an dem die verschiedensten Dienste und Begabungen beteiligt sind.

Gleichermaßen aber gilt, daß niemand das Recht hat, den Evangelisten aus dem Stellenplan Jesu für seine Gemeinde zu streichen. Der Evangelist ist ergänzungsbedürftig durch andere Dienste, aber in dieser Begrenzung ist er notwendig zum Aufbau der Gemeinde. Da Gaben des Heiligen Geistes nicht an Institutionen, sondern an Personen verliehen werden, ist auch der charismatische Evangelist im Zusammenwirken mit den anderen Charismatikern notwendig.

Evangelisation ist deshalb für Wilhelm Busch nicht ein System besonders raffinierter rhetorischer, psychologischer und organisatorischer Tricks, mit denen man Menschen fängt.

Was er selbst dazu dachte, spiegelt eine Beschreibung der Versammlung Billy Grahams 1960 in Essen wider. Wilhelm Busch war wohl zu seiner Zeit der Evangelist mit dem größten Wirkungskreis im deutschsprachigen Raum. Als Billy Graham nach Deutschland eingeladen wurde, standen ihm große Teile der Kirche skeptisch, ja feindselig gegenüber. Wilhelm Busch hat sein ganzes Ansehen als Evangelist in der Kirche für Graham eingesetzt. Er schreibt:

„Wenn ich abends in die Versammlungen fuhr, bewegte mich neben meinem geistigen Hunger ein Zweites: Ich wollte von Billy Graham lernen. Als junger Pfarrer kam ich in die Arbeit der Evangelisation. Ich habe im Laufe meines Lebens ungezählte theologische Diskussionen über das Thema ‚Evangelisation' gehört. Nun wollte ich von einem Mann, der ein wirklicher Evangelist ist, lernen.

Was lernte ich?

Ich lernte, daß man an diesem Punkt eigentlich nichts lernen kann, daß es nicht auf ‚Methode', sondern auf die Vollmacht ankommt. Und das war der überwältigende Eindruck der Abende in dem riesigen Zelt: Hier spricht ein Mann, dem Gott Vollmacht gegeben hat über Menschenherzen.“ [17]

Nicht Methoden oder Systeme, sondern vom Geist Gottes für diesen Dienst bevollmächtigte Menschen! Das ist die eigentliche Notwendigkeit für evangelistische Arbeit.

Ich will jetzt nicht von den Gegnern der Evangelisation reden, die sich aus theologischen Gründen dagegen wenden. Natürlich kann man unter Evangelisation nur ein windiges Propagandageschäft verstehen, wenn man die Bibel zerfleddert und keine Botschaft mehr auszurichten hat, die aus dem Tode rettet.

Es ist auch von biblisch denkenden Menschen oft eine bissige Polemik gegen Evangelisten zu hören. Mag ja sein, daß sie negative Erfahrungen gemacht haben. Auch Evangelisten sind nicht ohne Sünde.

Oft aber liegt die Polemik einfach darin begründet, daß man sich gegenseitig die Frucht neidet. Der Erfolg zählt. Frucht und Erfolg werden verwechselt. Und schon sind alle ungeistlichen Motive am Werk! Es fällt uns nicht leicht, anzuerkennen, daß wir den verschiedenen Dienst der verschiedenen Glieder am Leib Christi wirklich brauchen. Übrigens kann man am Verhalten Wilhelm Buschs gegenüber der Arbeit Billy Grahams ablesen, daß Busch Graham die Frucht nicht neidete.

Natürlich brauchen wir viel mehr Evangelisten. Warum sollte nicht jede Gemeinde für ihren Bereich einen besonders begabten Evangelisten haben? Das ist nicht vom Studium raffinierter Methoden abhängig. Sicherlich müssen vorhandene Begabungen auch geschult und entwickelt werden. Vor allen Dingen müssen wir Gott darum bitten, daß er uns mehr Evangelisten schenkt. Zum anderen müssen mehr begabte Leute zum Gehorsam gegenüber dem Evangelisationsbefehl Jesu bereit sein.

Jesus hat seinen Stellenplan für den Aufbau der Gemeinde. Man hat den Eindruck, daß eine ganze Reihe „Planstellen" aus Mangel an Gehorsam unbesetzt sind.

6. Zur Analyse des „modernen" Menschen

Bei Evangelisationsvorträgen geht es im besonderen Maße darum, den Hörer an der Stelle abzuholen, wo er sich befindet. Der Redner muß seine Aufmerksamkeit gewinnen. Wer evangelistisch reden will, muß sich deshalb besonders intensiv Gedanken darüber machen, wen er vor sich hat. Sind es überwiegend Intellektuelle oder Arbeiter, junge oder alte Leute, kirchliche Randsiedler oder ganz „Unbeleckte"? Man muß auch etwas verstehen von der Sozialstruktur einer Stadt, in der man spricht. Man muß etwas wissen von den Fragen, die heute „dran" sind. Nur — oft ist mit Theorie hier wenig geholfen. Es gehört eine Menge Fingerspitzengefühl dazu. Und vielleicht ist das eines der Kennzeichen der Gabe der Evangelisation, daß man solches Fingerspitzengefühl für Menschen und für Situationen hat oder bekommt.

Niemand wird bestreiten können, daß Wilhelm Busch sehr genau wußte, wen er jeweils vor sich hatte. Er besaß auch die gewisse „Nervosität", die die Verschiedenartigkeit der Situationen ertastet.

Und gerade weil er das so genau wußte und gut konnte, sollten wir im Blick auf die Analyse des Menschen seine Meinung besonders ernst nehmen. Er schreibt in dem Aufsatz „Wie kommt unsere Botschaft heute noch an?" [18]: „Es wird uns unablässig in die Ohren geschrien, die Welt habe sich heute verändert, der Mensch von heute sei ein ganz, ganz anderer als der vor hundert Jahren.

Ich meine, das sei nun genug gepredigt, daß die Welt eine andere geworden ist. Es wird auch damit nicht besser, daß man uns gewaltige Fremdworte wie ‚Pluralistische Gesellschaft' und ‚Ballungsräume der modernen Industriewelt' vorsetzt.

Ich meine, es sei jetzt einmal an der Zeit zu sagen: Der Mensch ist im Grunde immer derselbe geblieben. Goethe hat ganz recht: ‚Die Menschheit schreitet immer fort, aber der Mensch bleibt immer derselbe.'

Der Mensch ist heute genauso wie vor Jahrtausenden — genau so, wie ihn die Bibel schildert: Selbstsüchtig, unglücklich, verlogen, auf der Flucht vor Gott, hilflos, einsam, unkeusch, lieblos.

Als Jesus vor zweitausend Jahren am Kreuz starb, war jeder Mensch ein von Gott geliebter und gesuchter Sünder. Und genau das ist er heute auch noch — ein verlorener, aber von Gott gesuchter und in Jesus geliebter Sünder.

Darum wollen wir jetzt endlich Schluß machen, die Modernität des heutigen Menschen wie eine unüberschreitbare Barriere vor unserem Zeugnis aufzubauen, sonst müßten wir alle zuerst Psychologie, Soziologie und was weiß ich alles studieren, ehe wir den Mund für unsere Botschaft auftun könnten."

An anderer Stelle schreibt Wilhelm Busch: „Es erscheint mir immer ein wenig bedenklich, wenn wir bei unserer Predigt von dem ausgehen, was den modernen Menschen bewegt. Wenn der moderne Mensch diese Fragen nicht mehr erkennt: ‚Wie bekomme ich einen gnädigen Gott?' — dann müssen wir dem modernen Menschen klarmachen, daß dies die wichtigste aller Fragen ist. Die Menschen zur Zeit Noahs wurden von der

Frage nach dem gnädigen Gott auch nicht bewegt. Aber eines Tages ging es ihnen — zu spät — auf, daß sie diese Frage unbedingt hätten stellen sollen." [19]

Und Wilhelm Busch hat erfahren, wie solche Verkündigung Bewegung schafft. Wir haben das im Predigt-Kapitel unter dem Titel „Römer 3 erwecklich predigen" schon behandelt. Er erlebte es ja auch, daß in seinen Evangelisations-Vorträgen wie in seinen Gottesdiensten wirklich fernstehende „moderne Menschen" durch die Botschaft von Verlorenheit und Rettung des Menschen gepackt und verändert wurden. Für ihn war der „moderne Mensch" ja keine schemenhafte soziologische Figur aus der Theorie. Er hatte ja Kontakt zu ihm, er stand mit dem Arbeiter und dem Generaldirektor im Ruhrgebiet im Gespräch über Jesus.

Wilhelm Busch hat gelegentlich erzählt, welches erschütternde Verständnis er in einer Vorstandskonferenz eines Industrieunternehmens fand. Ihm standen nur wenige Minuten zur Verfügung. Da ließ er alles Nebensächliche weg und stieg ins Zentrum ein: „Es geht darum, daß wir wie Luther begreifen und sagen können: ‚Ich glaube, daß Jesus Christus ... sei mein Herr, der mich verlorenen und verdammten Menschen erlöset hat, erworben, gewonnen von allen Sünden, vom Tode und von der Gewalt des Teufels' — Sie begreifen doch!? Und die Männer nickten stumm", erzählte Busch ... — „nicht mit Gold oder Silber, sondern mit seinem heiligen, teuren Blut und mit seinem unschuldigen Leiden und Sterben; auf daß ich sein eigen sei ... " — Immer wieder bezeugt Wilhelm Busch, daß gerade das kompakte Evangelium den modernen Menschen im Zentrum seiner Not trifft.

7. Zielpunkt Gewissen

Eines der Hauptprobleme aller Verkündigung ist die Frage, ob und wie unsere Botschaft ankommt. Natürlich besteht dieses Problem auch für jede Predigt. Aber bei Evangelisationsvorträgen wird die Sache besonders dramatisch. Ob es ankommt oder nicht, das zeigt sich oft ganz direkt im äußeren Ablauf des Abends. Leute hören aufmerksam zu oder verlassen unter Protest den Saal. Die Besucherzahl im Laufe einer Woche steigt oder bröckelt ab. Wir kommen hier an einen besonders kritischen Punkt. Wilhelm Busch schreibt in dem bereits zitierten Artikel „Wo soll die Botschaft denn ankommen?“:

„Im Intellekt? Im Verstand? Das denken viele. Und darum stellen sie uns verfängliche und geistreiche Fragen. Und es gibt so viele unter uns, die auf diese Fragen eingehen und sich in endlose Diskussionen einlassen, bei denen am Ende nichts herauskommt.

Ich erinnere mich, daß ich einmal mit einem sehr klugen und gebildeten Mann ein endloses Gespräch hatte. Mit großer Geduld ging ich auf alle Fragen ein — angefangen von der Dreieinigkeit, die ihm ein Ärgernis war, über die Jungfrauengeburt bis zu dem gegenwärtigen Zustand der Kirche.

Kurze Zeit später hörte ich, daß er sich von seiner Frau scheiden ließ. Ich war todunglücklich. Da hatte ich nun über alle möglichen Probleme mit dem Mann diskutiert, und dabei wurde er ganz einfach mit seiner Ehe nicht fertig. Da war Schuld, von der man lieber nicht reden wollte.

Nach langer Zeit bat er mich wieder einmal um meinen Besuch. Ich ging hin und sagte: ‚Wissen Sie, daß Sie in die Hölle kommen, wenn Sie so weiterleben?‘ Ich dachte: ‚Jetzt wirft er mich hinaus.‘

Aber das geschah nicht. Vielmehr sagte er tief beunruhigt: ‚Weil ich das ja weiß, darum muß ich mit Ihnen sprechen.‘

Hier wird deutlich, wo die Botschaft Gottes ankommen muß: Nicht im Intellekt, sondern im G e w i s s e n . Paulus sagte einmal: ‚Wir beweisen uns wohl an aller Menschen Gewissen.‘

Man muß einmal die Predigt lesen, die Paulus vor den Intellektuellen Athens auf dem Areopag gehalten hat. Es ist einfach kühn, wie er da schließlich vom Gericht Gottes redet. Und es ist bezeichnend, wie diese Leute böse wurden, daß Paulus ihnen in das Gewissen redete. Sie spotteten, weil er ihnen so wenig intellektuell vorkam. Und doch bewiesen sie damit klar, daß ihr Gewissen getroffen war.

Wie soll Gottes Botschaft ‚ankommen‘, wenn wir die falsche Zielrichtung haben?! Falsche Zielrichtung haben wir aber, wenn wir auf die Vernunft und nicht auf das Gewissen zielen.

Gottes Botschaft ist auf das Gewissen ausgerichtet. Und sie kann nur ‚ankommen‘ — wenn wir dieser Ausrichtung folgen.

Wo die Gewissen getroffen werden, da gibt es Unruhe und Feindschaft. Da hören die gemütlichen und auch — meinetwegen — scharfen Diskussionen auf.

Als ich einmal vor einer großen Schar von Studenten gesprochen hatte, wurde gefragt, ob man diskutieren dürfe. Ich sagte: ‚Ohne mich! Ich habe Ihnen Leben und Tod vorgelegt. Nun müssen Sie wählen. Aber zu diskutieren ist da nichts mehr!'" [20]

Das ist eine harte Rede. Besonders für einen wie mich, der gerade nach missionarischen Vorträgen die Diskussion besonders wichtig findet.

Aber eines muß man unbedingt hören: Der Zielpunkt der Botschaft Gottes ist das Gewissen des Menschen. Und es ist überhaupt nicht zu bestreiten, daß viel intellektueller Hick-Hack einfach sinnlos ist, weil die entscheidenden Dimensionen des menschlichen Lebens überhaupt nicht berührt werden. Man geht mit dem ganzen Problematisieren wie die Katze um den heißen Brei. Die wunden Punkte werden nicht berührt.

Aber: Ist es möglich, ein Gespräch zu führen, in dem man Verstandesfragen und Gewissensfragen nicht zur Alternative werden läßt? Ich habe gefunden, daß gerade in den Diskussionen es möglich war, besonders gezielt auf Fragen des Gewissens hinzuweisen. Wenn jemand eine Frage gestellt hat, gibt er mir dadurch die Gelegenheit, ihm in der Antwort das Evangelium persönlich zugespitzt zu sagen.

Gerade in der Auseinandersetzung mit kritischen Oberschülern und Studenten habe ich immer wieder versucht, darauf hinzuweisen, daß ein Erkenntnisfortschritt nicht nur auf intellektueller Ebene zu erreichen ist. Es ist ein Mißverständnis, das wir aus der griechischen Philosophie übernommen haben, daß der Mensch in zwei Teile zerfällt, nämlich Geist und Leib. Die Wahrheit wird dann durch den Geist gefunden, der Leib ist dafür völlig belanglos, ja hinderlich. Und so kommt es dazu, daß viele Leute meinen, die Wahrheit könne man in Diskussionen und intellektuellen „Forschungsfahrten" herausbekommen. Ihr praktisches Leben lassen sie dabei unangetastet. Nun läßt sich aber leicht klarmachen, daß der Mensch eine Ganzheit ist, daß Leben und Denken in einer unlösbaren Wechselbeziehung stehen, daß mein praktisches Leben — mein Verhältnis zu meiner Umwelt, zu meinem Geld, zu meinen Eltern, zu meinen Kollegen — mein Denken unmittelbar beeinflußt, und zwar mehr, als ich mir selber klarmache. Ich kann also nur die Wahrheit erkennen, wenn ich auch bereit bin, mein praktisches Leben zu klären. Deshalb gibt es in der Bibel nur den einen Weg zur Erkenntnis Gottes, nämlich die Auslieferung meines ganzen Lebens an seinen Willen. Gott kann ich eben nicht nur durch Theologiestudium erkennen. Erkenntnis Gottes und Anerkenntnis seiner Herrschaft gehören unlösbar zusammen.

Ich mache mir das an einem drastischen Bild klar: Wer nur — ich betone: nur! — durch intellektuelle Diskussion die Wahrheit über Gott finden will, sein praktisches Leben aber ausklammert, der gleicht einem Menschen, der mit der einen Hand versucht, den Sender auf einer Radioskala präzise einzustellen, und der mit der anderen Hand einen Hammer schwingt und die Transistoren des Radiogerätes zerschlägt. Die ganze Diskussion ist sinnlos, wenn ich nicht bereit bin, den Bereich meines praktischen Lebens einer Klärung vor Gott zu unterziehen.

Ich habe erlebt, daß jungen Leuten dieser Zusammenhang erschreckend aufging. Sie waren bisher ganz ehrlich der Meinung gewesen, daß man ausschließlich gedanklich die Wahrheit über Gott erkennen müßte, wenn sie überhaupt erkennbar sei. Nun merkten sie, daß es an die praktischen Fragen ihres Lebens ging. Die Botschaft Gottes traf ihr Gewissen. Und das mitten in einer intellektuellen Diskussion!

Busch hat recht: Wer in der Verkündigung — sei es nun in der Predigt oder in einem Evangelisationsvortrag oder im Gespräch — nicht auf das Gewissen der Menschen zielt, hat die falsche Richtung.

Die Diskussion ist nicht die Mutter der Wahrheit. Das ist eine heidnische Vorstellung. Aber im Gespräch, in der Diskussion können das Angebot und der Anspruch Gottes gezielt weitergegeben werden. Gezielt auf das Gewissen des Menschen.

Ich glaube, daß sich in dieser Hinsicht heute auch günstigere Verhältnisse eingestellt haben, als sie noch vor Jahren bestanden. Vielleicht liegt es daran, daß viele junge Leute von der Schule her schon viel mehr auf Gespräch eingestellt sind. Frühere Generationen wurden auch durch ihre Schulzeit kaum zum sachlichen Gespräch erzogen. Deshalb war in den Versammlungen die Diskussion in der Regel eine große Prügelei, bei der man sich gegenseitig fertigzumachen versuchte. Heute ist es doch — namentlich unter jungen Leuten — sehr oft so, daß Diskussionen wirklich angesehen werden als Möglichkeiten, wo man eigene Fragen klären kann, um daraus die Konsequenzen ziehen zu können. Ich will nicht sagen, daß das immer so ist. Natürlich gibt es auch völlig fruchtlose Diskussionen. Aber ich bin immer wieder erstaunt, wie sehr solche Gespräche mit jungen Leuten um das Zentrum der Botschaft der Bibel kreisen. Da geht es um die Gewißheitsfrage. Da geht es um die praktische Gestaltung der Nachfolge Jesu. Da geht es um die Erfahrbarkeit Gottes im Alltag. Ich möchte sagen, daß weit über die Hälfte der Probleme, die in Diskussionen im Anschluß an missionarische Referate besprochen wurden, zentrale Bedeutung hatten.

Aber halten wir fest: Die Botschaft Gottes zielt auf das Gewissen. „Und sie kann nur ‚ankommen', wenn wir dieser Ausrichtung folgen." [21]

8. Der Inhalt der evangelistischen Verkündigung

Der „grüne Maikäfer" ist zwar berühmt berüchtigt, aber er ist natürlich nicht das Normale in der Themenwahl Buschs. Aber in der Originalität dieser Episode drückt sich doch auch etwas für Wilhelm Busch Typisches aus. Er war eben interessant, einfallsreich, humorvoll in seiner Arbeit und Verkündigung.

Der Handzettel für jene Mitternachtsveranstaltung für Nachtschwärmer in Augsburg zeigt einen grünen Maikäfer und die Ankündigung: „Heute 24.00 Uhr . . . ." — Busch hat die Geschichte selber besser erzählt, als man sie wiedergeben könnte:

„Vor einigen Jahren hatte ich in einer süddeutschen Stadt Evangeliumsvorträge zu halten. Eine ganze Woche lang. Mitten in der Woche saß ich mit einer Schar von Leuten aus der Stadt zusammen. Und da sagte einer: ‚In der Nacht vom Samstag auf den Sonntag wimmeln unsere Straßen von Nachtschwärmern. Wir haben eine Menge Nachtlokale, und die Vergnügungssüchtigen kommen samstags in unsere Stadt, um sich zu amüsieren. Wie wäre es, wenn wir die zu einer besonderen Versammlung um Mitternacht einlüden?' Alle waren Feuer und Flamme. Es wurde beschlossen, besondere

Einladungszettel zu drucken. Dann wollten die jungen Leute damit in der Nacht auf den Straßen einladen.

‚Ja, aber welches Thema nehmen wir?' wurde gefragt. Man beriet hin und her. Man kam zu keinem Entschluß. Während dieser Beratung saß ich im Hintergrund und unterhielt mich mit einem jungen Mann. Schließlich rief der Versammlungsleiter etwas ärgerlich zu mir herüber: ‚Bruder Busch, schlagen Sie doch einmal ein Thema vor!' Ich war der Verhandlung gar nicht gefolgt und viel zu sehr mit dem jungen Mann im Gespräch, als daß ich eine überlegte Antwort hätte geben können. So sagte ich lachend: ‚Das Thema müßt Ihr festsetzen! Mir ist alles recht, sogar das Thema ‚Der grüne Maikäfer'!

Ich hatte das als Scherz gemeint und war darum ziemlich erschrocken, als ich am nächsten Tag erfuhr: Die lieben Leute hatten meinen Vorschlag ernst genommen und Handzettel drucken lassen, auf denen ein grüner Maikäfer zu sehen war — zusammen mit einer Einladung zu der mitternächtlichen Versammlung. Nun blieb mir nichts anderes übrig, als zu reden über das Thema: ‚Der grüne Maikäfer'.

Es war kurz vor Mitternacht, als ich in den Versammlungsraum kam. Seltsam, dieser Raum! Es war ein großes Zelt, wie ein Zirkuszelt. Und darin eine bunte Gesellschaft, männliche und weibliche Nachtfalter aller Kategorien, lachend, schwatzend, Zigaretten rauchend — verlebte Alte und manches junge Blut.

Ich betrat das Podium: ‚Meine Damen und Herren! Ich werde Sie jetzt 20 Minuten mit dem ‚grünen Maikäfer' unterhalten. Was meinen Sie? Gibt es grüne Maikäfer?' — ‚Nein!' schrien die meisten. Ich entgegnete: ‚Wissen Sie das bestimmt und sicher?' Da wurden sie unsicher. Es gab eine allgemeine Diskussion. Ein paar riefen, man könne doch nicht wissen, ob es in den Urwäldern Südamerikas nicht solche wunderlichen Tiere gäbe.

Jetzt nahm ich wieder das Wort: ‚Wir wissen es also nicht bestimmt. Nun, das ist nicht schlimm. Darum können wir doch ruhig schlafen. Aber es gibt eine andere Frage. Die behandeln Sie genauso: ‚Man weiß es nicht bestimmt'. Wir können aber nicht ruhig schlafen, wenn diese Frage nicht geklärt ist. Es handelt sich um die Frage: Gibt es einen lebendigen Gott?'

Jetzt ging eine Unruhe los! ‚Es gibt keinen Gott!' schrie lachend ein dicker Kerl, dem der Hut schief im Genick saß. Ich wandte mich ihm zu: ‚Wissen Sie das sicher?' Da wurde er verlegen und schwieg. Die ganze Versammlung wurde sehr still. Und ich fuhr fort: ‚Ich weiß bestimmt, daß Gott lebt.' Zwischenruf: ‚Woher wollen Sie das wissen?' Ich winkte mit der Hand. Es wurde wieder ruhig. Und ich sagte: ‚Das weiß ich, weil er seinen Sohn gesandt hat. Nun ist es sehr schlimm, daß Sie so leben, als könne man über Gott nichts Gewisses wissen. Er lebt! Er hat seinen Willen in seinen Geboten kundgetan. Und — Sie alle werden einmal vor seinem Thron gerichtet werden. Danach sollten Sie Ihr Leben einrichten . . .'

Ich wurde unterbrochen. Ein Betrunkener stolperte maulend hinaus. In demselben Augenblick betrat eine neue lustige Gesellschaft das Zelt. So brach ich jetzt ab, wartete, bis alle Platz gefunden hatten, und fing von neuem an: ‚Wir sprechen hier über den grünen Maikäfer!' ‚Gibt's ja gar nicht!' rief einer von den Neuankömmlingen. ‚Nun, wir haben eben festgestellt, daß man das nicht genau weiß.' — ‚Haben Sie schon einen gesehen?' — ‚Nein! Aber wenn mir so ein grüner Maikäfer begegnen würde, dann würde ich zu ihm sagen: Freund, mit dir stimmt etwas nicht. Ein richtiger Maikäfer ist braun . . .'

Ich wartete einige Sekunden. Alles hörte gespannt zu. Und dann fuhr ich fort: ‚Ich fürchte, Sie sind alle grüne Maikäfer. Mit Ihnen stimmt es auch nicht. Wir haben hier eben vom lebendigen Gott gesprochen. Was meinen Sie: Wenn Gott Ihr Leben anschaut, ob er damit einverstanden ist? Ich vermute, daß in Ihrem Leben vieles nicht in Ordnung ist. Oder sind Sie, wie Sie sein sollten?'

Ein junger Mann ganz vorn schüttelte ehrlich den Kopf. Ich machte weiter: ‚Bei dem einen stimmt es nicht in der Ehe. Beim anderen sind's die Geldsachen. Der dritte hat einen Streit im Hause. Und alle leben Sie ohne Frieden mit Gott.'

Alle Gesichter waren auf mich gerichtet. Und — glauben Sie es mir: Ich entdeckte auf einmal, daß alle diese Gesichter sehr verkrampft und unglücklich aussahen. Es war, als seien die lachenden Masken heruntergefallen. Mir brannte das Herz: ‚Bringen Sie doch Ihr Leben in Ordnung! Das ist gar nicht so schwer.'

Die Gesichter schauten auf einmal sehr zweifelnd, als wollten sie sagen: Das ist furchtbar schwer. — ‚Nein! Es ist gar nicht so schwer. Denn Sie können einen starken Helfer dabei bekommen, den Herrn Jesus, den Sohn Gottes. Der ist gekommen, Sünder zu erretten!'

Während wir noch darüber sprachen, kamen wiederum neue Leute ins Zelt. Die waren sehr erstaunt, eine so andächtige Versammlung zu finden. Ich mußte darum noch einmal von vorn anfangen: ‚Liebe Leute', rief ich, ‚wir wollten 20 Minuten vom grünen Maikäfer reden. Und nun sind schon dreiviertel Stunden herum. Sollen wir noch weitermachen?' — ‚Weitermachen!' rief's von allen Seiten.

‚Gut! Passen Sie auf! Wir wissen nicht, ob es grüne Maikäfer gibt. Aber wenn es welche gibt, dann haben sie eins mit den braunen gemeinsam. Wissen Sie, was? Wenn sie auf den Rücken fallen, dann kommen sie allein nicht mehr hoch, und genauso geht es uns. Wir sind nicht auf den Rücken, aber in Schuld und Sünde gefallen. Da kommt keiner allein heraus. Aber es gibt eine wunderbare Hand, die sich uns entgegenstreckt und uns aufrichten will — das ist die Hand unseres Erretters Jesus Christus.'

Davon sprachen wir noch lange. Still gingen die Leute spät in der Nacht aus dem Zelt. Und mir war, als sähe ich den Herrn Jesus, wie er suchend diesen armen Menschen nachgeht. So, wie er auch uns sucht." [22]

Soweit die Episode um ein originelles Thema.

Wie aber sahen sonst Wilhelm Buschs Themen für Evangelisationsabende aus? Schauen wir nur in die Sammlung von Vorträgen in dem Buch „Jesus — unser Schicksal"! Wir lesen: Gott ja, aber wozu Jesus? — Wozu lebe ich? — Ich habe keine Zeit! — Achtung! Lebensgefahr! — Was sollen wir denn tun? — Warum schweigt Gott? — Unser Recht auf Liebe! — Kann man mit Gott reden? — Hat Beten Zweck? — Wie werden wir mit dem Leben fertig, wenn wir nicht mehr glauben können? — Wie werden wir mit dem Leben fertig, wenn Schuld und Versäumnis uns ständig begleiten? — Wie werden wir mit dem Leben fertig, wenn die anderen uns auf die Nerven gehen? — Es muß alles anders werden — aber wie? — Ohne mich! — Gibt es Gewißheit in religiösen Dingen? — Ist Christentum Privatsache? — Wann geht die Welt unter? — Was hat man denn von einem Leben mit Gott? —

Es geht uns jetzt aber gar nicht so sehr um die Aktualität der Themenformulierung. Es läßt sich sowieso im Nachhinein schwer beurteilen, was zu einer vergangenen Zeit aktuell war und was nicht. Themen für Evangelisationsveranstaltungen dürfen Eintagsfliegen sein. Sie dürfen einen aktuellen Bezug oder Ton haben, der im nächsten Jahr schon überholt ist.

Warum nicht? Wenn jemand meint, er müßte schon das ganze Evangelium, wenigstens die Hauptgedanken des Vortrages in der Themenformulierung unterbringen, der wird nichts Brauchbares zustandebringen.

Es geht uns jetzt um den Inhalt der Evangelisationsvorträge Wilhelm Buschs in einer ganz besonderen Hinsicht. Er hat das auch den Mitarbeitern in der Jugendarbeit immer wieder gesagt, was für ihn selber Prinzip war: Jesus groß machen, dann erst wird der Ruf zur Entscheidung für Jesus sinnvoll!

Buschs Reden tragen als Hauptakzent nicht den Entscheidungsruf, obwohl der nie fehlt. Ganz unmißverständlich ruft er zur Umkehr. Aber wichtiger ist ihm, seinen Hörern Jesus Christus als den Gekreuzigten vor die Augen zu malen, wie Paulus es bei den Galatern getan hat (Gal. 3, 1).

In dem Artikel über Billy Graham schreibt Busch: „Und vor allem lernte ich, welche Gewalt der Name ‚Jesus' hat. Ich habe oft Evangelisten reden hören, welche riefen: ‚Kehre um!' Doch es wurde nicht ganz deutlich, wohin man umkehren sollte. Graham zeigte Jesus. Und man bekam Lust, zu Jesus umzukehren." [23]

Wir sind ja in der großartigen Lage, eine ganze Reihe von Evangelisationsvorträgen Buschs in dem posthum veröffentlichten Buch „Jesus — unser Schicksal" vor uns zu haben. Sie wurden von Tonbändern abgeschrieben. An ihnen kann die These dieses Abschnitts nachgeprüft werden.

Die Themen sind sehr verschieden. Sie sind nicht nur Problemstoff für die ersten 10 Minuten des Referats. Sie werden ernst genommen. Und doch wird in jedem Referat Jesus vor die Augen gemalt.

9. Die umstrittenen Schritte zu Jesus

Oft ist den Evangelisten und auch Wilhelm Busch vorgeworfen worden, daß sie mit der Aufforderung zur Umkehr und zur Entscheidung für Jesus zu viel auf die Leistung des Menschen pochten. Kommt es denn wirklich auf das Tun, auf die Umkehr an? Hat nicht Gott alles getan? Besonders in der Auseinandersetzung mit den Schülern Karl Barths ist dieser Punkt heiß diskutiert worden. Bei ihnen lag der ganze Akzent auf der umfassend geschehenen Versöhnung, die nur noch zugesprochen, mitgeteilt wird. Aber die Folge dieser Art von Verkündigung ist doch entweder eine vorschnelle Vereinnahmung des Hörers, der gar keinen Raum mehr hat, ja oder nein zu sagen. Oder die Predigt bleibt im unverbindlichen Angebot stecken. Und das war ja ein Teil der Sorge Buschs, daß die Verkündigung der freien Gnade Gottes verharmlosend und in falscher Weise beruhigend und wirkungslos im Blick auf das Leben des Hörers sein könnte.

Nun hat ja kaum einer so energisch wie Busch die Rechtfertigung durch Jesus Christus allein und aus Gnade und durch Glauben allein verkündigt. Bei ihm kam die Rechtfertigung nicht nur am Karfreitag und am Reformationstag in der Predigt vor. Es wird sehr schwerfallen, eine Predigt oder eine sonstige geistliche Ansprache Buschs zu finden, in der nicht ganz massiv der zweite Artikel des Glaubensbekenntnisses gepredigt wurde.

Wie hat er es denn theologisch miteinander verbunden, daß Jesus Gottes bedingungslose Liebe und Barmherzigkeit für uns ist und daß wir zur Umkehr gerufen sind?

Gerade im Blick auf die Evangelisation hat Busch das immer wieder an der Geschichte der Heilung des Blinden vor Jericho deutlich gemacht (Luk. 18, 35—43). Da heißt es: „Jesus aber stand still . . . ". Es waren viele Menschen dort, und Jesus hatte sehr Wichtiges vor. Trotzdem bleibt Jesus bei diesem blinden Bettler stehen. In dieser Szene zeigt sich die Spitze des Evangeliums. Hier ist die Barmherzigkeit Gottes ganz konkret. Jesus ist da für den blinden Bettler, der nichts in dieser Welt bedeutet.

Nun heißt es aber merkwürdigerweise in dem Text nicht, daß Jesus zu dem Bettler am Wegesrand hingeht, mit ihm spricht und ihn heilt. Es heißt: „Jesus aber stand still und hieß ihn zu sich führen." — Diese Schritte zu Jesus hin mußte der Blinde selber tun.

Diese Geschichte hat Busch als Bild für das Angebot der Barmherzigkeit Gottes und unsere notwendige Umkehr gebraucht. Alles Entscheidende liegt darin, daß in Jesus Gott zu uns kommt. Gott steht wirklich bei uns still und ist bereit, sich um uns als einzelne zu kümmern. Aber nun ruft er uns auch, die letzten Schritte zu ihm hin zu tun. Jesus drängt sich und zwingt sich nicht auf. Wir sind eingeladen, die einmalige Chance zu ergreifen und uns seine Liebe gefallen zu lassen. Dazu ruft Jesus.

Busch hat einmal einen Vortrag vor Pfarrern gehalten mit dem Thema: „Was fehlt unserer Predigt?"

Er vertrat u. a. die These: Unserer Predigt fehlt vor allen Dingen die Angst, daß wir mitsamt unseren Gemeinden ewig verloren gehen können.

Wörtlich schreibt er das einmal so: „Was fehlt denn unserer Predigt, die so gut und so sicher und so zeitnah ist — und die trotz aller Bemühungen an Menschen vorbeiredet und keine Bewegung schafft? Dieses fehlt ihr: Es fehlt in ihr die Angst, daß Hörer und Prediger in die Hölle kommen könnten." [24]

Er sagte das einmal vor lutherischen Pastoren im Bereich Hannover und dann vor reformierten Pastoren in Ostfriesland. Die jeweilige Reaktion hat ihn tief betroffen und beunruhigt. Die Lutheraner hielten empört dagegen: „Wir sind doch getauft! Es besteht doch zu dieser Angst kein Grund." — Die Reformierten ereiferten sich ebenso leidenschaftlich: „Wir sind doch von Ewigkeit her erwählt. Also besteht doch kein Anlaß zu dieser Angst."

Busch hat in dieser Form der Verkündigung einer pauschalen Gnade immer eine große Gefahr gesehen. Deshalb war er Evangelist, und deshalb haben auch seine Predigten einen evangelistischen Akzent. Er wußte, daß Menschen im Gericht Gottes ewig verloren gehen können, wenn sie Jesus nicht kennen und nicht Vergebung der Sünden haben. Deshalb auch konnte er das Evangelium nicht einfach als Mitteilung mehr oder weniger verbindlich den Leuten vorsetzen. Deshalb mußte er leidenschaftlich zur Umkehr rufen. Es gibt eine Versöhnungspredigt, die verharmlost das Gericht Gottes, die Situation des Menschen und das, was am Kreuz Jesu passiert ist. Und diese Predigt lähmt allen missionarischen Einsatz. Sie nimmt letzten Endes Gott nicht ernst, wie Paulus ihn ernst nahm, dem man ja wirklich nicht den Vorwurf machen kann, daß er Werkgerechtigkeit verkündigt habe: „Weil wir denn wissen, daß der Herr zu fürchten ist, suchen wir Menschen zu gewinnen" (2. Kor. 5, 11).

Natürlich kann es das geben, daß Menschen ihre „Bekehrung" überschätzen. Wenn einer seine Heilsgewißheit auf die Gründlichkeit seiner Bekehrung gründen würde, geht alles schief. Das ist unbiblische Werkgerechtigkeit.

Aber wo sind denn solche Leute? Werden hier nicht von den Kritikern der Evangelisation Karikaturen gezeichnet, gegen die man dann leicht zu Felde ziehen kann? Je gründlicher eine Bekehrung vollzogen wurde, um so mehr wird der Betreffende nur noch von Jesus und dessen Tun reden. Die Schritte, die er auf Einladung zu Jesus hin getan hat, sind doch in keiner Weise verdienstvoll.

Es gibt einen protestantischen Komplex, der uns daran hindert, deutsche Worte ihrem Sinne nach zu verstehen. Dieser Komplex müßte doch eigentlich zu heilen sein! Jedenfalls könnte das Studium des Neuen Testamentes dazu helfen.

Wir haben von den Reformatoren neu gelernt, daß der Mensch durch sein Tun vor Gott nichts erreichen kann. Im Gegenteil: Werkgerechtigkeit ist höchster Ausdruck der Rebellion gegen Gott. Gott tut in Jesus alles stellvertretend für uns. Wir bekommen es geschenkt.

Nun passiert eine bedauerliche Verwechslung. Werke, auf die ich mich vor Gott berufe, um gerecht zu werden, verwechselt man mit dem Wirken der Menschen allgemein. Jedes Wirken, jede Aktivität wird von vornherein verdächtigt, zur Werkgerechtigkeit das Material zu liefern.

Dann wäre die korrekte Entsprechung zum Erlösungshandeln Gottes der Kirchenschlaf. Das ist im Bereich des Protestantismus auch weitgehend zu beobachten.

Nach der Bibel aber treibt das Handeln Gottes den Menschen nicht in die Passivität, es erschlägt ihn nicht, sondern befreit ihn zu dankbarer Wirksamkeit. Gottes Handeln ermöglicht, lockt, will das Handeln des Menschen. Jesus bleibt stehen, und so kann der Blinde die Schritte zu ihm hin tun.

Natürlich ist der Mensch tätig, wenn er sein Leben der Herrschaft Jesu unterstellt, wenn er Sünde bekennt und um Vergebung bittet, wenn er Schuld mit Menschen in Ordnung bringt, wenn er sich einer Gemeinde anschließt, wenn er anfängt, zu beten und die Bibel zu lesen. Aber das sind keine Werke, auf die er seine Gerechtigkeit vor Gott gründen will. Die gründet er allein auf Kreuz und Auferweckung Jesu. Es sind Werke, zu denen Jesus ihn befreit und berufen hat.

10. Wie soll man den Sack zubinden?

Es ist merkwürdig, daß oft die gleichen Leute von einer Predigt am Sonntagmorgen nichts Umwerfendes, aber von einer Evangelisationswoche die Veränderung von Scharen von Menschen erwarten. Das Erste ist falsch, das Zweite bleibt vielleicht richtig.

Es sind die guten Evangelisationsveranstaltungen, bei denen schon vorher heftig um die Frage gerungen wird: Wie soll es nachher weitergehen? Wie kann in der weiteren Arbeit der Gemeinde oder der Kreise an die Evangelisationsabende angeknüpft werden? Wie müssen Menschen weitergeführt werden? Wie bekommt man den Kontakt zu denen, die in der Evangelisationswoche angesprochen werden? Wie kann der Kontakt richtig entwickelt werden?

Sehen wir den geschichtlichen Zusammenhang, in denen Wilhelm Buschs Evangelisationen stehen! Missionarische Arbeit in den verschiedensten Formen ist durch die Erwekkungsbewegung am Anfang des 19. Jahrhunderts entstanden. Die moderne Form der Evangelisation in Deutschland aber geht speziell auf das Jahr 1882 zurück. Damals regte Professor Theodor Christlieb eine Evangelisation in Berlin mit dem deutsch-amerikanischen Pastor von Schlümbach an. Hofprediger Adolf Stöcker ermöglichte sie. Auf seine Bitte hin dehnt von Schlümbach seine Tätigkeit über mehrere Monate aus. Besonders in den Arbeitervierteln des Berliner Nordens wirkt er. Der Erfolg ist überwältigend. Die Massen strömen zu den Versammlungen, die Schlümbach mehrmals täglich hält.

Interessant ist das Gespräch zwischen Stöcker und Schlümbach, das Erich Beyreuther[25] nach Stöckers Aufzeichnungen wiedergibt: „Als er nach Berlin kam, sagte ich ihm, seine Arbeit sei uns ungemein erwünscht, aber unter der Bedingung, daß er es nicht mache, wie manche englischen und amerikanischen Brüder, die helfen wollen, aber mehr schaden als nützen. Er sagte zu, und ich machte ihm folgende Vorschläge. Erstens, meinte ich, bleiben Sie nicht acht Tage, sondern ein viertel, noch lieber ein halbes Jahr. Zweitens: Gehen Sie nicht in die Säle inmitten der Stadt, wo nur die, welche schon gläubig sind, Sie hören und aufsuchen werden, sondern in die Vorstädte, wo es an geistlicher Hilfe mangelt; lassen Sie auch nicht durch die Zeitungen zu Ihren Vorträgen einladen, sondern durch Zettel, die wir zu denen tragen lassen, welche des Evangeliums bedürfen ...".

Prof. Christlieb gründete dann den „Deutschen Evangelisations-Verein", der Elias Schrenk zum ersten hauptamtlichen Evangelisten in Deutschland berief (im Jahre 1884). 1893 konnte dieser Verein wieder aufgelöst werden, weil der Zusammenschluß der verschiedenen Gemeinschaftsverbände in der „Gnadauer Konferenz" die Aufgabe der Evangelisation übernahm.

Die Evangelisationsarbeit war also aus dem angelsächsischen Bereich angeregt. Die Tätigkeit von Charles H. Spurgeon und Dwight L. Moody war von ausschlaggebender Bedeutung.

Es waren aber gerade die Evangelisten im angelsächsischen Raum, die besonders die Rechtfertigung des Sünders im Zentrum ihrer Verkündigung hatten, im Gegensatz zu vielen anderen, die ‚stärker durch die Heiligungsbewegung beeinflußt', die geistliche Umwandlung des Menschen predigten. Daß die erweckliche Verkündigung die Botschaft von der Rechtfertigung des Gottlosen enthalten müsse, war auch entschieden die Meinung der Gründer des Deutschen Evangelisations-Vereins.

Außerdem stand diese Arbeit von Anfang an der kirchlichen Arbeit freundlich gegenüber. Obwohl vor allem begabte Laien als Evangelisten gefördert werden sollten und besonders zu diesem Zweck 1886 die Evangelistenschule „Johanneum" in Barmen gegründet wurde, war die Evangelisation von Anfang an ganz auf die Zusammenarbeit mit den Pastoren abgestellt.

Elias Schrenk drückte aus, warum von Seiten der Pfarrer den Evangelisten nicht immer Begeisterung, sondern oft sogar Feindschaft entgegenschlug: „Vergessen wir nicht, daß die beginnende Evangelisation ein gerichtliches Moment hat gegenüber der Trägheit der Kirche. Das fühlen die Pastoren, und man muß ihnen Zeit lassen, sich zurechtzufinden. Dieses gerichtliche Moment liegt in der Evangelisation selber. Wir brauchen nicht zu polemisieren." [26]

Nun, Wilhelm Busch stand allein schon durch das Wirken seines Vaters, Dr. Wilhelm Busch, in einer Beziehung zur Evangelisation der Gemeinschaftsbewegung. Der Vater Busch war verhältnismäßig oft neben seiner pfarramtlichen Tätigkeit zu evangelistischen Diensten unterwegs. In der Biographie des Sohnes über den Vater wird z. B. von einer zehntägigen Evangelisation im Londoner CVJM berichtet. [27]

Träger evangelistischer Vorstöße waren immer die lebendigen Kreise in Kirche, Gemeinschaft und CVJM. Evangelisation war hineingebettet in missionarisches Leben der Gemeinde. Die Mitarbeiter und Seelsorger waren am Ort. Der Gastredner stellte seine Gabe vorübergehend in den Dienst Gottes in dieser Gemeinschaft.

Die sogenannte Nacharbeit wurde von der Gemeinde getragen. CVJM mit lebendigen Bibelstunden, Gemeinschaften mit zentraler Verkündigung und eifrigem Bibelstudium nahmen Fragende, Erweckte und Bekehrte auf. Natürlich gab es auch viele seelsorgerliche Gespräche, die der Evangelist im Laufe einer Woche führte. Das ging von der Auseinandersetzung um kritische Fragen bis zur Beichte.

Ausgesprochene Nachversammlungen gab es deshalb in der Evangelisationspraxis von Wilhelm Busch die längste Zeit über nicht. Auch das ist in der deutschen Geschichte der Evangelisation anders gelaufen als in der angelsächsischen. Dort ist es z. B. lange Tradition, am Schluß von Evangelisationen diejenigen aufzurufen, nach vorne zu kommen, die eine Entscheidung für Jesus treffen wollen. Anders konnte dort aus den Evangelisationsversammlungen auch nicht in die kontinuierliche Arbeit übergeleitet werden.

Noch eines wollen wir uns vergegenwärtigen. Adolf Stöcker hat die Arbeit und erstaunliche Wirksamkeit Moodys untersucht und den Unterschied zwischen der angelsächsischen und deutschen Situation klarzumachen versucht. Er schreibt: „Man hat zuweilen gefragt, woraus seine Erfolge zu erklären sind. Ein Grund ist gewiß der, daß in den untersten Volksmassen Englands das Evangelium viel weniger bekannt ist als bei uns. In Deutschland lernt jeder Knabe, jedes Mädchen in der Schule den Katechismus, die biblische Geschichte, Liedverse und eine Anzahl Bibelsprüche auswendig; das ist in England nicht so. Nur in den Kirchenschulen wird der Katechismus gelehrt, in den Volksschulen bietet Verlesung aus der Bibel den einzigen religiösen Stoff. Und wer sich nicht enger an eine Kirchengemeinschaft anschließt, bleibt ohne religiösen Unterricht ... Bei uns weiß man den Inhalt des Evangeliums ganz gut, aber man glaubt nicht daran. Die Deutschen kennen das Evangelium, sie haben es im Kopf, im Gedächtnis, aber es dringt nichts ins Herz ... Ein englischer Schriftsteller sagte einmal, er möchte für einen Abend alle Theater in England haben, dann würde er sich für jedes einen Menschen suchen, der gut lesen könnte, und das Volk zu einer Vorstellung einladen. Wenn dann das Publikum versammelt sei, so würde er nur die eine Geschichte vom verlorenen Sohn vorlesen lassen; er sei überzeugt, das würde den tiefsten Eindruck machen. Dieser Gedanke zeigt den ganzen Unterschied zwischen drüben und hier. Bei uns würde das gar keinen Eindruck machen, weil im Theater fast kein Mensch wäre, der nicht diese Geschichte auswendig wüßte." [28]

Auch diese Situation muß man für die Würdigung der deutschen Evangelisation berücksichtigen. Hier sollte man zugleich sehen, daß sich unsere Lage mehr und mehr dahin entwickelt, daß immer mehr Leute immer weniger vom Evangelium wissen. „Wissen" in dem vordergründigen Sinne gemeint. Daher dann auch eine steigende Ratlosigkeit bei denen, die in Evangelisationsabenden angesprochen sind. Hier ist nicht mehr totes Wissen wie trockenes Heu, in das der Funke der Erweckung fällt. Deshalb wohl steigende Notwendigkeit, noch am gleichen Abend das weiterführende, klärende, helfende Gespräch anzubieten.

Auf der anderen Seite ist auch die Gemeinde am Ort oft nicht mehr so lebendig, daß sie die Suchenden begleitet und Erweckte aufnimmt. Wilhelm Busch hat auch seine schlechten Erfahrungen sammeln müssen, was gediegene Vorbereitung und Nacharbeit durch die Gemeinde angeht.

Vielleicht hängt es damit zusammen, daß er in den letzten Jahren doch auch dann und wann versucht hat, die Evangelisationsabende über die eigentliche Veranstaltung und den Vortrag hinaus fortzusetzen. Ich selbst war Zeuge, wie er bei einer Evangelisationswoche in der württembergischen Stadt Aalen 1960 Ausspracheversammlungen anbot.

Aus dem Leiterkreis des Weigle-Hauses, der parallel zur Evangelisation in Aalen seine Leiterfreizeit durchführte, wurde ein Team gebildet, das zum Gespräch zur Verfügung war.

In den letzten Jahren seiner Tätigkeit wurde eine seiner Evangelisationen in Frankfurt/Main von den Navigatoren seelsorgerlich vorbereitet, begleitet und nachgearbeitet. Die Navigatoren sind eine in den USA entstandene Gruppe, die sich auf die Evangelisation von Mann zu Mann geistlich und methodisch außerordentlich gut eingestellt hat. Busch war von dieser Zusammenarbeit begeistert.

1960 gab es in Essen ein Gespräch zwischen Wilhelm Busch und Billy Graham u. a. über das Problem, „wie man bei einer Evangelisation den Sack zubindet". Busch hat zumindest viel Verständnis für die Art Billy Grahams gezeigt, in den Massenveranstaltungen nach vorn zu rufen. Er selbst ist einen anderen Weg in Vollmacht gegangen.

Das sachliche Problem ist weiterhin für jede Evangelisation brennend: Wie wird Gelegenheit gegeben, daß fragende Menschen ihr Leben mit Jesus klären können? Hat jeder die Möglichkeit, mit Christen darüber zu sprechen? Wie wird ihm dies Angebot nahegebracht?

Bietet die evangelistische Verkündigung selbst genug Konkretionen und praktische Hilfestellung? Das war bei Wilhelm Busch in besonders starkem Maße der Fall. Fast jeden Gedanken machte er mit Hilfe eines Erlebnisses, einer Geschichte, eines Beispieles klar. Das half ungemein, die Erkenntnis gleich in den eigenen Alltag zu übersetzen. Wilhelm Buschs Verkündigung war deshalb außerordentlich seelsorgerlich.

Ein für alle und überall gültiges Schema kann es hier sowieso nicht geben. Gott sei Dank gibt es verschiedene Möglichkeiten und Begabungen. Aber Gedanken müssen wir uns darüber machen, damit wir nicht Fischern gleichen, die die Netze zwar auswerfen, aber vergessen, wieder einzuziehen.

11. Evangelisation oder Volksmission?

Jeder, der „Licht und Leben" aus der Zeit von Wilhelm Busch kennt, weiß, daß es unter der Rubrik „Umschau" oft ziemlich hoch herging. Da finden wir folgende Anmerkung zum Thema Evangelisation:

Brecht doch den Pfeilen nicht die Spitze ab!

‚Der Referent zeigte ... Gefahren auf, die die Evangelisation in Mißkredit zu bringen drohen. Die individualistisch eingeengte Forderung nach der Bekehrung des einzelnen ...'

So liest man in dem Blatt ‚Das Diakonische Werk' (Dez. 1962) in einem Bericht über die Tagung der ‚Arbeitsgemeinschaft für Volksmission', die im September 1962 in Berlin stattfand.

Als alter Evangelist muß ich dazu sagen: Vielleicht ist so etwas ‚Volksmission'! Das heißt doch: mit stumpfen Pfeilen schießen! ‚Evangelisation' ist jedenfalls etwas grundsätzlich anderes. Die ‚Evangelisation' will in der Tat ‚Bekehrung des Einzelnen'. Und sie ist betrübt, wenn Brüder sie als ‚individualistisch eingeengt' ansehen. Aber sie kann sich selbst dadurch nicht aus ihrer Bahn bringen lassen. Gegen das Wort — und die Sache — ‚Volksmission' habe ich schon immer das Mißtrauen, daß es völlig unklar ist, was denn nun eigentlich damit gemeint ist." [29]

Diese bissigen Worte lassen erkennen, daß es hier um eine für Busch wichtige Auseinandersetzung geht.

Das Problem „Volksmission oder Evangelisation" findet seine Zuspitzung an einer besonderen Frage, nämlich wie die Kindertaufe bewertet werden soll. Sind getaufte Menschen im Grunde Christen, an denen höchstens noch erzieherische Aufgaben wahrgenommen werden müssen, die aktiviert werden müssen? Diese Frage ist in einer volkskirchlichen Situation bis heute brennend.

Volksmission oder Evangelisation — für Wilhelm Busch war dies eine Frage, „bei der es nicht um unterschiedliche Namen, sondern um unterschiedliche Ziele geht". [30]

Busch zitiert deshalb an der angegebenen Stelle mit voller Zustimmung Ausführungen von Oberkirchenrat Lic. de Boor aus Schwerin: „‚Neue Methoden der Volksmission' — das ist heute ein beliebtes Thema in kirchlichen Kreisen. Aber zwischen dem üblichen kirchlichen Denken und der Evangelisation liegt ein tiefer dogmatischer Graben. Die Kirche sieht alle Getauften, zumindest alle leidlich kirchlichen Menschen, ohne letzte Sorge an. Sie werden doch alle selig. Erwünscht ist nur, daß sie sich viel mehr am kirchlichen Leben beteiligen und in den kirchlichen Dienst stellen. Das soll die Volksmission in spürbarem Umfang erreichen. Die Evangelisation dagegen bleibt bei dem Zeugnis der Schrift und des lutherischen Bekenntnisses, daß nur der gerettet ist, der lebendigen Heilsglauben hat, dem es ‚sein Herz und der Heilige Geist im Herzen sagt, die Verheißung Gottes sei wahr und ja', der das Zeugnis des Heiligen Geistes inwendig in seinem Herzen trägt: ‚Dir sind deine Sünden vergeben!' Darum sieht die Evangelisation auch auf die vielen gut kirchlichen Menschen, auch auf Kirchenälteste und kirchliche Mitarbeiter mit einer letzten heißen Sorge, wenn und weil ihnen dieser wirkliche Heilsglaube fehlt.

Das Ziel der Evangelisation kann bei dieser ihrer Grunderkenntnis *nicht die Hebung der Kirchlichkeit*, die Gewinnung für die kirchliche Mitarbeit, der vermehrte Besuch der Gottesdienste und Bibelstunden sein, so sehr auch alles dieses da geschenkt wird, wo die Evangelisation bis zu einer Erwekkungsbewegung vorzudringen vermag. Ihr Ziel ist klar und bestimmt die Errettung verlorener Menschen durch den lebendigen Glauben an Jesus Christus, der in den geistgewirkten Vorgängen der Bekehrung und der Wiedergeburt ersteht. Der Evangelist freut sich von Herzen, wenn das bei einem ‚Fernstehenden', einem Ausgetretenen, einem Spötter und Feind des Evangeliums geschieht. Er freut sich aber ebenso, wenn ein kirchlicher und religiöser Mensch zu solchem Glauben kommt.

Der Herr stiftet nicht kirchliche Ämter, sondern er schenkt Männer! Es ist zwecklos, nach neuen Methoden die Kirchengemeinde in neue Bezirke zu teilen und einen volksmissionarischen Besuchsdienst zu organisieren. Was aus Kirchlichkeit geboren ist, das schafft höchstens wieder etwas Kirchlichkeit. Sollen die Besuche wirklich evangelistische Frucht bringen, dann braucht man dazu ‚Evangelisten', d. h. Männer und Frauen, die selber wiedergeborene Menschen mit lebendigem Heilsglauben sind und außerdem noch die Berufung und Ausrüstung zu diesem Dienst vom Herrn bekommen haben — Menschen mit brennendem Herzen!" [31]

Hier geht es nicht nur um Abgrenzung. Hier geht es um Aufklärung eines Mißverständnisses, das böse Enttäuschung für einzelne und Gemeinden nach sich ziehen kann, wenn es nicht aufgeklärt wird.

Wie manche kirchlichen Leute guten Willens haben sich in dem oben genannten Sinne volksmissionarisch engagiert! Sie haben Opfer nicht gescheut und mühevolle Besuchsdienste aufgezogen. Ich habe Menschen, die das versucht haben, reden hören. Sie sind so nachhaltig von Enttäuschung gezeichnet, daß sie schwer zu neuen Aktionen zu gewinnen sind. Der Grund liegt doch darin, daß das Problem nicht tief genug angepackt wurde. Es sollte kirchlich, anstatt geistlich gelöst werden. Evangelisation heißt: Menschen, die ihr Verhältnis zu Gott in Ordnung gebracht haben, suchen den missionarischen Kontakt zu solchen, die das noch nicht getan haben.

Die Evangelisation fängt deshalb in den Mitarbeiterkreisen der Gemeinden an. Wie viele kirchliche Mitarbeiter leben in geistlich ungeklärten Verhältnissen! Der Pfarrer wagt sie nicht daraufhin anzusprechen. Es könnte jemand vielleicht die Mitarbeit aufkündigen, wenn man ihm zu nahe tritt!

Aber wenn im Mitarbeiterkreis keine klare Hinwendung des Lebens zu Jesus vollzogen wird, kann man für die missionarische Arbeit keine klare Zielsetzung und Methode erreichen. Damit wird aber die ganze Unternehmung zu einer „Aktion kirchlicher Nebel" oder „Trimm dich durch Kirchlichsein!"

Hier liegt bis heute die sachliche Berechtigung der Forderung auf Klärung des Begriffes „Volksmission".

12. Die Masse und der einzelne

Zum Abschluß dieses Kapitels zwei Akzente.

Sind Evangelisationen dadurch erfolgreich, daß Massen zusammenströmen? Geht es dabei nicht letzten Endes vor allem um diesen Masseneffekt? Der Star braucht die Masse der faszinierten Fans, vor denen er — wenn die richtige Atmospäre da ist — alle Register zieht?!

Das unterstellen viele Feinde der Evangelisation. Manche Freunde fürchten, daß Evangelisten an diesem Punkt sehr gefährdet sind. Gefährdet damit aber nicht nur sie als Person, sondern die ganze Sache der missionarischen Verkündigung.

Wilhelm Busch sollte auf dem „Weltkongreß für Evangelisation", der vom 26. 10. — 4. 11. 1966 in Berlin stattfand, am 31. 10. 1966 die morgendliche Bibelarbeit halten. Er kam nicht mehr dazu. Er starb im Juni 1966. Aber er hatte diese Bibelarbeit schon vorbereitet. Sie wurde in „Licht und Leben" abgedruckt. [32]

Seine Auslegung von Matth. 9, 36—38 steht unter dem Thema „Die große Ernte". In dem Textwort heißt es: „Und da Jesus das Volk sah, jammerte ihn desselben; denn sie waren verschmachtet und zerstreut wie die Schafe, die keinen Hirten haben. Und da sprach er zu seinen Jüngern: Die Ernte ist groß . . ."

Zu dem Satz „Da Jesus das Volk sah, jammerte ihn desselben" schreibt Wilhelm Busch: „Offenbar hatte die Predigt Jesu einen großen äußeren Erfolg. Es hatte sich herumgesprochen, daß seine Rede gewaltig war und daß durch sein Wort sogar Kranke gesund wurden. Nun strömte das Volk zusammen. Ich bin überzeugt: Der Hintergrund unserer Textgeschichte ist eine Massenversammlung. — Nun wissen wir alle, wie erhebend große Versammlungen sind. Leere Stühle und halbvolle Säle wirken deprimierend auf uns. Wenn aber die Massen zusammenströmen, wird unser Herz froh. Die Masse macht uns stolz. Die Masse erhebt uns. Sie verändert den Redner. — Wie anders aber begegnet der Herr dieser Volksmenge!

Er sieht überhaupt keine Massen. Er sieht nur lauter einzelne Leute. Und er sieht, wie jeder seine Not hat, seine trüben Bindungen, seinen ungestillten Lebenshunger, seine Traurigkeit und seine Verzweiflung, sein anklagendes, unruhiges Gewissen und sein beschwertes Herz." [33]

Hier wird das Kriterium deutlich, dem sich jeder Evangelist unterwerfen muß. Es geht nicht um Massenveranstaltungen als Demonstration. Sondern Massenveranstaltungen stehen unter dem Gesichtspunkt, viele einzelne zu erreichen. Hier ist die unüberbrückbare Kluft zur Demagogie. Leute wie Goebbels wollten eben bewußt den einzelnen in der Masse untergehen lassen, die ja eigenen psychologischen Gesetzen gehorcht. Der Evangelist muß stets gegen die Versuchung angehen, über der Masse den einzelnen aus dem Blick zu verlieren. Jesu Verhalten ist hier unübersehbares Kriterium.

13. Entscheidung für den Kampf

Nun der zweite Akzent.

Evangelistische Arbeit trägt immer einen kämpferischen Akzent. Nicht in dem Sinne, daß gegen Menschen oder auch nur gegen Weltanschauungen gekämpft würde. Das wäre unangemessen. Evangelisation ist Kampf der Liebe um Menschen, die sich vor Gott versperren, die zunächst kein offenes Ohr haben, dafür aber eine Menge Kritik am Christentum. In diesem Kampf steht man als Evangelist immer in der Zerreißprobe — oder man hat sich auf Schattenboxen vor christlichem Publikum verlegt. Das aber ist nur noch eine Karikatur von Evangelisation.

Evangelistische Einsätze zehrten an der seelischen und körperlichen Kraft Wilhelm Buschs in viel stärkerem Maße als Glaubenskonferenzen mit Tausenden von Teilnehmern. Die Kampfsituation war ihm bewußt. Er wich vor ihr nicht aus. Er rang um die Menschen. Es ließ ihn nicht kalt, wenn jemand den Saal verließ oder Äußerlichkeiten die Aufmerksamkeit der Hörer ablenkten. Er hatte die „härtesten" Leute vor Augen, wenn er sprach.

Es muß deshalb am Schluß dieses Kapitels von einer Weichenstellung in Buschs Leben geredet werden, die so typisch für ihn ist, obwohl eigentlich kein langer Weg mehr nach dieser Weichenstellung für ihn zu gehen war.

Die Beeinträchtigung durch einen Herzinfarkt hatte ihm schwer zu schaffen gemacht. Im Mai 1966 befindet er sich zur Kur in Wildbad im Schwarzwald. In diesen Tagen ringt er um Erkenntnis des Willens Gottes für seine weitere Tätigkeit. Soll er noch weiter in zermürbenden Evangelisationen tätig sein? Ein großes Arbeitsfeld wartet auf ihn auf Glaubenskonferenzen und überhaupt im Bereich der christlichen Gemeinde. Bibelauslegung für Gläubige — das ist für ihn keine verzehrende Anstrengung, sondern große Freude.

In dieser Zeit des Ringens bekommt er eine Einreiseerlaubnis in die DDR. Sie war schwer zu bekommen und ihre Erteilung nicht vorhersehbar. Als sie kommt, ist das für Busch das Ja Gottes zur weiteren evangelistischen Tätigkeit. Die Entscheidung fällt für den Kampf. Oder muß man sagen: Er konnte es einfach nicht lassen? Er spricht auf der Glaubenskonferenz in Bad Liebenzell und leitet anderthalb Wochen später die Tersteegensruh-Konferenz in Essen. Dann fährt er zur Evangelisation nach Saßnitz auf Rügen. Auf der Heimreise von dieser Evangelisation stirbt er in Lübeck.

„Mußte das sein?" konnte man fragen, hat man gefragt. Aber wer kann sich hier einmischen? Die Entscheidung zum Kampf war gefallen. Und die Lebensregel der Jünger Jesu lautet: „Wer sein Leben erhalten will, der wird's verlieren; wer aber sein Leben verliert um meinetwillen, der wird's finden" (Matth. 16, 25).

Anmerkungen zum 2. Kapitel

1 W. Busch, Verkündigung im Angriff, gesammelte Aufsätze über Jugendarbeit, Kirche, Theologie und Pietismus, hg. v. H. Währisch, Wuppertal 1968
2 Evangelium - Aktualität und Kraft, S. 12
3 LL 77/1966, Nr. 10, S. 154
4 aaO.
5 aaO. S. 155
6 LL 74/1963, Nr. 5, S. 70
7 W. Busch, Plaudereien in meinem Studierzimmer, S. 114 f.
8 aaO. S. 118
9 aaO. S. 119
10 aaO. S. 118 f.
11 aaO. S. 120
12 aaO. S. 120 f.
13 aaO. S. 121
14 LL 71/1960, Nr. 11, S. 167
15 erschienen in „Mitteilungen der Deutschen Evangelistenkonferenz", Nr. 7/1966; wieder abgedruckt in LL 77/1966, Nr. 10, S. 156
16 aaO. S. 157
17 LL 71/1960, Nr. 11, S. 171
18 LL 74/1963, Nr. 5, S. 69
19 LL 71/1960, Nr. 11, S. 169
20 LL 74/1963, Nr. 5, S. 71 f.
21 aaO. S. 71
22 LL 71/1960, Nr. 8, S. 123 f.
23 LL 71/1960, Nr. 11, S. 171
24 LL 67/1956, Nr. 11, S. 165
25 E. Beyreuther, Kirche in Bewegung, Geschichte der Evangelisation und Volksmission, Berlin 1968, S. 194
26 zitiert bei E. Beyreuther, aaO. S. 196
27 W. Busch, Dr. Wilhelm Busch, S. 256 ff.
28 E. Beyreuther, aaO. S. 190 f.
29 LL 74/1963, Nr. 3, S. 46
30 LL 66/1955, Nr. 1, S. 11
31 aaO.
32 LL 77/1966, Nr. 10
33 aaO. S. 152

3. Kapitel

Jesus für junge Leute — junge Leute für Jesus!

Der Jugendpfarrer

Wilhelm Busch schrieb in einem Artikel über seinen Vorgänger, den Jugendpfarrer Wilhelm Weigle, den Satz: „Es war ihm wichtiger, einem einzigen kleinen und schmutzigen Jungen nachzugehen, als in hundert Konferenzen und Sitzungen Bedeutsames über die Theorie einer evangelischen Jugendarbeit zu sagen." [1]

Zwischen Weigle und Busch gab es im Stil der Jugendarbeit erhebliche Unterschiede. Aber in dem einen glichen sie sich völlig. Sie kompensierten nicht fehlende Praxis durch dauernde theoretische Verlautbarungen. Es gibt auch von Busch einiges Schriftliche über Programm und Praxis der Jugendarbeit. Aber das ist verhältnismäßig spärlich, wenn man bedenkt, daß er dreißig Jahre lang Jugendpfarrer und Leiter des Weigle-Hauses war. Er praktizierte Jugendarbeit. Aber — und das haben manche Kritiker nicht ganz begriffen — er wußte sehr genau, was er tat.

Um sein Programm zu erkennen, wollen wir erst seine Praxis betrachten.

1. Das Weigle-Haus

Der große alte Kasten, den man in fünf Minuten Fußweg vom Essener Hauptbahnhof erreicht, ist ein Unikum in der Landschaft kirchlicher und säkularer Jugendarbeit in Deutschland. Dieses Jugend-Clubhaus für Jungen von 14 bis 18 Jahren wurde nicht erst nach dem Zweiten Weltkrieg gebaut, als ein warmer Regen staatlicher Zuschüsse die Jugendhäuser wie Pilze aus dem Boden schießen ließ. Im Jahre 1911 redete noch niemand von Häusern der offenen oder teil-offenen Tür. Damals baute der Jugendpfarrer Wilhelm Weigle das Jugendhaus. Seine Jugendarbeit fand in den Gemeindehäusern der Essener Altstadt keinen ausreichenden Platz mehr.

Das Haus stand ausschließlich den Jungen zur Verfügung. Erst nach dem Zweiten Weltkrieg wurde im großen Saal des Weigle-Hauses auch an jedem Sonntagmorgen der Jugendgottesdienst und dienstags ein Bibelabend für jedermann gehalten. Vom Keller bis zum Dachboden und rings um das Haus herum war alles für Jungen eingerichtet. Kaum eine Spiel- oder Sportart, die man hier nicht hätte betreiben können: Tischtennis und Billard, Boxen und Basketball, ein umfangreiches Spielemagazin, eine Minigolf-Anlage, Lesezimmer und eine Leihbücherei, ein Musikzimmer und eine Turnhalle. Natürlich richtete sich das Angebot auch jeweils nach den veränderten Möglichkeiten der entsprechenden Zeit. Kicker-Apparate und elektrisch gesteuertes Tischbasketball sind Erfindungen der letzten zehn Jahre. Aber eigentlich fehlte keine Spielart, die pädagogisch vertretbar war und finanziell nicht astronomische Anforderungen stellte.

An jedem Tag der Woche steht das Haus den Jungen zur Verfügung. Es ist an jedem Abend von 17.30—21.00 Uhr für jedermann geöffnet. Am Sonnabend von 15.00—21.00 Uhr und am Sonntag von 14.00—19.00 Uhr. Was passiert darin?

2. Der Sonntag im Weigle-Haus

Der Gottesdienst dauert genau von 8.30 bis 9.15 Uhr. Keine langatmigen Vorspiele, keine endlose Liturgie. Alles ist knapp und konzentriert. Im Zentrum steht die Predigt. Sie dauert 25 bis 30 Minuten. Wilhelm Busch predigt anschaulich und spannend. Das Wort trifft die Gewissen. Viele junge Leute hören gespannt zu. Menschen, die sonst keinen Kontakt zur Kirche haben, suchen diesen Gottesdienst auf. Eine Orgel gibt es nicht. Die Lieder werden von einem Posaunenchor begleitet. Die Gemeinde singt flott und laut.

Nach dem Schlußlied bleiben die Mitarbeiter der Jugendarbeit vorne im Saal zurück.

Die nächsten fünf Minuten gehören den organisatorischen Fragen des Tages. Welche der 25 Abteilungen — so werden die selbständig organisierten Stadtbezirke genannt — hat heute den technischen Dienst? Die Mitarbeiter dieser Abteilung sind dann für die Herrichtung der Räume für die verschiedenen Veranstaltungen verantwortlich und übernehmen an diesem Sonntag und in der kommenden Woche zusammen mit dem Hausmeister verschiedene technische und organisatorische Dienste. — Welcher der Abteilungsleiter hat heute die Einleitung in die Stunde der Bibel? Er gibt den Text für alle Leiter bekannt. Das Programm des Sonntagnachmittags wird noch einmal kurz angerissen. Der „Innenminister" und der „Außenminister" haben noch diese oder jene organisatorische Bekanntmachung zu geben. Das sind die beiden ehrenamtlichen Jugendsekretäre, die die sogenannte Kommandobrücke bilden. Der eine ist verantwortlich für das Programm im Weigle-Haus selbst, der andere organisiert Freizeiten und Veranstaltungen außerhalb des Hauses.

Dann liest Busch die Losung des Tages vor und legt sie mit wenigen Sätzen aus. Die Mitarbeiter knien nieder zur Gebetsgemeinschaft.

Das kommt vielen Leuten befremdlich vor. Ist das nicht katholisch? — Nein, das ist Gott angemessen.

Wenn Gäste dabei sind, pflegt Busch die Sache etwas zu erklären. Er zeigt dann, wie oft Menschenfurcht unser Leben lähmt. Das gilt auch für den missionarischen Dienst, besonders für Hausbesuche, wie sie die Mitarbeiter jetzt am Sonntagvormittag machen werden. Da gilt die Erfahrung: Wer vor Gott kniet, kann vor Menschen geradestehen. Also knien sie bei der Gebetsgemeinschaft — bis heute.

Ein Gebet spielte besonders in den fünfziger Jahren immer wieaer eine Rolle in dieser Gebetsgemeinschaft: „Herr, laß mich nicht nur Briefträger sein, der eine Einladung, ein Programm, eine gedruckte Predigt abgibt, sondern laß mich dein Bote und Zeuge sein!"

Ja, in dieser Gebetsgemeinschaft wird darum gerungen, daß die Hausbesuche wirklich aus der Liebe und in der Vollmacht geschehen. Die Mitarbeiter wollen keinen blinden Aktionismus, sondern sie wollen den Willen Gottes tun. Das muß im Gespräch mit Jesus vorbereitet werden. Und sie gehen auch nicht im eigenen Namen oder im Auftrag eines Vereins auf die Hausbesuche, sondern im Namen des Herrn, der gesagt hat: „Gehet hin in alle Welt und saget diese Botschaft aller Kreatur . . ."

Vor dem Krieg fand der Jugendgottesdienst in der Marktkirche statt. Anschließend gingen die Mitarbeiter zur Gebetsgemeinschaft ins Jugendhaus.

Der Vormittag ist dann den Hausbesuchen gewidmet. Meist haben die Mitarbeiter noch einen ziemlich langen Anmarschweg in die Bezirke, bevor sie etwa um 10.30 Uhr mit den Besuchen beginnen können. Über Programm und Praxis dieser Besuche wollen wir in einem besonderen Abschnitt sprechen.

Was es an Sportplätzen in der näheren Umgebung des Weigle-Hauses gibt, ist vom frühen Nachmittag an von WH'lern belagert. Die Plätze am Weigle-Haus selbst reichen ja längst nicht aus, um den vielen Gruppen Gelegenheit zum Fußball- oder Handballspielen zu geben. Im Haus selbst ist ebenfalls „schwer was los", wie man in Essener-Deutsch zu sagen pflegt. Höhepunkt der Besucherzahl waren zweifellos die fünfziger Jahre. Nicht selten kamen damals 500—700 Jungen am Sonntagnachmittag ins Weigle-Haus. Weniger als 100 Jungen werden höchstens in der letzten Zeit des Krieges gekommen sein.

Trotzdem — ein Massenbetrieb ist es eigentlich nicht. Die vielen Mitarbeiter in den einzelnen Abteilungen sorgen dafür, daß jeder eingeladene Junge auch tatsächlich einen interessanten Nachmittag erlebt. Die Leiter und Helfer kümmern sich darum, daß jeder eine Möglichkeit zum Spielen bekommt. Die Jungen haben gar nicht das Gefühl, in einer großen Masse zu sein. Sie treffen sich im Rahmen dieses großen Betriebes mit ihren Freunden. Die persönlichen Kontakte sind eigentlich an diesem Nachmittag noch viel wichtiger als das sachliche Freizeitangebot.

Viele Jungen können sich gar nicht längere Zeit beschäftigen. Nach kurzer Zeit wird alles langweilig. Die Leiter und Mitarbeiter müssen einen Blick dafür haben, wofür sich der einzelne interessiert. Spiele müssen interessant gestaltet werden — etwa als Turniere.

Von den besonderen Bedingungen für den Spielbetrieb von 1939 an wird im nächsten Kapitel die Rede sein. Man kann über den Spielbetrieb des Weigle-Hauses nicht sprechen, ohne die Speer-Spiele zu erwähnen. Sie waren von Pastor Weigle erfunden worden und wurden mindestens bis 1939 geradezu kultiviert. Der Speer bestand aus einem Stock, der an beiden Seiten mit einem Stoffballen gepolstert war. Die gegnerischen Parteien traten wie Truppen gegeneinander an. Wer getroffen wurde, mußte ausscheiden. In diesem Spiel kam es besonders auf die Ehrlichkeit der Teilnehmer an. Nicht immer konnte genau kontrolliert werden, ob jemand von einem Speer berührt war oder nicht. Gerade darin hatte Pastor Weigle ein pädagogisches Element dieses Spieles gesehen. Nach dem Krieg ist dieses Spiel mehr und mehr aus der Mode gekommen.

Phantasie, aber auch Not haben neue Spiele aufkommen lassen. Als die Jugendarbeit nach Schluß des Zweiten Weltkrieges zunächst im Hotel Vereinshaus in Essen wieder angefangen wurde, waren überhaupt keine Spiele vorhanden. Das war die große Zeit des Hockey. Man trieb ein paar alte Spazierstöcke auf, und schon war die Hockey-Ausrüstung fertig.

Im Weigle-Haus gab es immer ein Lesezimmer, in dem Zeitschriften auslagen. Auch eine Leihbücherei war vorhanden.

Wenn man verhindern will, daß Jungen in schlechte Umgebung geraten und in der Großstadt untergehen, dann muß man ihnen gute Alternativen bieten. Moralische Reden helfen hier nicht. Was sollen die Jungen denn machen, wenn die Programmpunkte zu Hause „Mittagsschlaf" und „Familienkaffeetrinken" heißen? Das ödet einen 14—16jährigen doch an. Und was ist mit denen, die überhaupt kein richtiges Zuhause haben, die so schnell wie möglich „an die Luft gesetzt" werden? Für alle diese Jungen ist das Weigle-Haus da.

Bis 15.30 Uhr läuft der Spielbetrieb so, wie ihn die größeren und kleineren Gruppen für sich gestalten wollen. Um 15.30 Uhr trifft man sich zur sogenannten Hauptversammlung. Während der Veranstaltungen läuft kein Spielbetrieb im Hause. Die Hunderte von Jungen strömen in den großen Saal.

Busch versteht es, eine solche Versammlung spannend zu gestalten. Es darf einfach nicht langweilig werden! Die kleine, gedrungene Gestalt Wilhelm Buschs strahlt Lebendigkeit aus. Er entfacht schallendes Gelächter und chaotische Scheintumulte im Saal. Aber winkt er mit der Hand, wird es wieder ruhig.

In der Hauptversammlung wird erst mal „anständig" gesungen. Es sind Lieder mit einfachen geistlichen Texten und leichten Melodien, die zum größten Teil aus der Erweckungsbewegung stammen. Dieser Gesang im Weigle-Haus ist der Schrecken aller Kirchenmusiker. Hier wird so laut gesungen, daß auch der Unmusikalischste keine Hemmungen mehr hat, seine mehr oder weniger passenden Töne dem allgemeinen Jubel unterzumischen. Busch pflegte gelegentlich etwas hart zu formulieren: „In Deutschland singen doch eigentlich nur noch die Besoffenen und die Christen — wenn man mal von den Chören absieht."

Das Singen hat als ein Ausdruck der Freude der Christen im WH immer eine sehr große Rolle gespielt. Und die Jungen, die als Gäste von den Mitarbeitern eingeladen wurden, sollten ruhig etwas spüren von der unbändigen Freude, die Jesus in ein Leben bringt.

In der Hauptversammlung stehen dann jedesmal zwei Punkte auf dem Programm: Zunächst die biblische Geschichte, dann 25 Minuten Vorlesen aus einem spannenden „Reißer". Das Erzählen der biblischen Geschichten ist für Wilhelm Busch so typisch und wesentlich, daß wir auch darüber in einem gesonderten Abschnitt sprechen wollen.

Busch konnte vorlesen, daß man die ganze Geschichte wie einen Film vor sich ablaufen sah. Die Bücher und Geschichten, die in diesen Hauptversammlungen vorgelesen wurden, gehörten zum sorgsam gehüteten Kapital des Weigle-Hauses. Längst nicht alles war dafür geeignet. Und natürlich wurden die Geschichten auch zusammengestrichen und umgedichtet. Ganz klugen Zuhörern fiel es natürlich auch auf, wenn Busch aus zwei Seiten, ohne umzublättern, so viel vorlas, wie unmöglich auf zwei Seiten stehen konnte. Natürlich gehörte auch dazu, daß die Geschichte an einer möglichst spannenden Stelle unterbrochen wurde. Fortsetzung am nächsten Sonntag! Empörtes Pfeifen und Gejohle der Jungen. Nach der Hauptversammlung ist Pause. Die Restauration im Hause sorgt für die Ernährung. Es gibt Getränke, Würstchen, Rollmöpse und Süßigkeiten und, und, und . . .

In der Zeit von 17.15—18.00 Uhr treffen sich die Jungen wieder im Saal zur Stunde der Bibel. In der Pause hat der Dienst die Stühle in anderer Richtung angeordnet. Man meint, in einem neuen Raum zu sein.

Wilhelm Busch leitet zwar die Bibelstunde, aber eigentlich wird sie von den Leitern gestaltet. Auch diese Bibelstunde soll uns einen später folgenden eigenen Abschnitt wert sein.

Bevor ich jetzt die dritte Veranstaltung, die sogenannte „Gemütliche Unterhaltung", beschreibe, muß ich ein paar Worte zur Zeiteinteilung des Sonntagnachmittags sagen. Was ich bisher beschrieben habe, gilt nämlich für die Zeit nach dem Zweiten Weltkrieg. Bis 1939 war die Zeiteinteilung folgendermaßen: Bis 16.30 Uhr Spielbetrieb, 16.30—17.30 Uhr Hauptversammlung, 17.30—18.00 Uhr Pause, 18.00—19.00 Uhr Bibelstunde, 19.00—20.00 Uhr Pause für den Restaurationsbetrieb, 20.00—21.00 Uhr gemütliche Unterhaltung. Von 1939 bis 1945 hat es dann verschiedene Regelungen gegeben, einmal weil der Spielbetrieb fast ganz verboten war, zum anderen weil kriegsbedingte Verdunklung der Städte eine Rolle spielte. Da lief im Sommer das Programm folgendermaßen: von 14.00—15.30 Uhr war Spielbetrieb, die Restauration war geöffnet. Von 15.30—16.40 Uhr fand die Hauptversammlung statt. Von 16.40—17.20 Uhr war wieder Pause zum Spielen. Von 17.20—18.30 Uhr gab es die Bibelstunde. Von 18.30—19.00 Uhr war wieder Pause zum Spielen und für die Restauration. Und von 19.00—20.00 Uhr fand dann abschließend die gemütliche Unterhaltung statt.

Im Winter wurden die Zeiten etwas vorgezogen: Von 14.00—15.00 Uhr Spielbetrieb. Von 15.00—15.15 Uhr Restauration. Von 15.20—16.30 Uhr die Hauptversammlung und von 16.30—16.50 Uhr Pause. Von 16.50—17.40 Uhr Bibelstunde. Von 17.40—18.10 Uhr wieder Spiel und Restauration. Von 18.10—19.15 Uhr gemütliche Unterhaltung mit Schlußandacht.

In der Notzeit nach dem Krieg hatte es keinen Sinn, Pausen für Restaurationsbetrieb einzurichten. Es gab eben nichts Eßbares anzubieten. Da entstand von 15.30 Uhr an das ziemlich lückenlose Programm: Von 15.30—16.30 Uhr die Hauptversammlung, von kurz nach 17.00 Uhr bis kurz vor 18.00 Uhr Bibelstunde, von kurz nach 18.00 Uhr bis 19.00 Uhr die gemütliche Unterhaltung.

In dieser gemütlichen Unterhaltung wurden Fahrtenlieder gesungen, und Wilhelm Busch erzählte selbsterfundene, spannende Geschichten. Das Erzählertalent Wilhelm Buschs kam nicht nur bei der biblischen Geschichte zum Zuge, sondern auch hier. Es wird uns von der berüchtigten Serie „Die Rache des Kanalarbeiters" berichtet.

Nach dem Zweiten Weltkrieg hat Wilhelm Busch diese gemütliche Unterhaltung auch begabten Mitarbeitern überlassen. Einige von ihnen haben als Erzählertalente geradezu legendären Ruhm erlangt. Das war dann die Zeit, in der Symbolfiguren wie Sam und Doktor erfunden wurden. Sam: bärenstark, riesengroß, saudumm. Doktor: klein, schwächlich, aber mit brillanter Intelligenz. Diese beiden Typen wurden mal auf verbrecherischer Tour, mal auf Pfaden der Verteidigung des Rechtes verfolgt. Na, der Rest läßt sich leicht mit etwas Phantasie denken.

1953, als Busch nicht mehr regelmäßig die gemütliche Unterhaltung machte, wurde im Weigle-Haus der sogenannte Intelligenz-Club erfunden. Parallel zur gemütlichen Unterhaltung wurde diese Veranstaltung für interessierte Jungen angeboten. Referate und Diskussionen über Literatur, Politik, Technik und andere interessante Gebiete standen auf dem Programm. Zu diesen Veranstaltungen wurden auch auswärtige Referenten eingeladen. Aber vor allen Dingen Wilhelm Busch selbst hat hier seine reiche Kenntnis der Kunstgeschichte und der Literatur eingebracht. Er hatte die Fähigkeit, selbst über sehr komplizierte Stoffe spannend und anschaulich zu sprechen. Ich erinnere mich lebhaft an einen Intelligenz-Club, den er über den zweiten Teil von Goethes „Faust" hielt. Tatsächlich, man begriff, worum es Goethe in diesem für uns damals so rätselhaften Drama ging.

Nach Schluß dieser beiden Veranstaltungen gingen die Mitarbeiter der Abteilungen mit den Jungen in die Stadtbezirke zurück. Oft hatten sie 30—45 Minuten Fußweg. Diese gemeinsamen Stadtwanderungen gehörten eigentlich auch noch zum Programm. Sie waren außerordentlich unterhaltsam. Auch manches ernste und weittragende Gespräch wurde hier geführt. Manchem Jungen wurden in den Gesprächen auf dem Nach-Hause-Weg die persönlichen Konsequenzen deutlich, die er aus der Botschaft von Jesus für sein Leben ziehen mußte.

Einmal im Monat gab es seit jeher im Weigle-Haus am Sonntagnachmittag Film. In den dreißiger Jahren war das eine Sensation. Für 10 Pfennige konnten die Jungen am Sonntagnachmittag in der Zeit der sonstigen Hauptversammlung den Film sehen. Der gleiche Film lief dann abends für Eltern, die 20 Pfennig zu zahlen hatten. Meist wurde er dann die Woche über abends noch für die kleineren Jungen, die Jungscharler, gezeigt. Das Weigle-Haus hatte damals seine eigene Tonfilmanlage. Wilhelm Busch sah die Spielfilme vorher an und ließ auch Szenen, die er nicht für geeignet hielt, herausschneiden.

Nach dem Krieg wurden die monatlichen Filme in der Zeit von 17.30—19.00 Uhr gezeigt, also nach einer gekürzten Hauptversammlung und Bibelstunde.

3. Die Hausbesuche

Die Hausbesuche der Mitarbeiter am Sonntagvormittag gehören zu den hervorstechendsten Merkmalen der Jugendarbeit des Weigle-Hauses. Wilhelm Busch hat sie von seinem Vorgänger Weigle übernommen, aber ganz bewußt weitergeführt.

Nach welchem System werden diese Hausbesuche nun abgewickelt?

Die Leiter der Abteilungen in den verschiedenen Stadtbezirken bemühen sich in jedem Jahr um die Adressen der Konfirmierten. Diese Jungen und ihre Eltern bekommen vom Jugendpfarrer des Weigle-Hauses einen Brief, der über die Arbeit des Weigle-Hauses informiert und den ersten Besuch der Abteilungsleiter ankündigt. In den zwei Wochen nach Eintreffen dieses Briefes machen die beiden Jugendgruppenleiter ihren Besuch in der betreffenden Familie. Sie stellen die Arbeit des Weigle-Hauses den Eltern und den Jungen vor und laden den Jungen zu den Veranstaltungen, die im Jugend-Clubhaus und im Abteilungsbezirk stattfinden, ein.

Von diesem Besuch an wird nach Möglichkeit der Junge an jedem Sonntagvormittag von zwei Mitarbeitern der Abteilung besucht. Egal, ob er kommt oder nicht. Die Mitarbeiter informieren ihn über das Programm des jeweiligen Sonntags und der kommenden Woche, über geplante Freizeiten und sonstige Veranstaltungen des Weigle-Hauses. Sie laden ihn ein. Sie geben ihm eine Flugschrift mit missionarischem Inhalt. Zunächst wurde die Flugschrift „Dein Reich komme“ verteilt. Später war es dann „Für alle“, ein Blatt, dem auf der letzten Seite ein Weigle-Haus-Teil mit Informationen über die Arbeit eingedruckt war. Nach dem Krieg wurde lange Jahre hindurch Buschs Predigtreihe „Die Kirche am Markt“ verteilt. Außerdem gab es in jedem Monat eine WH-Zeitung. Das war ein durch einen evangelistischen Leitartikel und einige redaktionelle Beiträge angereichertes Monatsprogramm. Heute werden außer der WH-Zeitung besonders für die Jungen geschriebene Flugblätter unter dem Titel „Moment mal" auf die Hausbesuche mitgenommen.

Es ist wichtig zu sehen, daß die Hausbesuche vorrangig nicht als Werbung für eine Organisation verstanden werden, sondern als missionarischer Einsatz. Jesus hat gesagt: „Gehet hin!". Haben nur die Leute ein Recht, die Botschaft von Jesus zu hören, die zu uns in Jugendgruppen, Gottesdienste und christliche Veranstaltungen kommen? Jesus hat uns beauftragt, die Botschaft zu den Menschen zu tragen. Das Prinzip ist ganz einfach und völlig klar. Nur tun sehr viele Gemeinden sich sehr schwer, diesen Befehl Jesu in die Praxis umzusetzen. Nichts anderes steckt zunächst hinter den Hausbesuchen der Mitarbeiter des Weigle-Hauses als dieser Missionsbefehl Jesu.

Weil sie nicht an jedem Sonntag mit jedem ein Gespräch über Jesus führen können, geben sie wenigstens ein gedrucktes Wort des Evangeliums ab. Allerdings gehört zu diesem Besuchsdienst die Bereitschaft, offene Türen zu nutzen und ein missionarisches Gespräch zu führen.

Die Leiter der Abteilungen haben in der Regel einige jüngere Helfer. Diese Helfer gehen jeweils zu zweit auf die Hausbesuche. Jedes Zweier-Team hat einen festgelegten Bezirk, in dem es etwa ein halbes Jahr lang die Jungen an jedem Sonntag besucht. Dann wechseln die Bezirke. Zu solch einem Bezirk gehören vielleicht 15, vielleicht 20 Adressen. Selbstverständlich trifft man nicht an jedem Sonntag alle Jungen an. Wenn man vor verschlossene Türen kommt, läßt man das Programm, die missionarische Flugschrift — vielleicht mit einer persönlichen Notiz und einem Gruß darauf — für den Jungen an der Tür oder im Briefkasten. Unter denen, die man antrifft, sind vielleicht zwei oder drei oder auch nur einer, die bereit sind zu einem weiterführenden Gespräch über Fragen des Lebens und über Jesus.

Mit jemandem, der häufiger schon am Spielbetrieb im Weigle-Haus teilgenommen hat, sprechen die Mitarbeiter vielleicht über eine Einladung in einen offenen Bibelkreis der Abteilung. Sie legen Wert darauf darzustellen, warum sie diese Hausbesuche und die ganze Jugendarbeit betreiben. Niemand soll im Zweifel darüber bleiben, was für sie das Wichtigste ist. Natürlich gehen die jungen Mitarbeiter mit viel Zittern und Zagen an diese Besuche und solche Gespräche. Aber wenn es dann zu einem guten Gespräch kommt, ist das eine großartige Erfahrung.

Nun ist Wilhelm Busch natürlich oft gefragt worden, ob diese regelmäßigen Besuche an jedem Sonntag denn wirklich nötig sind. Nun, die Praxis dieser Hausbesuche kann da auf ganz wesentliche Erfahrungen hinweisen.

Erstens:

Nicht alle Jungen kommen regelmäßig ins Weigle-Haus oder in die Abteilungsstunden im Bezirk. Nehmen wir das Beispiel eines Jungen, der etwa vier Wochen lang nicht mehr gekommen ist. Jetzt hat er plötzlich wieder einmal Lust, ins WH zu gehen. Aber er hatte vier Wochen lang keinen Kontakt zu irgendeinem der Mitarbeiter. Er weiß nicht, was im Augenblick dort läuft. Er weiß nicht, ob die Abteilung seines Bezirks an diesem Wochenende im Weigle-Haus ist oder vielleicht eine Wochenend-Freizeit macht. Er weiß nicht, ob sein Kommen überhaupt noch gewünscht wird, nachdem er so lange Zeit ferngeblieben ist. Er macht sich Gedanken, ob er nicht vielleicht schief angesehen wird. Er hat vielleicht den Wunsch zu kommen, aber die Hemmungsschwelle ist so groß, daß er sie kaum alleine überwinden wird. So wird aus der dreiwöchigen Pause ein Abschied von der Jugendgruppe für immer.

So würde es garantiert in zahllosen Fällen laufen, wenn nicht durch die Hausbesuche der Draht heiß gehalten würde. Natürlich versuchen die Mitarbeiter, ihre Besuche so zu gestalten, daß sich niemand genötigt fühlt. In Vorbereitung, Schulung und praktischer Durchführung bemühen sich die Mitarbeiter, taktvolles Verhalten zu üben. Unzählige Male kommt es so dazu, daß Jungen wieder die Veranstaltungen im Weigle-Haus besuchen, obwohl sie schon mehrere Wochen nicht mehr da waren. Busch hat immer wieder darauf hingewiesen, daß diese regelmäßigen Besuche für die 14—17jährigen in einer Großstadt unbedingt notwendig sind, um in den Jugendgruppen kontinuierlich zu arbeiten.

Ohne solche Besuche hat man allzu oft das Erscheinungsbild eines im Frühjahr nach der Konfirmation gegründeten Jugendkreises, der dann bis zu den Sommerferien einigermaßen blüht und lebt. Nach der Sommerpause finden sich dann nur noch wenige Wackere wieder ein. Immer mehr bröckeln ab. Neue finden nur schwer den Zugang. Und so bleibt zum Schluß höchstens eine Clique eingeschworener Freunde übrig. Man tröstet sich dann damit, daß man im nächsten Jahr wieder mit einem neuen Konfirmandenjahrgang anfangen kann.

Natürlich ist es immer von der Anzahl der Mitarbeiter abhängig, wie intensiv und wie lange die Hausbesuche durchgeführt werden können. Im Weigle-Haus bemüht man sich, jeden Jungen — egal, ob er kommt oder nicht kommt — mindestens ein bis zwei Jahre lang regelmäßig zu besuchen. Bevor jemand von der Besuchsliste gestrichen wird, werden die Leiter der Abteilung sich das sehr sorgfältig überlegen. Sie werden dann einen ganz offiziellen Schlußbesuch bei ihm machen. Bei dieser Gelegenheit soll dem Jungen auch noch einmal klar das Angebot des Evangeliums von Jesus gesagt werden.

Noch von einer zweiten sehr wesentlichen Erfahrung ist aus dem Bereich der Hausbesuche zu berichten. Erstaunlicherweise ist es nicht nur einmal passiert, daß ein Junge ein halbes oder drei Viertel Jahr lang überhaupt nicht auf die Einladungen reagiert. Er scheint ein „hoffnungsloser Fall" zu sein. Dann aber kommt er plötzlich mit zu einem Sonntag im Weigle-Haus oder zu einer Freizeit. Dort packt ihn die Botschaft von Jesus. Er wird in seinem Leben verändert. Und manche von diesen Jungen werden dann tragende Mitarbeiter in den Abteilungen. Ohne die Ausdauer der Mitarbeiter, die sie besucht haben, hätten sie nie den Weg zu Jesus gefunden. Solche Erfahrungen, auch wenn sie nicht zu Hunderten auftreten, haben natürlich die Mitarbeiter des Weigle-Hauses immer wieder darin bestärkt, geduldig und taktvoll die Hausbesuche weiterzuführen.

Natürlich sind die Hausbesuche nicht nur auf den Sonntagvormittag beschränkt. Oft nehmen die Mitarbeiter im Laufe der Woche Gelegenheit, bei dem einen oder anderen kurz vorbeizugehen. Das geschieht bei solchen, die man sonntags nicht angetroffen hat. Auch manche, die zugesagt haben, zu irgendeinem Abend zu kommen, holt man zu diesem Abend ab.

Natürlich bedarf ein solcher Einsatz der Mitarbeiter einer intensiven Schulung. Aber diese Schulung geschieht nicht vor allen Dingen in theoretischen Kursen. Sie geschieht in der Praxis.

Wenn ein Junge zum Glauben an Jesus kommt, wird er in irgendeiner Weise in den Mitarbeiterkreis der Abteilung eingegliedert. Er wird eingeladen in den Gottesdienst. Er wird aufgefordert, an den Hausbesuchen teilzunehmen. Zunächst macht er die Hausbesuche zusammen mit einem älteren Helfer oder Leiter. Der andere wird das Gespräch führen. Der neue Mitarbeiter hört und schaut zunächst nur zu. Zwischen den Besuchen bespricht man die Probleme und Erfahrungen. So wächst ein neuer Mitarbeiter über Monate hin in den Dienst der Hausbesuche hinein.

Ursprünglich hat es in der Jugendarbeit Wilhelm Buschs überhaupt keine theoretische Schulung der Mitarbeiter gegeben. Man lernte, indem man in die Praxis der Mitarbeit hineingenommen wurde. Auf Anregung von leitenden Mitarbeitern wurde aber nach dem Zweiten Weltkrieg auch ein Schulungsprogramm eingeführt. Bevor ein Helfer als Leiter einer Abteilung aufgenommen wird, nimmt er an einem Vorbereitungskurs teil, der im Weigle-Haus „Leiter-Universität" genannt wird. Im Zuge dieser Leiter-Uni wird dann natürlich auch über die Notwendigkeit, Methode und Zielsetzung der Hausbesuche gesprochen. Allerdings setzt diese theoretische Schulung erst ein, wenn der Mitarbeiter die Praxis bereits kennengelernt und sich selber in die Hausbesuche eingeübt hat. Dann sind theoretische Erörterungen fruchtbar. Allerdings bedarf es keiner Überredungskünste, um Mitarbeiter von der Notwendigkeit der Hausbesuche zu überzeugen. Jeder Mitarbeiter spürt die Folgen von versäumten oder durchgeführten Hausbesuchen unmittelbar am Besuch in seiner Gruppe. Ohne Hausbesuche wäre jede Gruppe über lang oder kurz am Ende.

Immer wieder sind Leute zu Besuch ins Weigle-Haus gekommen, um bei Busch Anregung für die eigene Jugendarbeit zu finden. Merkwürdigerweise haben nur wenige so konsequent Hausbesuche in die Praxis ihrer Jugendarbeit aufgenommen. Da ist oft gesagt worden: „Ja, das Weigle-Haus hat eine besondere Situation, das kann man nicht auf andere Orte übertragen." Sicherlich ist da etwas Richtiges dran. Andererseits gäbe es die Arbeit des Weigle-Hauses nicht ohne die regelmäßigen Hausbesuche. Und vielleicht wäre tatsächlich in mancher schwierigen Situation eine gute Jugendarbeit aufzubauen, wenn die Mitarbeiter den gleichen Preis an Arbeit und Treue im Besuchsdienst auf sich nehmen würden. Alles andere in der Jugendarbeit — Gruppengestaltung usw. — hat gegenüber den Hausbesuchen vergleichsweise Hobby-Charakter.

In den letzten Jahren ist ja sehr viel über sogenannte „Offene Jugendarbeit" geredet worden. Mal ganz abgesehen davon, daß sich solche offenen Jugendarbeiten oft erstaunlich schnell wieder in geschlossene, kontrollierte Clubs verwandelten, sollte man vom Neuen Testament her zu diesem Problem der Offenheit der Jugendarbeit doch längst auf weitere Gedanken gekommen sein. Besteht unsere Offenheit denn nur darin, daß wir ein Haus und ein Unterhaltungsprogramm zur Verfügung stellen und jeder es nutzen kann, der Lust dazu hat? Muß Offenheit nicht viel weiter gehen? Nämlich daß ich auch den aufsuche, der keine Lust hat zu kommen oder den irgendwelche Hemmungen hindern.

Natürlich werde ich um irgendeines Unterhaltungs- oder Bildungsprogramms willen solche Einbrüche in die Privatsphäre nicht wagen. Dazu sind dann meinerseits auch die Hemmungen zu groß. Da wir Christen aber eine Botschaft anzubieten haben, die das Leben erst zum Leben macht, können wir uns sehr wohl erlauben, auch in den privaten Bereich der Menschen damit vorzudringen.

Noch einmal: Jesus hat aufgetragen, zu allen Menschen hinzugehen und ihnen die Botschaft zu sagen. Er sagte nicht, daß wir uns nur der kirchlich Interessierten annehmen sollen. Er sagte nicht, daß nur jene die Botschaft hören sollten, die von sich aus schon den Kontakt zu christlichen Unternehmungen gefunden haben. Er sagte, daß wir zu allen gehen sollen. Also auch zu denen, die keine Lust haben, sich mit Jesus zu beschäftigen.

Ein anderes sehr wichtiges Problem unserer Zeit besteht im Mangel an echten persönlichen Bindungen.

Die Tiefenpsychologie lehrt uns heute, daß viele junge Menschen unfähig zu echtem mitmenschlichen Kontakt sind, weil sie in ihrer Kindheit nicht genug Zuwendung durch ihre Mutter oder eine andere Person erfahren haben.

Nicht nur junge Menschen, aber auch junge Menschen sind in unserer Massengesellschaft inmitten der vielen Kollegen und Kameraden oft todeinsam. Sie werden zwar eingedeckt mit zahllosen Unterhaltungsprogrammen. Zu denen gehören auch die Jugendhäuser, die heute überall aus der Erde geschossen sind. Das Angebot an Filmvorführungen, Tanzveranstaltungen, Kickerautomaten und Tischtennisplatten ist eindrucksvoll. Gerade die kommunalen Träger haben oft mit einem großen Aufwand an finanziellen Mitteln ein Angebot auf die Beine gestellt, dem kaum eine Kirchengemeinde oder eine christliche Gruppe Konkurrenz machen kann.

Aber was weitgehend im gesamten Bereich der Jugendarbeit fehlt, ist das Angebot des persönlichen Kontaktes. Es ist ein Erlebnis, das für junge Leute von unschätzbarer Bedeutung ist, wenn sie junge Mitarbeiter treffen, die wirklich für sie da sind. Die sich nicht nur für etwas an ihnen interessieren, sondern für sie ganz. Denen sie auch mit ihren Schwächen und Problemen nicht lästig werden. Junge Leute hungern mehr oder weniger bewußt nach Menschen, die sie ernst nehmen. Manche Jugendarbeit ist deshalb so fruchtlos, weil sie im Grunde nur ein großer Freizeitrummel ist, der von ein paar hauptberuflichen Jugendarbeitern organisiert und überwacht wird.

Auch auf diesem Hintergrund gewinnen die Hausbesuche, in denen persönliche Kontakte hergestellt werden, außerordentliche Bedeutung.

4. Wilhelm Busch erzählt biblische Geschichten

Eine der wichtigsten Formen der Verkündigung des Evangeliums im Bereich der Jugendarbeit ist das Erzählen von biblischen Geschichten. Manche Leute scheinen zu meinen, daß biblische Geschichten mit dem Abschluß des Kindergottesdienstes keine wesentliche Rolle mehr spielen. Von da an bieten sie, wenn überhaupt, dann nur noch gedrängte Gedanken zur biblischen Thematik, oft, allzuoft sehr abstrakt. Da werden den jungen Leuten Übertragungskünste zugemutet, die kaum einer fertigbringt.

Die Praxis der Jugendarbeit Wilhelm Buschs und des Weigle-Hauses zeigt, daß das Erzählen von biblischen Geschichten von unschätzbarem Wert auch für junge Leute im Alter bis zu

18 Jahren ist. Allerdings sei hier gleich vermerkt, daß die Bedeutung weit über diese Altersgrenze hinausgeht.

Nun ist es natürlich ganz selbstverständlich und klar, daß es entscheidend auf die Art und Weise des Erzählens ankommt. Busch konnte erzählen. Er erzählte Sonntag für Sonntag stur die Bibel durch. Er brauchte vier Jahre, um alle Geschichten zu erzählen. Im wesentlichen griff er auf den Stoff des Alten Testamentes zurück.

Da saßen Jungen, die sich im Konfirmandenunterricht und in Gottesdiensten zu Tode gelangweilt hatten, und hörten fasziniert zu. Anschaulichkeit ist eines der wichtigsten Gebote in der Pädagogik. Nur das, was wir deutlich miterleben, was wir sozusagen vor Augen sehen, dringt in unser Bewußtsein tief ein.

Außerdem ist das Erzählen biblischer Geschichten der Botschaft der Bibel sehr angemessen. Die Bibel verkündet uns nicht eine Weltanschauung als Heilslehre. Sie berichtet von der Geschichte Gottes mit den Menschen. Und diese Geschichte besteht aus Geschichten. Das Nacherzählen ist deshalb die angemessene Form des Redens vom Handeln Gottes mit der Welt.

Ich kann die Sache auf zwei verschiedene Weisen versuchen auszudrücken. Ich kann mit vielen Worten allgemein über die Liebe Jesu sprechen. Ich kann sagen, daß er auch die widerwärtigsten Menschen liebt. Ich kann berichten, daß seine Liebe keine Opfer scheut, daß sie wirkliche Selbstlosigkeit war. Ich kann sagen, daß wir solche Liebe brauchen usw.

Ich kann den ganzen Sachverhalt aber auch darstellen, indem ich die Kreuzigung Jesu erzähle: Die Soldaten des Hinrichtungskommandos reißen Jesus die Arme auseinander. Sie nageln ihm die Hände auf den groben Holzbalken. Den Querbalken mit dem Gequälten daran ziehen sie an dem Längsbalken hoch. Der Körper wird von Schmerzen fast zerrissen. Brutale Hammerschläge zwingen auch die Füße mit Nägeln an den Längsbalken. Jesus hängt da, von Schmerzen halb irrsinnig, zwischen Ersticken und Verbluten. Unten die Intellektuellen. Sie haben nur spöttische und anzügliche Bemerkungen für ihn übrig. In jedem normal empfindenden Menschen muß jetzt eine Welle von Haß aufsteigen. Aber Jesus betet hinein in die höhnischen Angesichter dieser Bestien:

„Vater, vergib ihnen, denn sie wissen nicht, was sie tun." — Diese Szene beleuchtet deutlicher als viele theoretische Ausführungen die Liebe Jesu.

Wie umständlich und wie schwer ist es, selbst kluge Gedanken in die Praxis des Alltags zu übersetzen! Viel leichter begreift man, wie die Parallelen zwischen Geschichten, die ein anderer erlebt hat, und meiner eigenen Geschichte aussehen.

Lesen wir einfach mal ein Beispiel. Wilhelm Busch hat es in „Licht und Leben" [2] so aufgeschrieben, wie er die Geschichte — hier Markus 1, 40 ff. — sonntags den Jungen erzählte. Er stellt sie unter den Titel „Der Verworfene":

„‚Willst Du wohl ruhig sein!' drohte ein Mann dem Jungen, der laut pfeifend herbeischlenderte, um zu sehen, warum sich denn dort so viel Leute drängten.

Der Junge erschrak und ging auf den Zehenspitzen näher. Was war denn da nur los? Der Junge reckte sich. Doch die Männer, die vor ihm standen, verdeckten ihm jede Aussicht.

Aber nun hörte er's: Da war eine Stimme! Da sprach ein Mann! Der Junge spitzte die Ohren. Nun konnte er auch verstehen, was der dort vorne sagte: Offenbar erzählte der Mann eine Geschichte. Es mußte eine wunderbare Geschichte sein; denn die Leute hörten atemlos zu.

Er wagte es und zupfte den Mann neben ihm am Rock: ‚Wer ist das?' Ärgerlich drehte der sich um: ‚Sei still!' Aber seine Frau gab ihm Antwort: ‚Jesus', sagte sie.

Der Junge wollte gerade weitergehen und überlegte, ob er nicht doch einfach pfeifen sollte. Da gab's ein Geschrei. ‚Ruhe!' riefen ein paar Stimmen.

‚Da ist was los!' dachte der Junge und spurtete dahin. Ja, da sah er denn, warum die Leute schrien: Ein Aussätziger kam daher. Ganz ruhig ging er auf den Menschenhaufen zu, als wenn ihn eine unsichtbare Macht vorwärts triebe.

Jetzt hatte er den Menschenhaufen erreicht. Die Leute fuhren entsetzt auseinander.

Sie schrien wild: ‚Willst Du wohl zurück in die Steppe!' — ‚Wir schlagen Dich tot!' — ‚Hau ab, Du Mörder!' Frauen kreischten. Kinder schrien. Es war ein Tumult.

Der Junge war mittendrin. Und als viele jetzt nach Steinen suchten, um den Aussätzigen damit zu bewerfen, hatte er schon einen großen Brocken in der Hand und brüllte aus Leibeskräften: ‚Hau ab! Hau ab!'

Oh, er wußte, wie es mit den Aussätzigen stand. Der Onkel seines Freundes war aussätzig geworden. Der war ein großer Kaufherr. Aber das hatte ihm nichts geholfen. Er mußte hinaus in die Steppe und sich dort bei den andern Verworfenen eine Wohnung suchen in einer der zahlreichen Höhlen. Und dabei hatte man dem Onkel seines Freundes gar nichts angesehen von der Krankheit. Nur an der Hand soll er eine kleine Wunde gehabt haben.

Aber der Kerl hier — der es allen Gesetzen zum Trotz wagte, mitten zwischen die Leute zu gehen — schrecklich — wie der aussah! Der ganze Kopf war vereitert. Und die Ohren waren halb weggefressen von der gräßlichen Krankheit.

‚Geh, du halbverweste Leiche', kreischte eine Frau schrill. ‚Du Mörder!' schrie ein Mann wütend und warf einen Stein nach dem Aussätzigen. ‚Mörder?' dachte der Junge, ‚wieso Mörder?' Aber dann fiel ihm ein, wie seine Mutter ihm erzählt hatte, daß sogar der Atem der Aussätzigen ansteckend sei. Also war der Kerl wirklich ein Mörder, wenn er es wagte, unter die Leute zu kommen.

Darum schrie der Junge jetzt mit: ‚Mörder! Mörder!' und warf seinen Stein. Doch in der Erregung ging er daneben und streifte eine dicke Frau, die sich wütend umsah.

Der Aussätzige aber ging durch die entstandene Gasse, als ob er von dem Tumult nichts hörte und sähe. Und jetzt stand er in der Mitte des Ringes — direkt vor dem Manne Jesus.

Der Junge hatte sich mit nach vorne gedrängt — und nun sah er ganz deutlich, was da geschah. Der Aussätzige schritt auf Jesus zu. Gerade als er vor ihm stand, traf ihn ein Stein an der Stirn. Und da fiel er auf den Boden, unmittelbar vor die Füße Jesu. Blut floß ihm über die Stirn. Wie sah er aus: Blut und Eiter und Dreck bedeckten seinen Kopf.

Immer noch war es ganz still. Der Junge hatte ganz gut Platz; denn keiner wollte nahe herangehen. Und doch wollte jeder sehen, was nun geschah.

In die Stille hinein hörte man deutlich die Worte des Aussätzigen: ‚Herr, so Du willst, kannst Du mich wohl reinigen!'

‚Quatsch!' dachte der Junge. Der Onkel seines Freundes, der doch ein reicher Mann war, hatte die besten Ärzte aufgesucht.

Und doch konnte keiner ihm helfen. Was dachte sich denn dieser Kranke! Dem hatte die Krankheit wohl schon den Verstand verwirrt.

Aber dann geschah etwas, was der Junge, so lange er lebte, nie wieder vergaß. Der Aussätzige drückte sich richtig an Jesus heran. Und da — da — ein Raunen ging durch die Menge — da trat dieser Jesus nicht einen Schritt zurück. — Nein! — Er ging ganz dicht an den Aussätzigen heran — und dann — dann legte er ihm die Hand ganz leise auf den armen, eitrigen Kopf. Ein paar Sekunden lang sah der Junge diese Hand auf dem elenden, kranken, schmutzigen Kopf. ‚Dieser Jesus!' dachte er nur. Er sagte es richtig laut vor sich hin: ‚Dieser Jesus!'

Er hörte ganz deutlich, wie hinter ihm ein Mann erschrocken flüsterte: ‚Dieser Jesus hat vor nichts Angst. Der ekelt sich vor keinem.'

In diesem Augenblick hörte der Junge die starke Stimme des Jesus: ‚Ich will's tun; sei gereinigt!' Da drängte die Menge heran — aufgeregt und neugierig. Der Junge konnte nicht mehr verstehen, was Jesus nun noch sagte. Er wurde beinahe umgerannt und machte, daß er weg kam.

Aber nun pfiff er nicht mehr. ‚Dieser Jesus!' mußte er nur immer denken. ‚Der ekelt sich vor keinem! Dieses Jesus!'

Am nächsten Tag sah er den Aussätzigen noch einmal mitten in der Stadt. Er war nun gar nicht mehr krank, sondern ganz jung und froh sah er aus. Und viele Leute standen herum und hörten dem zu, was er erzählte. Den Jungen aber interessierte das nicht sehr. Er hätte viel lieber diesen Jesus noch einmal getroffen. Unter allen Umständen mußte er herauskriegen, wo dieser Jesus war. Von dem mußte er mehr sehen und hören . . . "

Mindestens so entscheidend wie sein eigenes Erzählen war die Tatsache, daß er die Methodik des Erzählens den Mitarbeitern seiner Jugendarbeit begreiflich und nachvollziehbar gemacht hat. Es ist ja bei weitem nicht so, daß jemand entweder die geniale Gabe des Erzählens hat oder dazu absolut unfähig ist. — Talente müssen entdeckt und dann — was noch viel wichtiger ist — entwickelt werden.

Wichtig für alle Gruppenleiter war, daß sie Busch beim Erzählen biblischer Geschichten zuhören konnten. Sie übernahmen natürlich mehr oder weniger bewußt die Art und Weise des Erzählens von ihm. Weil die Mitarbeiter Sonntag für Sonntag selber mit Spannung und Freude zuhörten, waren sie auch in der Lage, die Geschichten in ähnlicher Form weiterzugeben. Auch hier wurde im Zuge der später eingeführten Leiter-Uni das Erzählen theoretisch bedacht. Auch hier aber die Kombination mit der Aneignung in der Praxis. Die Technik des Erzählens wurde geübt. Man machte sich bewußt, welche Regeln unbedingt berücksichtigt werden mußten.

Natürlich muß man Gespräche in wörtlicher Rede wiedergeben und nicht mit: Er sagt, er habe, er hätte, er wollte, er könnte . . . Das Wechselgespräch, bei dem man sogar mit Veränderung der Stimme die verschiedenen Gesprächspartner nachzeichnet, bringt in jede Erzählung Spannung.

Natürlich gehört dazu eine verantwortliche Form der Ausschmückung der Geschichte. Biblische Geschichten dürfen nicht in Wild-West-Stories umgeformt werden. Aber jede Situation muß möglichst plastisch vor den Augen des Zuhörers erstehen.

Geistliche Nutzanwendungen dürfen nicht an erzählte Geschichten hinten drangehängt werden wie Anhänger an ein Auto. Sie müssen mit in die Geschichte eingeflochten werden, so daß sie teilhaben an der Spannung, die die ganze Geschichte durchzieht.

Auch scheinbar unbegabte Mitarbeiter haben in der Jugendarbeit von Wilhelm Busch spannendes Erzählen gelernt. Man lernt es eben nur durch Praktizieren.

Interessant ist eins im Blick auf die Hauptversammlungen am Sonntagnachmittag. Im Jahre 1970 hat der Leiterkreis des Weigle-Hauses den Sonntagnachmittag etwas umgestellt und die Hauptversammlung abgeschafft, dafür die Stunde der Bibel erweitert. Das Vorlesen geriet immer mehr unter den Konkurrenzdruck des Fernsehens. Es war immer schwieriger, dieses Vorlesen zu einer wirklichen Sensation zu gestalten. Diesen Teil der Hauptversammlung hat man dann auch ohne große Schmerzen aufgegeben. Was man nicht aufgeben konnte, und was von den Mitarbeitern der Jugendarbeit bald wieder sehr betont gefordert wurde, war das Erzählen von biblischen Geschichten. Nun wird es in die Stunde der Bibel hineingenommen. Wir sehen, daß gerade für konzentrationsschwache junge Leute das Erzählen der biblischen Geschichten eine enorme Hilfe ist.

Außerdem stellen wir heute in der Jugendarbeit fest, daß die meisten jungen Leute total „unbeleckt" sind von jeder Kenntnis biblischer Geschichten. In welcher Familie werden sie noch erzählt? In welchem Religionsunterricht noch? Und oft wurden sie so wenig anschaulich erzählt, daß sie sich nicht sehr tief einprägten. Man kann aber jemand erst zur Nachfolge Jesu auffordern, wenn der überhaupt weiß, wer Jesus ist und was Gott in Jesus getan hat. Also ist auch der Informationswert der erzählten biblischen Geschichten nicht zu unterschätzen. Wir machen sonst in der Verkündigung viel zu viele Voraussetzungen. Junge Leute können oft nicht begreifen, wovon wir reden, weil sie Jesus gar nicht kennen. Wir aber setzen voraus, daß sie das Neue Testament, wenigstens was die Geschichten angeht, im Kopf haben.

5. Die Stunde der Bibel

Wie lange muß man eigentlich Theologie studieren, um jungen Leuten die Botschaft von Jesus Christus sagen zu können? Die 40 Minuten Bibelstunde am Sonntagnachmittag im Weigle-Haus lehren uns eine nicht unwesentliche Lektion.

Wilhelm Busch hatte zwar die Leitung der Stunde, d. h. er machte den Anfang und den Schluß und sagte die Lieder an. Aber die wesentliche Gestaltung lag in den Händen der Abteilungsleiter. Fortlaufend wurden Texte der ersten drei Evangelien ausgelegt. Einer der Leiter war eingeteilt. Er hatte eine Sieben-Minuten-Einleitung am Anfang der Stunde zu geben. Seine Aufgabe war es, das Wesentliche am Text herauszustellen, dick zu unterstreichen, anschaulich zu machen, persönlich zugespitzt den Jungen zu sagen und mit einem Beispiel oder einer persönlichen Erfahrung deutlich zu machen. Danach hatten vier oder fünf andere Leiter die Möglichkeit, in kurzen Drei-Minuten-Worten Ergänzungen zu geben. Jeder sollte nur einen Gedanken im Text aufgreifen, ihn möglichst anschaulich illustrieren oder mit Hilfe eines persönlichen Zeugnisses deutlich machen.

Das Vorbild für diese Form der Bibelstunde ist die sogenannte „Stund'" der schwäbischen Pietisten. Wilhelm Busch hatte sehr starke familiäre Verbindungen zum württembergischen

Pietismus. Seine Familie mütterlicherseits zählt namhafte Vertreter der schwäbischen Gemeinschaftsbewegung zu ihren Mitgliedern. Oft hat Busch auch von den Gemeinschaftsstunden aus dem Schwabenland berichtet, in denen geistlich geprägte Brüder, die den verschiedensten Berufen angehörten, die Bibel auslegten. Hier hatte Busch kennengelernt, daß das vollmächtige Verkündigen durchaus nicht das Privileg studierter Theologen ist.

Wilhelm Busch war so überzeugt von der Wichtigkeit und Notwendigkeit einer Bibelstunde, in der Nicht-Theologen die Schrift auslegen, daß er dieses pietistische Prinzip in seiner Jugendarbeit förderte. Schon Pastor Weigle hatte die Bibelstunde in ähnlicher Form gehalten. Busch setzte das fort, und im Laufe der Jahre erhielt diese Bibelstunde ein steigendes Gewicht. Die Praxis seiner Jugendarbeit wiederum stellte er den Gemeinschaften mahnend vor Augen, als er beobachtete, wie in manchen Gemeinschaftsstunden mehr und mehr die Theologen die Laien verdrängten.

Er schreibt[3]: „Wir haben diese Übung des Pietismus in der von mir geleiteten Essener Jugendarbeit seit langem eingeführt. In dem Klubhaus, dem Weigle-Haus, sind am Sonntagnachmittag Jungen im Alter zwischen 14 und 20 Jahren versammelt. Die wichtigste Stunde ist die Bibelstunde. Viele hundert junge Burschen sitzen da und haben das Neue Testament vor sich. Auf dem Podium steht ein junger Mitarbeiter — ein Schlosser, ein Kaufmann, ein Student, ein Schüler — und führt in den Text ein. Nach ihm reden vier, fünf oder sechs andere junge Männer. Es kann nicht jeder sprechen, sondern nur Mitarbeiter, die selbständig eine Jugendabteilung leiten und die sich im Glauben und Wandel bewährt haben. Selbstverständlich wäre es für mich einfacher, dem natürlichen Trägheitsgefälle nachzugeben und die Stunde selbst zu halten; denn begreiflicherweise hat jeder junge Mann zuerst eine Scheu, vor dieser wilden Jugendversammlung ein Wort zu sagen. Aber wir sind dabei geblieben, daß hier eine regelrechte Gemeinschaftsstunde gehalten wird. Und wir haben immer wieder reichen Segen dadurch empfangen."

Die Jungen, auch wenn sie dem Evangelium völlig fern und ablehnend gegenüberstanden, horchten doch auf, wenn die Leiter sprachen. Die wurden nicht dafür bezahlt. Die hatten das nicht studiert. Warum reden die dann so von Jesus? Daß ein Pastor das tut, — wen wundert das? Aber die!?

Die Verkündigung der Leiter war meistens sehr persönlich und praktisch. Sie erzählten oft aus ihrem Alltag, was sie mit Jesus erlebten. Da wurde von den Schwierigkeiten, Pleiten und von den großen Freuden geredet. Da wurde vor den Augen der Jungen der biblische Text in Beziehung gesetzt zum praktischen Leben eines jungen Mannes. Das war alles ganz hautnah. Solche Kurzauslegungen sind oft viel hilfreicher und wirksamer als wohlbegründete Darlegungen, theologisch abgesichert, die ein Pfarrer geben kann.

Die Tatsache, daß Busch so hoch von der Verkündigung der ehrenamtlichen Mitarbeiter in der Jugendarbeit dachte, hat viele junge Christen ermutigt, wirklich ernsthaft die Botschaft von Jesus weiterzusagen. Sie fühlten sich hier nicht bevormundet. Wie deprimierend für Mitarbeiter ist doch oft der theologische Hochmut der Pfarrer. Wenn sie es nicht offen sagen, dann lassen sie es durch ihr Verhalten doch jedermann spüren, daß man eigentlich erst das Evangelium in den Mund nehmen darf, wenn man zwölf Semester Theologie studiert hat. Und dann wundern sich die gleichen Pfarrer, daß sie keine engagierten Mitarbeiter haben. Busch hatte Vertrauen zu seinen Mitarbeitern. Und Vertrauen baut auf. Er hat sie nicht bevormundet. Er hat sie nicht erschlagen mit theologischer Besserwisserei. Er hat, in sehr seltenen Fällen allerdings, auch Kritik geübt. Dann wurde im Leiterkreis über bestimmte Schwierigkeiten oder Fehlentwicklungen in der Stunde der Bibel gesprochen. Er hat auch die für manchen schockierende Freiheit besessen, jemanden in seiner Rede zu unterbrechen und vom Podium herunterzuholen, wenn der seine Zeit ungebührlich überzog.

Man muß sich immer vergegenwärtigen, daß in dieser Stunde der Bibel nicht ein Haufen kirchlich vorgewärmter und frommer Jungen saß. Das waren meist Leute, die aus nicht-christlichen Familien stammten, die eine ausgesprochene Abneigung gegen Kirche und alles, was damit zusammenhängt, hatten. Die gerade mit einem Aufatmen Konfirmandenunterricht und Konfirmation hinter sich gelassen hatten. Die auch ins Weigle-Haus durchaus nicht kamen, um die Botschaft des Evangeliums zu hören, sondern weil sie am Sport Interesse hatten. Das alles bedeutet, daß die Leiter in dieser Stunde eine ausgesprochen schwere Situation für die Verkündigung vorfanden. Trotzdem gab es eigentlich immer gute Aufmerksamkeit.

Erstaunlich ist außerdem noch, wie Busch die Stunde der Bibel abschloß. Dann pflegte er zu sagen: „Jetzt kommen die wichtigsten Minuten des ganzen Nachmittags. Der Herr der ganzen Welt nimmt sich jetzt Zeit, auf uns zu hören. Wir dürfen mit ihm reden. Ich lade euch ein, mit einem kurzen Satz eure Freude oder eure Nöte ihm zu sagen. Wir bestätigen dein Gebet vor Gott mit einem gemeinsamen Amen."

Und dann wurde es wenige Minuten ganz still im Saal, und eine ganze Reihe von Jungen betete kurz einen Satz. Jungen, die zum erstenmal da waren, wußten erst nicht, was sie da erlebten. Das war alles so total ungewohnt. Da wurden die alltäglichsten Probleme in gewohntem Essener-Deutsch mit Gott besprochen. Das war unendlich weit entfernt von den schwierigen, feierlichen Gebeten, die die Pfarrer in Gottesdiensten aus schwarzen Büchern vortrugen. Wie viele haben in diesen Minuten des offenen Gebetes zum erstenmal wirklich begriffen, wie großartig es ist, daß man mit Jesus reden darf wie mit einem Freund. Wie soll jemand durch lauter Theorie über das Gebet auch beten lernen? Es geht doch eigentlich viel besser dadurch, daß er miterleben darf, wie andere, die es schon länger praktizieren, mit Jesus reden.

6. Wie das Ganze aufgebaut war

Nun wird es Zeit, daß wir die Einzelbeobachtungen, die wir bisher in der Jugendarbeit Wilhelm Buschs gemacht haben, in den organisatorischen Zusammenhang stellen. Busch betrieb als Leiter des Weigle-Hauses und als Jugendpfarrer der Altstadt-Kirchengemeinde in Essen überparochiale Jugendarbeit. Zwar war diese Jugendarbeit eingegrenzt auf Jungen von 14 bis 18 Jahren. Dazu gehörte dann noch eine Jungschararbeit für 10—13jährige.

Für die Mädchen gab es Gruppen, die vom Weigle-Haus unabhängig organisiert und durchgeführt wurden.

Für die Älteren gestaltete der CVJM in Essen eine zentrale Jugendarbeit. Das ergänzte sich alles gut.

Nun muß man sich einen Augenblick klarmachen, wie es in Essen schon nach der Jahrhundertwende zu einer solchen zentralen Jugendarbeit kommen konnte. Die Pfarrer der damaligen Altstadt-Kirchengemeinde hatten die gleiche Erkenntnis, wie sie alle Pfarrer irgendwann gewinnen, nämlich, daß kein Pfarrer alles tun kann. Nur zogen sie im Unterschied zu vielen anderen Amtsbrüdern daraus praktische Konsequenzen. Sie delegierten nämlich die Jugendarbeit an den Jungen einem hauptamtlichen Jugendpfarrer.

Wilhelm Weigle war schon seit 1894 in Essen Gemeindepfarrer. Er hatte eine außerordentliche Begabung für Jugendarbeit. Er hatte als Student zusammen mit zwei Freunden die BK-Bewegung gegründet. Das waren sogenannte „Bibelkränzchen für höhere Schüler". Später wurde der etwas merkwürdige Name „Kränzchen" in „Kreis" geändert. Wir kommen in einem besonderen Abschnitt noch einmal auf diesen BK zurück. Wilhelm Weigle fing also in Essen Arbeit unter Jungen an, die zunächst in den Gemeindehäusern von Essen-Altstadt lief. Er wurde dann hauptamtlich mit der Durchführung dieser Jugendarbeit betraut. Als schließlich der Raum in den Gemeindehäusern nicht mehr ausreichte, wurde im Jahr 1911 das Jugendhaus gebaut.

Die evangelischen Gemeinden nach der Jahrhundertwende in Essen standen unter dem starken Eindruck einer Erweckungsbewegung, die durch die vollmächtigen Predigten des Pastors Julius Dammann ausgelöst worden war. Eine missionarisch-seelsorgerlich orientierte Jugendarbeit war damals im kirchlichen Bereich nicht nur geduldet, sondern erwünscht. Es war eine breite Basis der Übereinstimmung im Bereich des Presbyteriums da, die die Jugendarbeit ermöglichte und förderte.

Außerdem besaßen die Pfarrer und Presbyter der Kirchengemeinde Essen-Altstadt die Weitsicht, einem Charismatiker wie Weigle ein ihm entsprechendes Wirkungsfeld zu überlassen und ihn nicht in den volkskirchlichen Strukturen lahmzulegen. So kommt es schon in dieser frühen Zeit zu einer Form der Jugendarbeit, die sich über die Pfarrbezirksgrenzen hinaus erstreckt.

Als Wilhelm Busch Nachfolger von Weigle wurde, hatte er den gleichen Rückhalt in der Evangelischen Kirche. Wenn auch sehr bald seine Tätigkeit durch den nationalsozialistischen Staat in Schwierigkeiten gebracht wurde — wir werden das später ausführlich darstellen —, so blieb doch auch in dieser Zeit die geistliche Gemeinschaft der Bekennenden Kirche ein wichtiger Rückhalt für die Jugendarbeit.

Wie hoch die gemeinsame Basis der ersten Jahrzehnte zu veranschlagen war, wurde erst nach dem Zweiten Weltkrieg deutlich. Personelle Veränderungen in den Pfarrämtern, Veränderungen der theologischen Zielsetzung und also auch der Zielsetzung für die Jugendarbeit brachten Konflikte.

Leider war auch das Kirchturmdenken nicht gestorben. Munter wurden nach dem Zweiten Weltkrieg wieder dörfliche Vorstellungen in die Großstadt verpflanzt. Von der Wiege bis zur Bahre mußte eben alles im Gemeindebezirk und um den Kirchturm versammelt bleiben, auch wenn das Leben in der Großstadt ganz andere Strukturen aufweist. Hier hat es mancherlei Schwierigkeiten und Reibungsverluste gegeben.

Der ganze Bereich Essens, in dem Jugendarbeit des Weigle-Hauses betrieben wurde, war in Abteilungen aufgeteilt. Zur Zeit der zahlenmäßig größten Ausdehnung der Arbeit in den fünfziger Jahren existierten 27 Abteilungen in ebenso vielen Stadtbezirken.

Eine Abteilung wird jeweils von zwei Jugendgruppenleitern geleitet. Diese Leiter gestalten die Arbeit der Abteilung selbständig. Sie führen im Laufe der Woche die Abteilungsstunden (Gruppenabende), eventuell einen Sportabend und die sogenannte Helferstunde durch. Zur Helferstunde kommen solche Jungen, die im Verlauf der Arbeit zum Glauben an Jesus Christus gekommen sind und nunmehr in die Mitarbeit hineingenommen werden. Sie treffen sich zum Bibelstudium und zur Gebetsgemeinschaft. Das sind die Leute, die auch gemeinsam die Hausbesuche und die Durchführung der Abteilungsstunden übernehmen. Auch die Wochenendfreizeiten im Sommerhalbjahr werden in selbständiger Regie der Abteilungen durchgeführt. Die Veranstaltungen der Abteilungen finden im Weigle-Haus selbst statt, wenn die Abteilungen im Stadtkern gelegen sind. Für die meisten Abteilungen allerdings werden von der Zentrale in dem jeweiligen Stadtbezirk Räume in Gemeindehäusern und Schulen besorgt.

Sonntags allerdings treffen sich alle Abteilungen im Weigle-

Haus zu dem oben beschriebenen zentralen Sonntagnachmittag. Außer dem Sonntagnachmittag gibt es noch zwei Veranstaltungen in der Woche, die zentral für die ganze Arbeit durchgeführt werden. Am Mittwochabend eine Bibelstunde für jedermann. Außerdem findet in jeder Woche am Freitagabend ein zentraler Leiterabend statt, an dem sich die Abteilungsleiter zur Bibelarbeit, zur Gebetsgemeinschaft und zur Besprechung der gemeinsamen organisatorischen Probleme treffen.

Jeder Junge über 14 Jahre kann ins Weigle-Haus kommen. Es ist wirklich ein offenes Haus. Aber es gibt auch die Möglichkeit, sich etwas fester zu binden. Dann wird ein Junge Mitglied der Evangelischen Jugend Essen Weigle-Haus. Bis 1934 hieß es „Evangelischer Jugendverein". Der mußte dann im Dritten Reich aufgelöst werden. Nach dem Krieg versuchte Busch die Bezeichnung wieder einzuführen. Aber inzwischen war die Arbeit unter dem Namen „Weigle-Haus" bekannt geworden. Als dann Anfang der Fünfziger Jahre ein regelrechter Verein gegründet wurde — auch als e. V. —, der dem Westdeutschen Jungmännerbund CVJM angehörte, da bekam er den Namen „Evangelische Jugend Essen Weigle-Haus e. V.".

Alle paar Monate gab es nun Mitgliederaufnahmen in diesen Verein. Die fanden zu Beginn der Bibelstunde statt. Zu dieser Gelegenheit sprach Wilhelm Busch oft von den ineinanderliegenden Kreisen, aus denen die Arbeit des Weigle-Hauses bestünde: Der äußerste Kreis sind alle Jungen, die eingeladen sind und ins Weigle-Haus kommen können. Der nächstinnere Kreis sind die Jungen, die sich durch eine Mitgliedschaft etwas fester an die Arbeit binden wollen. Dann kommt der engere Kreis der Helfer, die Jesus als ihren Herrn angenommen haben und nun seine Mitarbeiter sein wollen. Dann kommt der Kreis der Leiter und Mitarbeiter in der Zentrale des Weigle-Hauses. In der Mitte der ganzen Arbeit steht Jesus, der gekreuzigte und auferstandene Herr. Und um den sollte sich nun wirklich alles drehen. Selbst das Äußerlichste, was im Weigle-Haus getan wurde, hatte eine Beziehung zu Jesus.

Busch hat in der Zentrale immer einige Mitarbeiter gehabt. Vor dem Krieg waren es meist Vikare. Nach dem Krieg meist ehrenamtliche, nebenberufliche Mitarbeiter. Sie organisierten das zentrale Programm im Weigle-Haus, versorgten die Abteilungen mit dem notwendigen Material, organisierten die großen gemeinsamen Freizeiten über Pfingsten und im Sommer, leiteten die Jungschararbeit, kümmerten sich um Räume für die Veranstaltungen der Abteilungen, regelten die Besetzung der einzelnen Abteilungen mit Jugendgruppenleitern und Mitarbeitern und bewältigten die unzähligen kleinen und großen Probleme der Organisation, die eine solche Jugendarbeit mit sich bringt.

Busch hatte die Fähigkeit, fähige Mitarbeiter zu haben. Er behauptete von sich, daß er mancherlei nicht könne, z. B. organisieren. Das stimmte sicherlich nur zu einem gewissen Teil. Auf jeden Fall fiel es ihm nicht schwer, Mitarbeitern freie Entfaltungsmöglichkeiten zu lassen.

Und weil sie nicht gegängelt wurden, fanden sich fähige Leute bereit, eine entsagungsvolle Arbeit zu tun.

Damit sind wir aber schon beim Mitarbeiterproblem, das in jeder Jugendarbeit eine wichtige Rolle spielt.

7. Mitarbeit hat ihren Preis

Furchtbar, wenn die Mitarbeit das Tummelfeld der „Genies einer Minute“ und der „Senkrechtstarter“ wird! Irgendeiner ist begeistert für die Arbeit mit jungen Leuten und hat großartige Ideen und durchaus das Gefühl, daß mit ihm die Welt eine entscheidend neue Wendung nimmt. Dieser stürzt sich dann auf die Jugendarbeit, er wühlt sechs Wochen und haucht dann sein junges Jugendarbeiterleben aus. Mit gutem Willen und etwas Begeisterung ist es in der Jugendarbeit nun wirklich nicht getan. Aber welche Voraussetzungen sind denn nötig?

Natürlich hängt das immer vom Ziel ab, das eine Jugendarbeit hat. Die Arbeit des Weigle-Hauses hatte von Anfang an — und das ist unter Busch wie unter Weigle so gewesen — ein missionarisches Ziel: Jungen sollten Jesus kennenlernen und ihm nachfolgen. Also ist die dringendste Voraussetzung für Mitarbeiter, die Träger dieser missionarischen Arbeit sein sollen, daß sie selber Jesus kennen und ihm mit ihrem ganzen Leben gehören. Zunächst sind nicht die außerordentlichen Jugendführernaturen oder so etwas gesucht, sondern junge

Leute, die ganz entschieden ihr Leben in die Nachfolge Jesu gestellt haben. Ich erwähnte das schon oben: Wenn ein Junge zum Glauben an Jesus gekommen war, wurde er eigentlich automatisch Mitarbeiter. Er ging mit auf die Hausbesuche und übernahm im Bereich der Abteilungen Aufgaben, die seinen Gaben und Kräften angemessen waren.

In manchen Abteilungen gab es dann neben der offenen Abteilungsstunde, in der Sport getrieben, ein Unterhaltungsprogramm geboten und eine missionarische Andacht gehalten wurde, einen offenen Bibelkreis, in den jedermann eingeladen wurde. In dieser Stunde geht es nur noch um die Bibel und um die Frage nach Jesus. In diesem kleinen Gesprächskreis können sehr persönliche Fragen erörtert werden. Und wenn jemand zu einem klaren Durchbruch und zu einer Hingabe seines Lebens an Jesus kommt, wird er nach einiger Zeit als Helfer in den Helferkreis aufgenommen. Seine Mitarbeit bekommt nun einen größeren Grad von Verbindlichkeit. Er verspricht z. B., nicht ohne triftigen Grund die Abteilungsstunden zu versäumen. Er nimmt an den Hausbesuchen teil.

Wenn solch ein Helfer zwei oder drei Jahre lang in einer Abteilung mitgearbeitet hat, läßt sich beurteilen, ob er die Begabung zum Abteilungsleiter mitbringt, und vor allen Dingen, ob er Regelmäßigkeit und Treue für diesen Dienst aufbringt. Ist das der Fall, dann wird er eingeladen, im Winterhalbjahr an der Leiter-Universität teilzunehmen. An den Sonntagabenden werden in Kursen die wesentlichen Probleme der Jugendarbeit erläutert und besprochen. Was man in der Praxis bisher schon getan hat, wird nun noch einmal theoretisch durchleuchtet. Da geht es um Jugendpsychologie und Jugendseelsorge. Da werden die Fragen besprochen: Wie bereite ich eine Bibelarbeit vor? Wie organisiere ich eine Wochenend-Freizeit? Die Hausbesuche werden durchdacht. Kurz: der ganze Katalog der geistlichen, psychologischen und organisatorischen Fragen der Jugendarbeit wird noch einmal systematisch besprochen.

Allerdings sei hier noch einmal darauf hingewiesen, daß es diese Leiterschulung erst ungefähr seit 1954 im Weigle-Haus gibt. Sie ist nicht die Erfindung Wilhelm Buschs. Aber sie kennzeichnet insofern den Stil seiner Jugendarbeit, als er hier Erkenntnissen seiner Mitarbeiter freien Raum läßt.

Aus dem Kreis der so vorbereiteten älteren Helfer kommen die zukünftigen Abteilungsleiter.

Bevor einer tatsächlich Leiter wird, findet noch ein sehr wichtiges Gespräch mit einem der leitenden Mitarbeiter aus der Zentrale und mit Busch selber statt. In diesem Gespräch geht es um die persönlichen und geistlichen Fragen. Es soll niemand dadurch überfordert werden, daß er als Christ und Mitarbeiter einfach so vereinnahmt und in den Betrieb gesteckt wird, ohne daß seine persönlichen Probleme ausreichend berücksichtigt sind. Außerdem dreht es sich in diesem letzten Gespräch vor allen Dingen um die von dem Leiter zu übernehmende Leitersatzung. Denn Leiter kann nur der im Weigle-Haus werden, der bereit ist, sein Leben und seine Arbeit nach bestimmten, für alle Leiter geltenden Verpflichtungen auszurichten. Diese Verpflichtung ist im Laufe der Jahre in ihrer Formulierung gelegentlich abgewandelt worden. Inhaltlich ist sie im wesentlichen gleich geblieben:

Der Leiter hat täglich seine stille Zeit; er liest die Bibel und betet. Diese Selbstverständlichkeit wird in der Leiterverpflichtung niedergelegt und von dem Leiter bei seiner Aufnahme versprochen, damit er im Falle einer geistlichen Krise auch wirklich die Seelsorge sucht. Denn nichts ist gefährlicher, als wenn ein Mitarbeiter zwar noch im christlichen Betrieb mitmacht, aber längst den persönlichen Kontakt zu dem auferstandenen Herrn verloren hat. Dann läuft er zwar noch einige Zeit mit, aber bei der nächsten Belastung bricht er innerlich zusammen.

Ein Leiter verpflichtet sich, sein Leben unter pädagogischen Gesichtspunkten zu betrachten. Er fragt nicht nur, ob irgendetwas für ihn selber gut oder schlecht ist. Er achtet auch darauf, ob das, was er selber tut, für die 14- und 15jährigen Jungen seiner Abteilung hilfreich oder schädlich ist. Zu diesem Komplex gehört auch das Verhältnis zu Nikotin und Alkohol.

An solchen Stellen wird deutlich, daß Wilhelm Busch die Jugendarbeit als den ganzen jungen Menschen betreffend ansah. Auch der Spielbetrieb ist ja kein Köder, sondern ein echter Dienst der Liebe an dem Jungen. Ein Junge braucht eben eine spannende Freizeitgestaltung. So ist der Junge auch mit seinen körperlichen Problemen nicht gleichgültig. Er ist nicht nur Objekt der Evangelisation. Da Rauchen und Trinken für den 14- und 15jährigen Probleme auch im medizinischen Sinne sind, bieten die Leiter dem Jungen in dieser schwierigen Situation eine Hilfe durch ihr eigenes Vorbild an. Das ist das einzige, was einem Jungen, der von allen Seiten zum Rauchen und Trinken verführt wird, eine wirkliche Hilfe sein kann.

Ein Leiter setzt seine Freizeit, abgesehen von den Verpflichtungen, die er gegenüber Elternhaus, Schule und Beruf hat, für den Dienst an den Jungen ein. Er ist nicht zugleich Mitglied eines anderen Vereins. Der Leiterdienst ist tatsächlich nur möglich, wenn er mit einem erheblichen Zeitaufwand geschieht. Nicht jeder kann diesen Preis zahlen, nicht jeder will ihn zahlen. Nicht jeder muß Leiter werden.

Es gehört zu den Leiterverpflichtungen noch das Versprechen zu einer Solidarität im Mitarbeiterkreis. Eine Mannschaft kann nur gewinnen, wenn sie ein gutes Zusammenspiel hat. Auch das ist ein sehr wichtiges Problem im Alltag einer Jugendarbeit.

Diese weitreichenden Verpflichtungen, die der Leiter freiwillig übernimmt, und die Selbständigkeit, mit der er dann seine Arbeit im Bereich seiner Abteilung durchführt, stehen durchaus in einem angemessenen Verhältnis zueinander. Mir scheint, daß die Lebensfrage jeder Jugendarbeit hier liegt: Sind die Mitarbeiter bereit zur Verbindlichkeit? Und: Können sie selbständig arbeiten?

Es lohnt sich wirklich, nachzudenken über die Fähigkeit, Mitarbeiter zu haben.

Wilhelm Busch schreibt einmal in einem Aufsatz: [4] „Es ist genug darüber geklagt worden, daß in der Kirche der Pfarrer alles allein tun will, daß er Mitarbeiter nur soweit brauchen kann, als sie ihm kleine Handlangerdienste tun. Aber ich finde, es ist in unserem Jugendwerk genauso. Wenn ich als Jugendpfarrer eine Freizeit mache, dann halte ich nur die Bibelarbeit und stehe bereit für die Seelsorge. Alles übrige überlasse ich meinen Hilfskräften. Und zwar so, daß sie völlig selbständig handeln können. Man wird junge Männer nur dann als Mitarbeiter gewinnen, wenn man ihnen völlige Selbständigkeit gewährt. — Es ist das wirklich zum Weinen! Überall klagt man: Es gibt keine Mitarbeiter! Aber es gibt deshalb keine Mitarbeiter, weil man im Grunde gar keine will. Jedes Werk geht auf die Dauer kaputt an seinen Funktionären, die alles allein machen. Und die große Masse der anderen in die Teilnahmslosigkeit treiben."

Es muß gerade den hauptberuflichen Mitarbeitern in der Jugendarbeit vor allen Dingen eins deutlich sein — nicht nur theoretisch, sondern auch so, daß es die Praxis bestimmt: Ehrenamtliche Mitarbeiter sind nicht unsere linken oder rechten Hände. Wir sind die Assistenten der ehrenamtlichen Mitarbeiter.

In einem Artikel über seine Begegnung mit Wilhelm Weigle hat Busch eine nette, in diesem Zusammenhang vielsagende Szene erzählt: [5] „Ich muß hier ein kleines Erlebnis aus dem Jahre 1947 einschalten. Mit Propst Lorenzen, der mit einem brennenden Herzen in seinem Amt stand, ging ich durch die zerstörte Stadt Kiel.

Hoch auf einer Mauer saß ein etwa 16jähriger Junge und lachte über das Entsetzen der Vorübergehenden, die sich auszurechnen versuchten, wie lange diese brüchige Mauer wohl noch halten würde.

Der alte Propst blieb stehen und fragte etwas seufzend: ‚Wer soll nun so einen Boy ansprechen?' Ich antwortete: ‚Den können Sie nicht ansprechen, den kann auch ich nicht erreichen, den muß ein 18jähriger Autoschlosser ansprechen.'" — Und dann fährt Busch fort, indem er die Jugendarbeit Weigles beschreibt: „Und so war es nun in Weigles Jugendarbeit, daß in jedem Bezirk dieser ‚18jährige Autoschlosser' vorhanden war, der den Jungen nachging und sie ‚zu Jesus' rief."

Bevor wir uns noch mit grundsätzlichen Problemen der evangelischen Jugendarbeit beschäftigen, wollen wir noch einige wichtige Einzelheiten an Wilhelm Buschs Stil, Jugendarbeit zu treiben, erörtern.

8. Wichtige Äußerlichkeiten

a) Atmosphäre muß sein!

Manche Besucher des Weigle-Hauses haben kopfschüttelnd und staunend festgestellt, daß der große Saal des Hauses während eines Nachmittages dreimal total umgestellt wird. Jedesmal, wenn die Jungen in eine neue Veranstaltung hineinkommen, finden sie praktisch einen neuen Saal vor. Einmal stehen die Stühle in Reihen zur Stirnwand des Saales, dann sind sie zur Fensterseite hin ausgerichtet, dann zur anderen Längsseite. Jede Veranstaltung bekam so dadurch ein neues Gesicht. Das ist eine Kleinigkeit. Aber diese Kleinigkeit hat ihr Gewicht. Sie trägt dazu bei, daß es nicht langweilig wird. Es ist schon äußerlich nicht dasselbe.

Leere Stühle konnten Wilhelm Busch krank machen. Vor allen Dingen fand er es unmöglich, wenn in einer Versammlung die ersten Reihen frei waren und dann von der vierten oder zehnten Reihe an die Leute Platz genommen hatten. Dann wäre er jedesmal am liebsten nach hinten gelaufen und hätte gesagt: Bitte, drehen Sie sich alle um, ich rede jetzt von hier aus. Weil das aber nicht ging, hat er darauf bestanden, daß die Leute nach vorne kamen und in den ersten Reihen Platz nahmen.

Überhaupt hat er es nach Möglichkeit vermieden, eine Versammlung in einem Saal zu haben, in dem viele Stühle frei waren. Kleine Versammlungen sollen in entsprechend kleinen Räumen stattfinden. Dann gibt es eine gute Atmosphäre, in der man Kontakt miteinander bekommt. In halbleeren Sälen frieren alle.

b) Jede Stunde ein Fest!

Oft nehmen wir einer Stunde den Glanz und das Eigentliche, weil wir mit den Gedanken nur halb dabei sind und schon von der nächsten Aktion geistig teilweise beschlagnahmt sind. Busch praktizierte bei seinen vielfältigen Verpflichtungen und Einsätzen eine enorme Konzentration. Das nächste, was er vorhatte, schien immer das Wichtigste zu sein, das es überhaupt gab. Und wenn es nur eine kleine Versammlung mit wenigen Mitarbeitern war. Er bemühte sich, in jede Veranstaltung hineinzugehen und sich zu sagen, daß diese Stunde ein wirkliches Fest sein sollte. Und das werden alle, die seine Gottesdienste, Bibelstunden oder Jugendveranstaltungen miterlebt haben, bestätigen: eine Veranstaltung mit Wilhelm Busch hatte einen besonderen Akzent. Das lag nicht zuletzt an seiner Haltung dieser jetzt gerade stattfindenden Veranstaltung gegenüber. Sie war ihm wichtig. Er war ganz und gar jetzt darauf konzentriert.

Natürlich ist das eine allgemein menschliche Sache und gilt sicherlich auch für Veranstaltungen, die mit dem christlichen Glauben überhaupt nichts zu tun haben. Aber für Wilhelm

Busch hing das doch mit dem Evangelium zusammen. Er hat das einmal in dem oben schon zitierten Aufsatz so beschrieben: „Zum Schluß: ‚det fiel mir uff', daß so viel Staub auf unserer Arbeit liegt. Das fängt damit an, daß die Sache mit einer Viertelstunde Verspätung beginnt. Und dann natürlich mit einer halben Stunde Verspätung aufhört.

Das zeigt sich darin, daß kein Mensch weiß, wo die Liederbücher sind. Der Mann, der dafür verantwortlich ist, fehlt gerade. Und dann die Luft! Wenn man in einen Saal kommt, in dem der Mief von Wochen brütet, hat jeder junge Kerl natürlich schon von Anfang an genug.

Und dann der Leiter: zuerst schimpft er ein bißchen, daß nur so wenig da sind. Und dann legt er los, ‚unvorbereitet, wie er sich hat'.

Kürzlich erlebte ich etwas Schönes. Da sitze ich im Büro und diktiere. Mein Posaunenmeister kommt herein. Ohne viel zu denken, frage ich: ‚Was gibt's Neues?' Und was antwortet er? ‚Heute morgen las ich: Seine Güte ist alle Morgen neu! Ich glaube, das ist immer das Neueste!'

Da empfand ich wieder: Ja, unsere Botschaft ist neu, aktuell, atemberaubend, herrlich, wunderbar!

Sollte nicht davon etwas über unseren Stunden liegen? Von dieser Taufrische, die das Evangelium zu allen Zeiten hat?

Das geht nicht nur die Art an, wie wir reden. Es geht bis in das Äußere: Und wenn nur zwei Mann da sind — begrüßen wir sie so, daß sie merken, wir freuen uns, daß sie gekommen sind. Und dann laßt uns pünktlich anfangen und schließen! Und laßt uns alles so vorbereiten, als wenn ein ganz großes Ereignis stattfindet. Es ist ja tatsächlich ein ganz großes Ereignis, wenn Jugend sich um das Evangelium sammelt. Also — dann laßt das in allem deutlich werden!" [6]

c) TiK

Ja, das ist auch so ein Fachausdruck der Jugendarbeit von Wilhelm Busch. Ein Mitarbeiter braucht TiK. Das ist die Abkürzung für „Treue im Kleinen".

Die wichtigste Tugend des Jugendarbeiters ist die Treue im Kleinen. Ob er die aufbringt oder nicht, darin zeigt sich, ob er Stehvermögen hat. Die Gaben und Fähigkeiten können sehr verschieden sein. Nicht jeder kann eine große Show abziehen.

Aber Jesus erwartet von uns allen, daß wir treue Verwalter der Gaben sind, die er uns gegeben hat. Und manche Jugendarbeit scheitert nicht an mangelnden Begabungen der Mitarbeiter, sondern an der Schlurerei.

Dagegen hat Wilhelm Busch grimmig gewütet. Er war wahrhaftig kein Beamtentyp — alles andere als das! Aber Regelmäßigkeit und Pünktlichkeit in der Jugendarbeit waren für ihn unabdingbar.

Eine Stunde muß beginnen zu der Zeit, zu der sie angesetzt ist. Welche Enttäuschung für einen Jungen, der zur festgesetzten Zeit kommt und niemand ist da! Er wird doch nicht noch einmal so dumm sein und pünktlich kommen. Er wird unversehens den Eindruck gewinnen, daß die Leute ihre eigenen Ankündigungen nicht so ernst meinen und daß sie die ganze Veranstaltung nicht so wichtig nehmen, wenn sie es sich erlauben, zu spät zu kommen.

Noch schlimmer wird es, wenn dauernd Stunden ausfallen aus den verschiedensten nahe- und fernliegenden Gründen. Mal kommt der Leiter nicht, weil es regnet, und mal kommt er nicht, weil es zu heiß ist, und mal hat diese Tante, mal jener Onkel Geburtstag. Erstaunlicherweise fallen dann die Jugendgruppenstunden auch an den freien Tagen und in Ferien aus, wenn eigentlich alle Zeit haben.

Es ist überraschend festzustellen, daß nicht nur die Schulen sich genau an den Ferien-Terminkalender halten, sondern auch zum erheblichen Teil evangelische Gemeindehäuser. Man hat dann den Eindruck, daß die Kirche, Pastoren und Küster direkt dem Kultusministerium unterstellt sind. Und im Sommer kommt ja dann sowieso die große Pause. Es gehört zur Tragik der evangelischen Jugendarbeit, daß so unendlich viele Gruppen aus der Sommerpause nie wieder aufgewacht sind.

Wilhelm Busch konnte mit beredten Worten zeigen, wie groß die Enttäuschung eines Jungen sein muß, der vergeblich zu einer Veranstaltung kommt. Diese Enttäuschung ist nicht so schnell wieder wettzumachen. Vielleicht gibt es gar keine Gelegenheit mehr dazu, und vielleicht war sein vergeblicher Besuch der einzige Versuch, Kontakt zur Gruppe zu finden.

Bezeichnend ist jene kleine Geschichte, die Busch gelegentlich erzählte. Aus irgendeinem Grunde war eine Bibelstunde für Jungen, die sonst regelmäßig wöchentlich stattfand, abgesagt. Busch war an diesem Tag in Essen. Und zur Zeit, in der sonst die Bibelstunde stattfand, war er doch unruhig. Es könnte doch sein, daß ein Junge die Information nicht bekommen hat und nun vor verschlossenen Türen steht. Busch macht sich also auf und fährt zum Weigle-Haus. Siehe da, zwei Jungen stehen vor der Tür. Sie wußten nicht, daß die Stunde ausfallen sollte. Busch öffnete ihnen das Haus, lud sie freundlich ein, setzte sich mit ihnen zusammen und machte mit ihnen eine großartige Bibelstunde. Er nahm die beiden sehr ernst. Er schickte sie nicht weg. Für einen von den beiden war dieser Abend einer der wichtigsten Punkte seines Lebens. Hier wurde er vom Evangelium getroffen und ist dann für viele Jahre einer der eifrigsten Mitarbeiter in der Jugendarbeit gewesen.

Wer sich zu schade ist für zwei oder drei junge Leute, der hat die weiteren zwei oder fünf nicht verdient.

Hier liegt der Grund, warum Busch so mißtrauisch gegenüber den Leuten war, die ganz große Entwürfe von Jugendarbeit zu verkaufen hatten. Er wußte sehr genau, daß die Entscheidungen über wirksame Jugendarbeit in der treuen Kleinarbeit des Alltags fallen. Das Geniale hilft uns oft nicht sehr viel weiter.

Busch reiste mit einer Gruppe von Posaunenbläsern aus der Essener Jugendarbeit zu Vorträgen nach Skandinavien. In Norwegen sagte ein norwegischer Freund nicht ohne Stolz: „Wir haben hier an dem Ort die älteste Holzkirche der Welt." — Darauf einer der Mitarbeiter lächelnd: „Das ist doch gar nichts. Wir haben den ältesten Jugendpfarrer der Welt."

Busch ist immerhin bis zu seiner Pensionierung mit 65 Jahren Jugendpfarrer in Essen gewesen. Hier muß man allerdings gleich dazu sagen, daß er diese Tatsache selber mit Unruhe betrachtete. Er hatte unsagbare Angst davor, er könnte sich selbst eines Tages für unentbehrlich halten und den richtigen Abgang verpassen. Nun, es war bestimmt nicht sein Gefühl, daß er in der Jugendarbeit unentbehrlich wäre, sondern es waren andere Notwendigkeiten, die ihn festhielten. Er wollte nicht eigene Wege gehen. Und Gott hielt ihn in dieser Arbeit fest. Eine andere Wegweisung bekam er nicht. Also blieb er. Damit hat er selber das Problem eines altwerdenden Jugendarbeiters durchgestanden. Er ist absolut nicht in den Krampf verfallen, künstlich jung sein zu wollen. Er war er selbst. Und so lebte er eigentlich im Kontrast zu den Jungen und Mitarbeitern im Weigle-Haus. Aber gerade so war er auch im Äußerlichen für die jungen Leute faszinierend.

Gerade weil Busch das Problem selber so bewältigt hat, darf man ihm die Worte, die er zu dieser Sache zu sagen hat, besonders ernsthaft abnehmen.

Er schreibt: [7] „Da ist ein tüchtiger Jugendsekretär. Eines Tages packt ihn die Angst: ‚Ich bin zu alt!' Um nun zu beweisen, daß er immer noch jugendlich sei, geht er mit den Jungen über Tische und Bänke (heimlich seufzend und schwer atmend), er trägt kurze Hosen (was bei seinen Krampfadern unendlich komisch aussieht), er benimmt sich wie ein Junge von 16 Jahren.

Erfolg? Er wirkt lächerlich, unsagbar lächerlich. Kein Mensch nimmt ihn mehr ernst.

Warum macht der Mann sich nicht klar: ‚Ich bin jetzt 45. Also betrage ich mich auch wie ein Fünfundvierzigjähriger. Warum in aller Welt sollen denn Jungen nicht von einem Fünfundvierzigjährigen etwas annehmen?'

Als der Jugendführer des Nazi-Reiches älter wurde, erklärte er eines Tages: ‚Es kommt nur darauf an, ob das Herz jung ist.' Was ist das für ein Unsinn! Mein Herz ist genauso alt, wie ich selbst es bin.

Aber — warum sollten ein Junge und ein junger Mann nicht von einem alten Manne Gottes Wort annehmen? Sie werden das gern tun. Es geht nicht um die Frage, ob wir ein ‚junges Herz' haben, sondern ob wir Vollmacht des Heiligen Geistes haben. Darum geht es! Der Pastor Weigle in Essen war ein ehrwürdiger alter Mann. Aber wenn er die Hand hob, dann wurden Hunderte von Jungen ganz still. Und wie sie ihm zuhörten, wenn er von Jesus sprach! Welchen segensreichen Einfluß hatte der alte Rothkirch auf junge Männer! ‚Nur keine falschen Komplexe!' möchte ich den Älteren in unserem Werk zurufen. — Aber damit ist nicht alles gesagt.

Natürlich braucht jede Jugendgruppe Leiter, die mit den jungen Menschen ‚über Tische und Bänke gehen', die mit ihnen wandern und zelten und schwimmen und auch mal Unsinn treiben.

Und hier liegt nun der Schaden, daß der fünfundvierzigjährige Leiter meint, das müsse er unter allen Umständen selber besorgen. Darüber wird er zu der lächerlichen Figur."

An dieser Stelle fährt dann Busch fort und erklärt, daß Funktionäre, die alles selber machen wollen, dadurch verhindern, daß sie Mitarbeiter bekommen. Zum Schluß schreibt er: „Unser Werk braucht Ältere, Sekretäre und alte ‚Brüder', welche Zeit haben, die aus der Stille kommen, die in das Wort Gottes einführen können, die Seelsorger sind. Alles andere macht das junge Volk schon allein und viel besser, als es irgend ein Älterer könnte."

9. Der BK

Bis zum Ende des Zweiten Weltkrieges war die Jugendarbeit im Weigle-Haus verhältnismäßig stark in zwei verschiedene Sektoren geteilt: Eine Arbeit für Schüler, eine andere für Berufstätige. Die Schülerarbeit lief bis 1934 unter dem Namen „Bibelkreis für höhere Schüler." Dann mußte diese Organisation offiziell aufgelöst werden. Innerhalb der „Stadtmission" wurde die Schülerarbeit unter der Bezeichnung Abteilung B bis zum Ende des Dritten Reiches fortgeführt. Nach dem Krieg konnte sie dann wieder unter dem Namen „Bibelkreis für höhere Schüler (BK)" getan werden.

Zugleich aber verlor nach dem Krieg die Teilung Schüler und Berufstätige ihre Bedeutung. Immer mehr Schüler arbeiteten in den Abteilungen des Jugendvereins mit. Der BK wurde immer mehr Anhängsel der Arbeit, während er in früherer Zeit doch ein viel stärkeres Gewicht hatte.

Die Einteilung der verschiedenen BK-Gruppen nach Klassen hat im Laufe der Jahre etwas gewechselt. Es gab Sextanergruppen. Quintaner und Quartaner waren zusammengefaßt. Untertertia und Obertertia bildeten einmal eine gemeinsame Gruppe, mal hatten sie getrennte Veranstaltungen. Dann waren Untersekundaner bis Oberprimaner im Großen BK zusammengefaßt. Zeitweise hatten die Primaner einen besonderen Primanerkreis. Diese Variationen hingen wohl wesentlich mit der Teilnehmerzahl der verschiedenen Gruppen zusammen.

Genauso wenig, wie wir vom heutigen Standpunkt her angemessen würdigen können, daß die bündische Form der Jugendarbeit vor 1934 „normal" war, genauso wenig können wir die Selbstverständlichkeit ermessen, mit der die Jugendarbeit auch „ständische" Elemente in sich trug, indem sie nämlich Berufstätige und Schüler schied. Natürlich waren auch praktische Gesichtspunkte maßgebend.

Die Veranstaltungen der Berufstätigen lagen verhältnismäßig spät am Abend. Abteilungsstunden konnten eben erst beginnen, wenn der Arbeitstag vorbei war. Es wurde viel länger gearbeitet als heute. Auch in der Feriengestaltung waren zwischen Schülern und Berufstätigen erhebliche Unterschiede. Die Lehrlinge hatten kaum Urlaub, die Schüler dagegen viel Ferien.

Die Veranstaltungen des BK im Weigle-Haus fanden am Samstagnachmittag statt. Und zwar tagten vom frühen Nachmittag an alle Altersstufen.

Am Dienstagabend hielt Busch für die BKler eine Bibelstunde, und am Freitagabend traf sich zeitweise ein BK-Mitarbeiterkreis.

Die Gestaltung der Stunden für die jüngeren Schüler weicht nicht von der Gestaltung der Stunden für die Berufstätigen ab. Allerdings hat der Große BK bzw. der Primanerkreis ein besonders akzentuiertes Programm.

BKler aus den Dreißiger Jahren erinnern sich daran, daß Wilhelm Busch sich im BK ausführlich mit dem Philosophen Nietzsche beschäftigt hat. Außerdem gab es jeden Monat ein sogenanntes aktuelles Thema: Die Rechtslage der Jugendarbeit in Deutschland wurde besprochen, aktuelle weltanschauliche Auseinandersetzungen, wie sie sich etwa in der Sportpalastkundgebung der Deutschen Christen widerspiegelten, ebenfalls.

Wenn wir uns BK-Programme aus der Zeit nach dem Zweiten Weltkrieg ansehen, finden wir eine Reihe sehr interessanter Themen, die Busch vor den Oberschülern behandelte. Z. B. „Persönlichkeit oder Zerrbild", — „Nobelpreisträger Ivo Andric — über das literarische Werk dieses Mannes spricht Pfarrer Busch zu uns." — „Pfarrer Busch: Der Vikar von Tours (Balzac)" — Oder: „Joan Miró — genial oder verrückt?" — „Der arme Konrad, P. B. berichtet von dem schwäbischen Bauernaufstand" — „Kunst gibt nicht das Sichtbare wieder, sondern macht erst sichtbar. — P. Busch spricht über den Maler Paul Klee und sein Werk."

Diese willkürliche Auswahl soll genügen. Wir sehen, daß Wilhelm Busch im Primanerkreis des BK die geistige Auseinandersetzung in den Vordergrund stellt.

Über die missionarische Ausrichtung dieser Schülerarbeit bestand kein Zweifel. In Übereinstimmung mit dem Leitwort der BK-Bewegung „Deutschlands studierende Jugend für Jesus" geschah im BK die Verkündigung des Evangeliums in Bibelarbeit und Seelsorge.

Vor dem Krieg war es so, daß die Mitglieder des BK ein Versprechen ablegten, den sogenannten „Ring-Verspruch". Er lautete: „Ich will in zuchtvoller Nachfolge Jesu Ihn jeden Tag durch Sein Wort zu mir reden lassen. Wahr sein in der Schule und überall. Leib und Seele rein halten. In verantwortlichem Dienst im BK dessen Aufgabe erfüllen helfen. Ich vertraue, daß Jesus mir dabei helfen wird."

An einem Ferientag unmittelbar vor Weihnachten fand alljährlich der sogenannte BK-Tag statt. Er wurde mit Bibelarbeit, Gesprächsgruppen, Filmen, Spielbetrieb für die Kleineren und einer abschließenden Weihnachtsfeier gestaltet. Außerdem nahm der BK auch an den großen zentralen Veranstaltungen des Weigle-Hauses teil, wie z. B. dem Jugendfest.

Das Jugendfest findet traditionell am 1. Advent statt. Außer den Jungen des Weigle-Hauses und den Mitgliedern des BK sind alle Eltern der Jungen und alle Freunde des Weigle-Hauses dazu eingeladen. Den Leitfaden für die Veranstaltungen bildete ein Bibelwort, das in mehrere Teile aufgeteilt die verschiedenen Abschnitte des Programmes bestimmte. Dieses Jugendfest war eigentlich immer eine große adventliche Feierstunde für alles Volk, das irgendwie im Einzugsbereich des Weigle-Hauses stand.

Natürlich nahmen die BKler auch am Bibelkurs für die Mitarbeiter des Weigle-Hauses teil. Dieser Bibelkurs wurde in jedem Jahr zwischen Weihnachten und Neujahr an fünf Abenden durchgeführt. Im Zentrum stand eine fortlaufende Bibelarbeit, die ein auswärtiger Referent hielt. Diese Verkündigung für die Mitarbeiter überließ Wilhelm Busch ganz bewußt einem Mann, der nicht in der Weigle-Haus-Arbeit tätig war. Er wollte, daß in diesen Bibelkursen jemand einmal einen neuen Akzent setzen konnte, so daß den Mitarbeitern die Vielfalt der Gemeinde Jesu deutlich wurde.

Auch an den Liebesmählern nahm der BK teil. Dreimal im Jahr wurden im Weigle-Haus solche Liebesmähler gefeiert, und zwar am Karfreitag, am Buß- und Bettag und in der Silvesternacht. Man saß bei Kaffee und Kuchen zusammen, sang viel und hörte kurze geistliche Worte von einigen Mitarbeitern. Am Karfreitag und am Buß- und Bettag ging dem Liebesmahl ein Abendmahl voraus. Diese von der Urchristenheit übernommenen Liebesmähler waren oft geistliche Höhepunkte. In der Silvesternacht saß man von 22.00—24.00 Uhr beim Liebesmahl zusammen. Während des Liebesmahles wurden nach Herrenhutscher Sitte Losungen gezogen. Teller mit verdeckten Bibelspruchkarten wurden durch die Reihen gereicht, jeder konnte sich eine Karte nehmen. Das Bibelwort, das er so zog, sollte seine persönliche Jahreslosung für das neue Jahr sein. Die letzten zehn Minuten des alten Jahres gehörten einer Gebetsgemeinschaft. Um 24.00 Uhr standen die Jungen vor dem Weigle-Haus und sangen in die Neujahrsnacht: „Großer Gott, wir loben dich".

Pastor Weigle hatte schon in den zwanziger Jahren die Verbindung zwischen seinem BK in Essen und dem überörtlichen BK-Verband gelöst. Er war damals der Meinung, daß der BK sich von seinen ursprünglichen Zielen entfernt habe. Allerdings hat es dann später immer inoffizielle Kontakte zwischen dem Essener BK und den überörtlichen Gruppen gegeben. 1934, also in der Zeit, als Busch schon die Leitung des Weigle-Hauses innehatte, bekam auch der Essener BK vom Reichswart Udo Schmidt ein Schreiben über die notwendig gewordene offizielle Auflösung des „Bundes Deutscher Bibelkreise (BK) e. V.". Die Auflösung geschah am 6. Februar 1934.

In der Zeit des Kirchenkampfes hat Busch im Blick auf die Schülerarbeit auch Kontakt zum Evangelischen Jugendwerk der Bekennenden Kirche im Rheinland gehabt. Ostern 1938 (21.—24. März) wird vom Evangelischen Jugendwerk der Bekennenden Kirche in Essen eine Freizeit für evangelische Abiturienten durchgeführt. Wilhelm Busch ist an den vier Tagen mit Bibelarbeiten und einem Referat „Das Gesicht unserer Zeit und das Evangelium" beteiligt. Über die Freizeitarbeit des BK werden wir im nächsten Kapitel noch etwas sagen.

10. Die Freizeiten des Weigle-Hauses

Für jede missionarische Jugendarbeit spielen die Freizeiten eine große Rolle. Die Verkündigung des Evangeliums ruft nach Lebensgemeinschaft. Das gemeinsame Leben verdeutlicht die Botschaft. Junge Leute können hier ablesen und sich selber einüben in das, was Nachfolge Jesu ist. Deshalb haben zu allen Zeiten in der Jugendarbeit Wilhelm Buschs die Freizeiten eine wichtige Rolle gespielt. Sie standen einerseits unter dem Gesichtspunkt, für die Jungen aus der Stadt eine spannende und erholsame Freizeitgestaltung zu bieten. Zum anderen waren sie geprägt von den täglichen Bibelarbeiten.

Wir sprachen schon davon, daß die Ferienfahrten des BK naturgemäß in der Zeit vor dem Krieg viel mehr Raum einnahmen als die Freizeiten für Berufstätige. Für den Jugendverein waren es vor dem Krieg vor allen Dingen die großen Pfingstlager, die das Bild bestimmten. Mit Rädern oder auf LKWs ging die Reise los. Man übernachtete in Zelten oder in Scheunen. Kleinere Freizeiten fanden auch in Heimen statt.

Pastor Weigle hatte über Pfingsten keine Freizeiten durchführen wollen. Jesus hatte seinen Jüngern befohlen, in der Stadt Jerusalem auf den Heiligen Geist zu warten. Weigle war der Meinung, der Jugendverein müsse deshalb ebenfalls in der Stadt bleiben und in der Stille um den Geist Gottes beten. Dagegen gab es schon in der letzten Zeit Weigles Rebellion im Leiterkreis des Jugendhauses. Wilhelm Busch änderte diese etwas gesetzliche Praxis bald nach seiner Amtsübernahme. Der Jugendverein blieb allerdings über Pfingsten zusammen. Allerdings nicht in der tristen Großstadt, sondern in herrlichen Pfingstlagern auf dem Lande — meist am Niederrhein.

An den Pfingsttagen fanden jeweils morgens Jugendgottesdienste statt. Tagsüber gestalteten die Abteilungen ihr Programm in eigener Regie. Abends fand man sich zum bunten Abend an einem zentralen Platz zusammen. In den fünfziger Jahren wuchsen die Teilnehmerzahlen dieser Pfingstlager ungeheuer. Es kam die Zeit des „Pfingstlagers der 800“ am Niederrhein.

Selbst im Dritten Reich wurden die Pfingstlager bis 1937 durchgeführt. Das Pfingstlager 1937 in Xanten wurde von der

Gestapo aufgelöst. Über Gründe der Schwierigkeiten im Blick auf die Freizeitarbeit hören wir im nächsten Kapitel mehr.

Wir wollen unser Augenmerk jetzt auf die Sommerfreizeiten richten, wie sie sich besonders nach dem Krieg entwickelt haben.

Busch bekam eine Einladung zu einer Evangelisation ins Lipperland nach Helpup. Das war im Herbst 1945. Zu dieser Evangelisation nahm er die Leiter mit, die bei Bauern in Privatquartieren untergebracht waren. Freizeiten waren anders ja nicht zu machen, weil es nichts zu essen gab. Die Verbindung zwischen Evangelisation und Freizeit konnte das Nahrungsmittelproblem lösen. Unter anderen Gesichtspunkten ist die Kombination bis heute beibehalten worden. Es hat sich herausgestellt, daß es für eine Mitarbeiterfreizeit sehr gut ist, wenn eine missionarische Aktion damit verbunden ist.

Von 1946 an fanden dann Sommerlager in der Bernsmühle, einem Landheim zwischen Essen und Velbert, statt. Die Initiative war eigentlich vom Stadtjugendring Essen ausgegangen. Die Engländer ermöglichten die Verpflegung für solche Jugendlager. Es fanden dann in den Sommermonaten acht Freizeiten von jeweils zehn Tagen statt. Busch organisierte diese Lager für den ganzen Bereich der evangelischen Jugend in Essen, da er zu dieser Zeit Synodaljugendpfarrer war. Zwei Lager wurden von den Abteilungen des Weigle-Hauses belegt, eins vom BK, und die anderen Lager wurden anderen evangelischen Jugendgruppen zur Verfügung gestellt.

Von 1950 an entwickelte sich eine neue Form des Sommerlagers. Alle Abteilungen des Weigle-Hauses fuhren in eine bestimmte Gegend. Aber man lebte nicht mit Hunderten zusammen am gleichen Platz, sondern die Gruppen waren auf verschiedene Ortschaften in der näheren Umgebung aufgeteilt. Die Lager wurden von den Leitern selbständig gestaltet, dennoch hatte das Ganze einen Zusammenhang. Diese Sommerlager sind von entscheidender Bedeutung für die Jugendarbeit im Weigle-Haus geworden. Sie fanden zunächst in Meinerzhagen und Waldbröl statt. Von 1955 an mit nur zwei Ausnahmen am Sorpesee im Sauerland. Die Situation dort war äußerlich sehr günstig. Fast jedes Dorf besitzt eine Schützenhalle. Das Weigle-Haus mietete für zehn, später für vierzehn Tage eine notwendige Anzahl von Schützenhallen in verschiedenen Dörfern an — es waren zwischen fünf und zwölf Schützenhallen —, und die Abteilungen gestalteten in den verschiedenen Orten ihr Sommerlager selbständig. In jedem Lager waren mehrere Abteilungen zusammengefaßt. Für die Verpflegung sorgte eine zentrale Küche. In jedem Lager war ein Mitarbeiter, der die Bibelarbeiten hielt.

Mit steigendem Wohlstand und verbesserter Lebenssituation nach dem Zweiten Weltkrieg nahm die Freizeitarbeit einen größeren Umfang an. Die einzelnen Abteilungen machten regelmäßig ihre Wochenendfreizeiten. Über die Ostertage waren sie alle unterwegs. Außer den zentralen Pfingst- und Sommerlagern veranstaltete das Weigle-Haus eine Helferfreizeit für jüngere Mitarbeiter in den Osterferien und eine Leiterfreizeit unmittelbar anschließend an das große Sommerlager. Für Jungen, die mehr als 14 Tage Urlaub hatten, wurde im Anschluß an das große Sommerlager noch ein kleines mit begrenzter Teilnehmerzahl angeboten. Es fand in größerer Entfernung von Essen statt und war entsprechend teurer. Das große Sommerlager hingegen wurde sehr knapp kalkuliert und billig angeboten. Es sollte keiner aus finanziellen Gründen zu Hause bleiben müssen. Die Teilnehmerzahlen an diesem Sommerlager beliefen sich in den fünfziger Jahren um die 500 Jungen.

Für die Organisation und Durchführung dieser Lager hatte Busch ehrenamtliche Mitarbeiter in der Zentrale des Weigle-Hauses. Man kann sich leicht vorstellen, welche ungeheuren Anforderungen diese großen Lager stellten. Busch selber gestaltete das Lager durch Bibelarbeiten und Erzählabende mit.

Zeitweise war sogar das Sommerlager im Sauerland mit einer Evangelisation verbunden, obwohl dort für die Evangelischen Diasporagebiet ist. Immer aber waren die Leiterfreizeit und die Helferfreizeit mit einer Evangelisation gekoppelt, meistens auch das zweite Sommerlager.

Die meisten Jungen, die in die Nachfolge Jesu eintreten, machen ihren Anfang in solchen Freizeiten. Die seelsorgerliche Bedeutung dieses gemeinsamen Lebens ist schwer zu überschätzen.

11. Der große Krach, oder: Was ist das Ziel der evangelischen Jugendarbeit?

Die härteste Auseinandersetzung um Zielsetzung und Methode der evangelischen Jugendarbeit hat Busch in den fünfziger Jahren geführt, wenn man einmal von der Auseinandersetzung mit den Deutschen Christen im Dritten Reich absieht. 1958 ließ er in „Licht und Leben" einen Artikel unter dem Thema erscheinen: „Wird der ‚schmale Weg' verbreitert?"[8] Ursprünglich sollte der Titel des Artikels noch viel schärfer formuliert werden. Der Erstentwurf hieß: „Demas wird Jugendpfarrer". Aus der Einleitung des Aufsatzes läßt sich das noch erkennen: „Ein Wort zur evangelischen Jugendarbeit. Schmerzerfüllt schrieb einst der Apostel Paulus von einem seiner bisherigen Mitarbeiter: ‚Demas hat mich verlassen und die Welt lieb gewonnen.' — Wenn dieser Demas heute lebte, dann hätte er es nicht nötig, die christliche Gemeinde zu verlassen. Er würde bleiben, weil er in der Jugendarbeit der Christenheit ein großartiges Betätigungsfeld fände. Ja, er würde bald zu hohen Ehren aufsteigen. Und dann würde er in irgendeinem Jugendblatt einen Aufsatz schreiben, in welchem er dem Apostel Paulus nachweisen würde, daß er eine ‚pietistische' oder gar ‚introvertierte' Theologie hätte, und daß er, der Paulus, schuldig sei an dem gesetzlichen Wesen der bisherigen Gemeindearbeit.

In einem zweiten Aufsatz würde er dem Apostel sagen: Es geht nicht an, daß ihr solch einen Trennungsstrich zieht zwischen Gemeinde und Welt, wie es der Johannes tut in dem Satz: ‚Habt nicht lieb die Welt!' So darf man nicht sagen und tun! Denn — so würde Demas ausführen — ‚Das Salz gehört in die Suppe und nicht neben den Suppentopf!'

Ich sehe die Artikelserie des Demas vor mir. Darin würde er etwa schreiben: Es geht nicht an, daß ihr zu den Götzenfesten der Heiden ‚Nein!' sagt. Ihr müßt mitfeiern und dafür sorgen, daß es hübsche, nette und anständige Götzenfeste werden! So etwa würde Demas heute schreiben."

Nun, die Auseinandersetzung wurde in Essen selbst ziemlich hart geführt. Aber sie hatte ihre Bedeutung weit über Essen hinaus. Busch kennzeichnet die Situation, mit der er nicht einverstanden ist, indem er die Verlautbarung eines Jugendarbeitertreffens zitiert: „,Wir können doch nicht mit der Bibel zu den Menschen von heute gehen! Wir können doch nicht mit der Tür ins Haus fallen. Wir müssen mit ihnen tanzen und ins Kino gehen. Vielleicht ergibt sich dann die Möglichkeit, auch gelegentlich das Evangelium anzubringen.' Und fast alle stimmten dem zu. — Im letzten Jahr erschien in der Tageszeitung einer Großstadt ein halbseitiger Bericht über die Karneval-Veranstaltung im CVJM . . . Das ist die Lage: Demas übernimmt die Führung der evangelischen Jugendarbeit."

Und dann setzt er sich ganz hart damit auseinander: „Es ist keine Frage, daß zu evangelischer Jugendarbeit nicht nur Bibelstunden gehören. Es werden Fahrten unternommen. Und es wird auch gespielt, Sport getrieben, es werden Filme gezeigt. Das ist seit Anfang aller Jugendarbeit schon so gewesen.

Die evangelische Jugendarbeit ist aus der Erweckung entstanden. Darum wußte sie klar, daß sie eine einzige Aufgabe hat: Junge Menschen zu Jesus zu führen. Darum stand allezeit das Wort der Bibel im Mittelpunkt. An diesem Wort aber entsteht Gemeinschaft. Diese Gemeinschaft will sich betätigen. Darum kam man schon in der ersten Christenheit zusammen ‚zu Liebesmahlen'. In Frauenvereinen betätigt sich die Gemeinschaft in Kaffeefesten, in der Jugendarbeit in Fahrten, Sport und Lager.

Habe ich es deutlich ausgedrückt? Es darf in der evangelischen Jugendarbeit solche Dinge nur geben als Betätigung der Gemeinschaft, die am Worte Gottes entsteht. Die Nationalsozialisten haben ganz genau gewußt, was sie taten, als sie der evangelischen Jugend alle ‚weltliche' Betätigung wie Spiel und Wanderung verboten. Sie wollten uns die Möglichkeit nehmen, die am Worte Gottes entstandene Gemeinschaft zu betätigen."

Hier sollten wir noch einmal besonders ernsthaft darauf achten, daß in der Jugendarbeit Wilhelm Buschs im Weigle-Haus Sport und Freizeitgestaltung einen zeitlich sehr weiten Raum einnahmen. Ich habe gelegentlich entdecken müssen, daß sich Leute in der Diskussion über Jugendarbeit auf Wilhelm Busch beriefen und dann gegen sportliche Aktivitäten und spielerische Freizeitgestaltung polemisierten. Sie hätten in dieser Sache den Jugendpfarrer Wilhelm Busch ziemlich scharf gegen sich. Für ihn waren Sport und Freizeitgestaltung und Film nicht Köder, um dann die jungen Menschen auch noch zu evangelisieren, sondern es war ernstgemeintes Angebot der Liebe für junge Leute, und es war Ausdruck der Betätigung der Gemeinschaft, die durch die Verkündigung des Evangeliums entstand.

Busch schreibt dann weiter: „Wenn man wirklich das Wort der Bibel in den Mittelpunkt stellt und die ‚weltlichen Dinge' als Betätigung der Gemeinschaft versteht, dann wird ohne weiteres klar, daß dabei gewisse Grenzen gesetzt sind."

Er zeigt dann, wie verantwortliche Leute in der Jugendarbeit immer etwas Kritik am Fußballspiel geübt haben, weil sie hier sahen, daß besondere Leidenschaften geweckt wurden, die bei anderen Sportarten keine solche Rolle spielten.

In der damaligen Situation war die ganz große Masche der neuen Wege der Jugendarbeit, daß jeder Kreis von Neukonfirmierten praktisch eine vorverlegte Tanzschule wurde. Busch hat dagegen ganz heftig polemisiert.

Er schreibt: „Nun schreit man heute lauthals immerzu nach ‚neuen Wegen'. Diese neuen Wege bestehen samt und sonders darin, daß man den Geist der ‚Welt' (die Bibel sagt: Das Schema der Welt) ‚unsere Jugendkreise bestimmen läßt'." Das Motto hieß damals: Von der Peripherie zum Zentrum! Nur lief die Sache meist so, daß man nicht zum Zentrum kam.

Es sind nicht Traditionen oder ängstliche Bedenken, es ist die notvolle Situation der jungen Leute selber, die Busch so ärgerlich macht über das Sammelsurium von Belanglosigkeiten, daß die Programme evangelischer Jugendarbeit auszufüllen begann.

Er schreibt im gleichen Artikel: „Man verkennt völlig die geistliche Lage der heutigen Jugend.

Da tun diese Leute, die ihre Jugendarbeit mit Tanz, Diskussionen und Kino bestreiten wollen, als wären sie wunder wie modern. Und dabei ahnen sie gar nicht, daß sie völlig unmodern sind und keine Ahnung haben von der geistigen Lage der heutigen jungen Generation. Wie sieht es denn da aus?

Die größte Not der heutigen Jugend ist, daß sie nichts mehr ernst nehmen kann. Ohne daß sie es sich klar macht, leidet sie darunter. Diese geistige Situation ruft nach nichts anderem als nach der klaren Verkündigung des Evangeliums. Alle

Werte und Lebensinhalte sind dieser Jugend zerbrochen. Nichts kann ihr Herz mehr richtig gefangen nehmen. Und da stehen wir Christen da mit einer Botschaft, die man einfach ernst nehmen muß: Daß Gott in Jesus ein großes Heil geschenkt hat, und daß dieser Jesus zur Nachfolge aufruft, und daß ein ewiges Reich unter uns angebrochen ist."

Und weiter heißt es: „Diese junge Generation fragt uns nicht, ob wir ‚weltoffen' sind. Das Elend aller Weltoffenheit kennt sie ja zur Genüge. Sie fragt uns, ob wir eine wichtige Botschaft haben."

Und weiter: „Die heutige Jugend fragt uns: Erstens, habt ihr eine ernst zu nehmende Botschaft? Zweitens, seid ihr eurer Botschaft gewiß? — Seit Jahrhunderten war nicht eine solche geistige Situation. Aber statt daß man diese von Gott gegebene Lage erkennt, glaubt man, ‚modern' zu sein, wenn man diesem jungen Volk von Seiten der Kirche Tanz und Kino und Diskussionen bietet. Man weiß wirklich nicht, ob man darüber lachen oder weinen soll. ... sie gehen an der eigentlichen Problematik der Jugendlichen vorbei und finden sich enorm zeitgemäß."

Wenn ich die ganze damalige Auseinandersetzung verfolge und die Texte und Artikel noch einmal überlese, drängen sich mir unter Berücksichtigung unserer gegenwärtigen Situation drei Gedanken auf:

1. Leicht könnte man geneigt sein zu sagen, daß die Analyse der Situation der Jugend heute anders aussieht, als Busch sie damals gezeichnet hat. Ist die Generation von heute tatsächlich so zu charakterisieren, daß sie nichts mehr ernst nehmen kann, daß sie im Grunde nihilistisch ist? Haben wir nicht wieder eine engagierte junge Generation, die leidenschaftlich Ziele verfolgt, utopische Ziele? Ist sie nicht politisch und sozial viel wacher, als das die junge Generation der ersten Hälfte der sechziger Jahre noch war?

Aber täuschen wir uns nicht! Wir begegnen heute bei jungen Leuten einer großen Leere. Oft ist es richtige Müdigkeit und Resignation. Man hat sich an dieses oder jenes Traumziel gehängt, man hat Wege ausprobiert, die heute in Mode gekommen sind, und man ist anschließend genauso leer wie vorher, ja vielleicht noch ausgebrannter.

Damit stellt sich um so herausfordernder die Frage an die Christen: Habt ihr etwas anzubieten, was sich wirklich lohnt, ernst genommen zu werden? Der ganze Hang zu irrationalen Dingen — sei es nun Okkultismus, fernöstliche Mystik oder Drogenkult — ist doch zunächst nichts anderes als die große Frage und Sehnsucht nach einer Antwort, die wirklich Erfüllung gibt.

2. Die Konfrontation von damals scheint uns ja fast schon harmlos zu sein, wenn wir betrachten, wie heute die Fronten in der Jugendarbeit verlaufen. Damals ging es ja zum größeren Teil tatsächlich um Methodenfragen. Beide Seiten waren ja von der Gültigkeit der biblischen Botschaft überzeugt.

Heute geht doch die Kluft schon viel tiefer. Die Leute damals wollten mit ihren neuen Wegen ja von der Peripherie zum Zentrum. Sie wollten wirklich von den Betätigungen am Rande der Gemeinde zur Gemeinde.

Aber die Kluft besteht ja heute schon in den grundlegenden theologischen Fragen. Was ist mit der Auferweckung Jesu? Lebt Jesus? Kann man zu ihm in eine Ich-Du-Beziehung treten? Heißt Beten Gespräch mit dem lebendigen Herrn? Dies wird doch alles in Frage gestellt. Deshalb wird auch missionarische Jugendarbeit, die bewußt in die Nachfolge hinter Jesus her ruft, oft von kirchlichen Jugendfunktionären nur noch belächelt.

Nun soll man nicht zu leicht Verbindungslinien konstruieren, die in Wirklichkeit nicht da sind. Aber vielleicht besteht doch ein Zusammenhang zwischen der Jugendarbeit, die Wilhelm Busch damals kritisierte, und der Jugendarbeit, wie wir sie heute in vielen kirchlichen Häusern finden. Weil man damals nicht von der Peripherie zum Zentrum kam, sind in den Jugendgruppen eben keine jungen Leute zum Glauben an Jesus gekommen. Damit fehlten immer mehr die Mitarbeiter, die den Kern der offenen Jugendkreise bilden konnten.

Als dann die Jugendgruppen auseinanderliefen, machte man aus der Not eine Tugend. Man erklärte, daß Jugendgruppen und Kreise ja sowieso Elemente bündischer Jugendarbeit, die inzwischen hoffnungslos überholt ist, seien.

Das war natürlich ein schreckliches Fehlurteil. Man hat sich gar nicht klargemacht, wie intensiv junge Leute heute nach ernst zu nehmender Lebensgemeinschaft suchen. Sonst würden sie sich nicht so bedingungslos an Banden und Cliquen ausliefern. Natürlich wollen sie sich nicht von Organisationen vereinnahmen lassen. Aber wenn sie Menschen finden, die sie wirklich ernst nehmen, dann sind sie sehr gerne bereit, sich dort zu binden.

Damals ließ man also die Kreise zugrundegehen. Es entstand danach in trauriger Folgerichtigkeit eine unverbindliche Jugendarbeit, die letzten Endes den jungen Leuten nur noch einen belanglosen Unterhaltungsbetrieb anbieten kann.

3. Es fallen mir noch eine Reihe von Jugendarbeiten ein, die eigentlich ein ganz klares missionarisches Ziel für die Jugendarbeit haben, die aber damit nicht zum Zuge kommen oder es nicht in die Praxis umsetzen können. Und das vielleicht nicht nur aus persönlicher Unfähigkeit, sondern auch weil sie in eine verhängnisvolle Situation gedrängt werden.

Da haben in den vergangenen Jahren Presbyterien ihr schlechtes Gewissen schlagen hören, daß es mit der Jugendarbeit in ihrem Bezirk böse bestellt ist. Die Folge war: Sie haben mit Staatsgeldern ein Jugendheim gebaut. Nun stand das schöne Heim da, aber es war leer. Wie bekommt man die jungen Leute hinein? Keiner weiß Rat. Aber Geld ist ja da. Also wird ein hauptberuflicher Jugendsekretär angestellt. Dieser Jugendsekretär hat vielleicht klare Vorstellungen von der Entwicklung einer geistlichen, missionarischen Jugendarbeit. Aber niemand läßt ihm Zeit und die Möglichkeit, kleine Zellen zu sammeln und sie im Bibelstudium zu schulen für seelsorgerliche und missionarische Arbeit. Das Presbyterium will schließlich ein volles Jugendheim sehen. Sonst ist das Geld ja vergebens ausgegeben worden. Wie bekommt man aber auf kürzestem Wege ein gefülltes Jugendheim? Man richtet eine Diskothek ein und veranstaltet „Schwof" am laufenden Band. Die Leute werden garantiert kommen. Schon weil die anderen Diskotheken, die man noch besuchen könnte, viel teurer sind. —

So sollten wir wirklich die Jugendsekretäre nicht verschleißen und unter ungeistlichen Leistungsdruck stellen.

12. Die jungen Leute wirklich ernst nehmen!

Wenn Busch sich mit den Zielen für die evangelische Jugendarbeit auseinandersetzte, konnte er zu bissigen Formulierungen finden: „Sehr häufig wird Jugendarbeit getrieben, um für irgendeine Sache ‚Nachwuchs' zu gewinnen. Darum hat ein Kaninchenzuchtverein eine Jugendgruppe, damit der ‚wertvolle Gedanke der Kaninchenzucht in der kommenden Generation verankert bleibe!'. — Man verzeihe den Spott! Aber die Parole: ‚Wer die Jugend hat, der hat die Zukunft!' hat der Jugend mehr geschadet als Typhus und Cholera. Dieser Satz hat sie zum Jagdgebiet gemacht für allerlei Interessen und Vereine und Bestrebungen. Ich habe sogar den Verdacht, daß man da und dort in der Kirche Jugendarbeit treibt, damit die Kirche nicht aussterbe. Nun, wo das auch immer geschieht, hat man weder eine Ahnung, was Kirche Jesu ist, noch auch ein Herz für die Jugend." [9]

Wenigstens einer der Gründe, warum in der Kirche immer wieder die vordergründigsten Motive für die Jugendarbeit Platz greifen können, liegt in einem gefährlichen Mißverständnis der Kindertaufe. Wenn Menschen durch die Kindertaufe Christen werden, dann bleibt für die Nachfolgetätigkeit höchstens noch die Bemühung um Aktivierung der Gemeindeglieder oder um die christliche Erziehung oder Lebenshilfe oder sonst etwas. Hier scheint mir bis heute ein entscheidender Punkt zu liegen, der missionarisch ausgerichtete Jugendarbeit von anders motivierter kirchlicher Jugendarbeit unterscheidet. Busch schrieb dazu: „Wir setzen den Christenstand nicht als gegeben voraus, als wenn der Mensch durch die Kindertaufe ein Glied am Leibe Jesu Christi geworden wäre. Und darum muß es in der evangelischen Jugendarbeit so bleiben, daß von Bekehrung gesprochen wird. — Bitte, sagen Sie dem jungen Menschen nicht: ‚Bekehre dich!' Das wäre zu wenig. Man kann sich ja auch zum Schnaps und zur Gottlosigkeit bekehren. Sagen Sie ihm sehr deutlich: ‚Bekehre dich zum Herrn Jesus!'" [10]

Heute wird die Zielsetzung evangelischer Jugendarbeit gelegentlich dahingehend beschrieben, daß Jugendarbeit emanzipatorisch zu wirken habe. Gut, aber wovon und wohin soll befreit werden?

Die ganze Problematik liegt doch in dem Menschenbild, das unserer Jugendarbeit zugrunde liegt. Stimmt es wirklich, daß das Wesen des Menschen in seiner Beziehung zum lebendigen Gott begründet ist? Stimmt es dann auch, daß das Grundproblem jedes Menschen die zerstörte Beziehung zu Gott ist? Braucht der Mensch also wirklich außer der Lösung der vielen kleinen und großen Alltagsprobleme die Lösung dieses entscheidenden Problems, nämlich die Versöhnung mit Gott? Stimmt es, daß man das Wesen und die eigentliche Lage des Menschen nur am Kreuze Jesu Christi ablesen kann? Ist er wirklich so total verloren im Gerichte Gottes, wie die Botschaft vom Kreuz Jesu ihn darstellt? Ist die Liebe Gottes, die in Jesus zu uns kommt, wirklich das einzige Heilmittel für das Leben des Menschen?

Wenn das so ist, dann kann man doch den Menschen nicht ernst nehmen wollen und ihm zugleich die Botschaft von Jesus vorenthalten. Dann gibt es doch in der Jugendarbeit nichts Dringenderes und keine wichtigere Hilfe als den Ruf zur Umkehr und zur Nachfolge Jesu.

Natürlich werden wir über alle Fragen des Lebens mit jungen Leuten zu sprechen haben. In der Jugendarbeit Wilhelm Buschs wurden sehr viele und ausführliche Gespräche dem Problem der Kriegsdienstverweigerung gewidmet. Da wurde über Berufswahl und Wirtschaftsethik gesprochen. Da wurden politische Probleme mit Politikern diskutiert. All diese Fragen spielten eine Rolle.

Aber in der ganzen Jugendarbeit konnte es keinen Augenblick unklar sein, daß die entscheidende Hilfe für junge Menschen in dem gekreuzigten und auferweckten Jesus Christus liegt. Und deshalb wurde von ihm geredet. Und deshalb konnte kein Junge auch nur einen Nachmittag im Weigle-Haus sein, ohne zu wissen, daß es um Jesus ging. Deshalb dachte Busch und dachten seine Mitarbeiter nicht daran, mit dem Evangelium hinten herum über heimliche Umwege zu kommen. Sie nahmen die jungen Leute ernst und wurden von den jungen Leuten ernst genommen, weil sie ganz offen und von vorneherein über das Wichtigste sprachen, nämlich daß unser Leben durch Jesus in Ordnung kommen muß. Zum Ernstnehmen der jungen Leute gehört dann auch, daß in der Jugendarbeit Wilhelm Buschs der psychologischen Situation der Jungen Rechnung getragen wurde. Mehr noch als ein Erwachsener ist ein Junge zwischen 14 und 17 darauf angewiesen, daß er die Botschaft des Evangeliums in der Gemeinschaft mit gleichaltrigen jungen Christen nachprüfen, ausprobieren und in die Wirklichkeit seines Lebens umsetzen kann.

Wer jungen Menschen in diesem Alter die Botschaft von Jesus anbietet, muß ihnen zugleich eine Lebensgemeinschaft anbieten, in der das neue Leben, das Jesus schenkt, anschaulich praktiziert wird. Ja, es gibt so etwas wie Einüben des Christseins. Das wurde im Weigle-Haus ganz selbstverständlich praktiziert.

Die Mitarbeiter sagten eben nicht nur: „Du solltest jetzt täglich deine Bibel lesen!“ Sondern in der Mitarbeitergemeinschaft besprach man Woche für Woche die Probleme, die man mit dem persönlichen Bibelstudium und Gebet und der Nachfolge im Alltag, in der Familie, im Beruf, in der Schule hatte. Man betete füreinander und miteinander. Man tauschte die schlechten und guten Erfahrungen aus. Es war eine Lebensgemeinschaft, die vom Fußballspielen bis zur Gebetsgemeinschaft und zur Beichte reichte.

13. Zum Schluß: Eine Begegnung zwischen W. Busch und W. Weigle

Wilhelm Busch stand seinem Lebensstil nach der Jugendbewegung nicht fern. Schon in seiner ersten Gemeinde in Bielefeld bekam er es mit Jugendarbeit zu tun. Auch als er als Gemeindepfarrer in den 13. Pfarrbezirk nach Essen kam, fing er dort Jugendarbeit an.

Das Verhältnis Wilhelm Weigles zu Wilhelm Busch war sehr komplexer Natur. Krassere Gegensätze als diese beiden Männer kann man sich schwer vorstellen. Weigle war ganz Pfarrer mit Würde. Die ihn gekannt haben, reden heute noch mit Faszination von der Würde, die er ausstrahlte. Busch dagegen scheute sich nicht, auf dem Wagen eines befreundeten Lumpensammlers durch seinen Pfarrbezirk zu fahren — zum Entsetzen der würdigen Amtsbrüder.

Das Verhältnis der beiden kann hier nicht umfassend dargestellt werden. In den grundlegenden Fragen waren sie sich einig. Busch hat schließlich über dreißig Jahre hin die Arbeit Weigles fortgesetzt und, wie wir sahen, hat er alle wesentlichen Prinzipien der Weigle'schen Jugendarbeit übernommen. In seinen letzten Jahren war Wilhelm Weigle sehr krank und hinfällig. Das war ein schwerer Weg für diesen gesegneten Mann und manchmal auch für seinen Nachfolger.

Wilhelm Busch hat in einem sehr eindrücklichen Aufsatz über seine Begegnung mit Wilhelm Weigle berichtet. Dieser Aufsatz ist unter dem Titel „Wilhelm Weigle und wozu man Autoschlosser braucht" in den „Plaudereien" abgedruckt. Wenn man diese Ausführungen liest, hat man das Wesentliche des Busch'schen Programms von Jugendarbeit begriffen. Vieles davon habe ich versucht, in den vorausgehenden Abschnitten darzustellen.

Am Schluß dieses Kapitels soll der Bericht Wilhelm Buschs über ein Erlebnis mit Weigle stehen: [11]

„Ich war schon mehrere Jahre in Essen. Aber es war mir nicht gelungen, mit Weigles Jugendarbeit in nähere Verbindung zu kommen. Ich merkte, daß Weigle mich von seiner Arbeit fernhielt. Den Grund hat er mir später selbst gesagt: ‚Ich wußte, daß Du aus der idealistischen Jugendbewegung kamst, und nichts fürchte ich mehr als die Vermengung von Idealismus und Evangelium.' Eines Tages bat er mich nun doch, ich sollte bei einem Bibelkurs seinen Mitarbeitern ein Wort über die Bibel sagen.

Da stand ich vor diesen 150 jungen Männern. Als ich unter ihnen viele Primaner entdeckte, fiel mir der kümmerliche Religionsunterricht ein, den ich in der Schule hatte über mich ergehen lassen müssen. Und so sagte ich etwa folgendes: ‚Die schlimmen Feinde der Bibel sind nicht diejenigen, die sie offen angreifen. Viel gefährlicher sind die, welche positiv von ihr reden wollen und doch das ‚Wort Gottes' in den ‚Wörtern' nie gehört haben'. Und dann erzählte ich ihnen, wie unser Lehrer immer sagte: ‚Natürlich ist die Bibel kein Geographiebuch. Natürlich ist sie kein Geschichtsbuch! Natürlich ist sie kein Naturkundebuch . . .' Und wir spotteten: ‚Was die Bibel nicht ist, das weiß er. Aber was sie nun wirklich ist, das weiß er ebenso wenig wie wir.'

Dann erklärte ich den jungen Leuten, wie es dem jetzt lebenden Gott gefällt, durch dieses Buch zu uns zu reden. Wie wir nur hier unser eigenes, verlorenes Herz kennenlernen und ebenso die herrliche Errettung durch Jesus.

Am nächsten Tag war Weigle bei mir: ‚Lieber Bruder! Ich habe Dir viel abzubitten! Wir gehören zusammen.' Dreißig Jahre lang habe ich später als sein Nachfolger in dieser Arbeit gestanden."

Anmerkungen zum 3. Kapitel

1 W. Busch, Plaudereien in meinem Studierzimmer, S. 126
2 LL 63/1952, Nr. 3, S. 37 f.
3 LL 69/1958, Nr. 5, S. 70
4 H. Währisch (Hg.), Verkündigung im Angriff, S. 169 ff.
5 W. Busch, Plaudereien, S. 130 f.
6 H. Währisch (Hg.), Verkündigung im Angriff, S. 167 ff.
7 a. a. O., S. 167 f.
8 a. a. O., S. 171 ff.
9 W. Busch, Plaudereien, S. 127
10 H. Währisch (Hg.), Verkündigung im Angriff, S. 167
11 W. Busch, Plaudereien, S. 136

4. Kapitel

„Man muß Gott mehr gehorchen als den Menschen."

(Apostelgeschichte 5, 29)

In der Verfolgung

1. „Wir haben nicht geschrien, wie wir hätten schreien sollen."

Wir wollen hier weder eine Heldengeschichte schreiben noch einen vollständigen Bericht über den Kirchenkampf in Essen. Wilhelm Busch hat seine Existenz im Dritten Reich ganz im Sinne der Schulderklärung des Rates der Evangelischen Kirche in Deutschland vom Jahre 1945 verstanden. In dieser Erklärung sagen gerade Männer, die im Widerstand gegen Hitler gestanden haben: „Wohl haben wir lange Jahre hindurch im Namen Jesu . . . gekämpft . . . ; aber wir klagen uns an, daß wir nicht mutiger bekannt, nicht treuer gebetet, nicht fröhlicher geglaubt und nicht brennender geliebt haben."

Wilhelm Busch hat im Januar 1965 vor dem „Offenen Abend" in Stuttgart über seine Begegnungen mit der Gestapo berichtet. Diesem Bericht stellt er eine Erklärung voran: „Es ist die große Gefahr, wenn man von sich selber und seinen Erlebnissen erzählt, daß es so ein bißchen herauskommt wie eine Rechtfertigung: ‚Ich habe mich einigermaßen anständig durchgebracht.' Und darum muß ich hierzu etwas sagen." [1]

1965 war das Drama „Der Stellvertreter" von Rolf Hochhuth stark in der öffentlichen Diskussion. Weite Kreise der katholischen Kirche protestierten gegen den Vorwurf, daß Papst Pius XII. geschwiegen habe, obwohl er von Judenverbrennungen wußte. Wilhelm Busch nimmt das auf:

„Es ist ganz offenbar, daß Hochhuth sagen will: Nicht nur der Papst, sondern ihr Kirchen habt geschwiegen, als die Juden vor euren Augen nach Auschwitz in die Verbrennungsöfen abtransportiert wurden. Als einer, der die Zeit miterlebt hat, kann ich hier nur sagen: Diese Anklage dieser Generation gegen uns ist richtig. Anstatt daß man dagegen demonstriert, hielte ich es für viel wichtiger, wenn auch die Kirchen sagten: ‚Jawohl, wir haben schrecklich versagt.' Wenn ich geschrien hätte, wie ich hätte schreien sollen, stände ich nicht hier, sondern wäre hingerichtet. Und wenn Ihnen jemand von meiner Generation sagt: ‚Ich habe nichts gewußt, ich bin daran unschuldig', dann glauben Sie ihm das nicht. Hier liegt eine Schuld meiner Generation ... Professor Gollwitzer sagte einmal: Es ist schrecklich, daß alles sich rechtfertigen will. Er drückt es sehr bitter aus: ‚In der Selbstrechtfertigung ist die Einigung der Kirchen schon vollzogen.'"

Und dann faßt Wilhelm Busch zusammen: „Natürlich haben wir da und dort etwas getan. Aber wir haben nicht geschrieen, wie wir hätten schreien sollen. Das ist ein millionenfacher Mord. Das möchte ich hier ganz offen sagen. Und wenn ich von meinen kleinen Erlebnissen erzähle, dann ist das wie eine Klammer, vor der ein Minuszeichen steht. Wie ein Mensch meiner Generation leben kann ohne Vergebung der Sünden, ist mir rätselhaft."

2. Der Kampf gegen die Eingliederung der evangelischen Jugend in die Hitler-Jugend

„In der Jugendfrage war Busch stets erbitterter Gegner der NSDAP, zeigte sich dagegen in manchen anderen Punkten nicht ablehnend." — „Es steht fest, daß B. auf die kirchlich veranlagten Jungen großen Einfluß ausübt." —
Diese beiden Sätze stehen in einem Gutachten des NSDAP-Kreisleiters über die politische Zuverlässigkeit Buschs. Das Gutachten stammt vom 18. Mai 1936. [2] Wir kommen auf das Gutachten noch einmal zurück, das die totale Unzuverlässigkeit Buschs bescheinigt.

Daß Busch von seiner nationalen Grundhaltung her den Anfängen des Nationalsozialismus gegenüber eine differenzierte Haltung eingenommen hat, ist von untergeordneter Bedeutung gegenüber der Tatsache, daß er schon im Dezember 1933 öffentlich die Konfrontation mit dem nazihörigen deutsch-christlichen Reichsbischof Müller aufnimmt.

a) Wortbruch und Verrat

In einem Telegramm an den Reichsbischof hatte Wilhelm Busch gegen eine Abmachung zwischen dem Reichsbischof und dem Führer der H. J. protestiert, nach der die evangelische Jugend in die H. J. eingegliedert werden sollte. Busch warf in diesem Telegramm dem Reichsbischof Wortbruch vor.

Busch zitiert selbst später das Telegramm folgendermaßen: „10 000 Jungen und Mädchen protestieren dagegen, daß Sie über eine Jugend verfügen wollen, die Ihnen nicht gehört." [3]

Busch schreibt weiter: „Man wundert sich vielleicht über die große Zahl der angegebenen Jugendlichen. Nun, der Kampf hatte die Reihen nicht gelichtet. Im Gegenteil, von den aufgelösten Bünden stießen viele zu uns. Sie merkten, welche Kraft in einer Gemeinschaft um die Bibel lag." [4]

Die Reaktion kam prompt. Am 1. Weihnachtstag 1933 wurde Busch vom Konsistorium in Koblenz ein Telegramm zugestellt, das ihm seine Beurlaubung mitteilte.

Am 27. 12. 1933 reiste daraufhin eine Delegation des Presbyteriums Essen-Altstadt zu einer Aussprache mit dem Generalsuperintendenten Stoltenhoff nach Koblenz. An der Besprechung nahmen außer Busch die Presbyter zur Nieden und Dr. Heinemann sowie die Pfarrer Reinhardt und Böttcher teil. Ein Protokoll über diese Besprechung, das der nachmalige Bundespräsident Heinemann anfertigte, findet sich in Buschs Personalakte beim Gemeindeamt Essen-Altstadt und macht folgende Mitteilungen:

„*Stoltenhoff:* Ich habe mich stets für die evgl. Jugendarbeit eingesetzt und tue es auch jetzt. Das Telegramm von Busch ist eine Erschwerung meiner Arbeit. Es enthält durch den Vorwurf des Wortbruchs auch einen moralischen Angriff gegen den Reichsbischof. Das ist unberechtigt, weil der Reichsbischof nach meiner Überzeugung gutgläubig handelt. Ich habe bereits dem Reichsbischof in einem Brief dargelegt, daß ich seine Abmachungen nicht als im Interesse unseres Jugendwerks liegend halten könne.

Busch: Der Reichsbischof hat als Schirmherr des evgl. Jugendwerks wiederholt versprochen, für die evgl. Jugendarbeit einzutreten. Im Vertrauen auf dieses Wort habe ich meine Jungens in den vergangenen Monaten, in denen sie ständig auf der Straße, in der Schule, in Vereinen usw. wegen ihrer Zugehörigkeit zur evangelischen Jugendorganisation eintreten mußten, mit dem Hinweis auf diese Worte des Reichsbischofs zum Durchhalten ermuntert. Das jetzige Verhalten des Reichsbischofs wird deshalb als Verrat und Wortbruch empfunden. Die Abmachungen des Reichsbischofs bedeuten praktisch die Vernichtung des Jugendwerkes ...

Heinemann: Wenn Sie, Herr Generalsuperintendent, wirklich für das Jugendwerk eintreten wollen, so sollte es Ihnen nur äußerst lieb sein, wenn Sie durch den starken Widerstand von uns unterstützt werden. Es ist falsch, daß Sie uns immer wieder in den Rücken fallen ... Für den stimmungsmäßigen Auftrieb, den Sie uns mit der Maßregelung von Pfarrer Busch gegeben haben, sind wir dankbar. Es muß aber dennoch grundsätzlich aufhören, daß Sie uns in den Rücken fallen. Sie haben auch in unseren Kreisen nicht mehr viel Ansehen zu verwirtschaften, weil Sie durch Ihr obiges Verhalten die Fronten unklar machen.

Stoltenhoff: Ich muß mich dagegen verwehren, jemals durch Verhandlungen etwas von der Wahrheit abgelassen zu haben.

Erwiderung: Das wissen wir! Es kommt aber jetzt darauf an zu erkennen, daß gefochten und nicht verhandelt werden muß ...

Busch erklärte nachdrücklich, daß keinerlei Zurücknahme in Frage komme, im Gegenteil, das Telegramm an den Reichsbischof könne noch landauf und landab tausendfach wiederholt werden.

Stoltenhoff verzweifelt: Bruder Busch, was soll ich denn nun mit Ihnen machen?

Busch: Das ist Ihre Sorge, nicht meine!

Stoltenhoff: Ich habe noch viel Schlimmeres von Ihnen abgewendet, gerade heute noch.

Heinemann: Lassen Sie es doch endlich, dieses sogenannte ‚Schlimmere immer wieder abzuwenden' ... Wenn Sie für jeden Pfarrer oder jedes Gemeindeglied, welches in Haft gesetzt wird, das Geläute der Kirchenglocken in der Rheinprovinz anordnen, ist uns besser geholfen."

Die Unterredung endete mit dem Zugeständnis Stoltenhoffs, die Essener dürften veröffentlichen, daß der Generalsuperintendent das Handeln des Reichsbischofs nicht als hilfreich ansehe und dies auch in einem Brief an Reichsbischof Müller zum Ausdruck gebracht habe.

Die telegrafisch zugestellte Beurlaubung Buschs vom 25. Dezember 1933 wurde am 2. Januar 1934 wieder aufgehoben. Wilhelm Busch erhielt einen „disziplinarischen Verweis".

Die Schwierigkeiten gingen weiter. In einem Briefwechsel zwischen Busch und dem Essener Polizeipräsidenten wird die alltägliche Problematik offenbar.

Am 5. 1. 1934 schreibt Wilhelm Busch an den Polizeipräsidenten in Essen: „. . . Trotz der Pressenachrichten ist die Lage des Evangelischen Jugendwerkes völlig ungeklärt. Die Mehrzahl der Landeskirchenführer der Evangelischen Kirche und der Führerrat des Evangelischen Jungmännerwerkes haben erklärt, daß der Herr Reichsbischof zu dem von ihm getätigten Vertrag gar nicht berechtigt war. Etwas derb ausgedrückt: Er hat eine Ware verkauft, die ihm gar nicht gehörte. Augenblicklich schweben Verhandlungen im Reichsinnenministerium, die die Lage klären werden. Die Unsicherheit der Lage hat in einzelnen Städten zu allerlei Zusammenstößen zwischen Hitlerjugend und evangelischer Jugend geführt." [5]

Busch fügt diesem Brief einen Bericht aus Hagen bei, wo in den Weihnachtstagen 1933 Übergriffe der H. J. auf kirchliche Veranstaltungen vorgekommen waren. Außerdem war ein Brief beigelegt, der einen H. J.-Überfall auf eine Gruppe Essener Jungen beschreibt, die am 31. 12. 1933 eine Sternfahrt ins Hespertal zwischen Essen und Velbert unternommen hatten.

Der Essener Polizeipräsident antwortet Busch und schreibt am gleichen Tag einen Brief an den Oberbannführer der H. J. in Essen. Der Brief datiert vom 6. 1. 1934:

„Das Evgl. Jugendpfarramt hat mir berichtet, daß in einigen Städten des Ruhrgebiets erneut Ausschreitungen gegen Angehörige des evgl. Jugendwerks vorgekommen sind. Ich bitte Sie, als verantwortlichen Führer, dafür zu sorgen, daß absolute Ruhe und Manneszucht gehalten wird. Ihr braucht die evangelische Jugend gar nicht zu überzeugen, sie kommt so sicher zu euch, mögen sich auch einzelne Pfarrer und Führer der evgl. Jugend noch so sehr dagegen stemmen, wie sie es wollen." [6]

Und an Busch schreibt der Polizeipräsident am gleichen Tag: „Ich habe die feste Überzeugung, daß gesunder Sinn der evgl. Jugend ganz allein dafür sorgen wird, daß sie den Weg zur Hitler-Jugend findet. Eine Einmischung in den Streit lehne ich nach wie vor ab. Übergriffe werde ich in Essen von keiner Seite dulden. Heil Hitler." [7]

b) Die „Schlacht um das Weigle-Haus" und eine Erkenntnis danach

Am Anfang des Dritten Reiches war die Politik der Partei im Blick auf die konfessionellen Verbände eben die, daß sie sich freiwillig der H. J. eingliedern sollten. Man wollte vermeiden, daß sie durch Zwangsmaßnahmen zu Märtyrern gemacht wurden.

Nun, die H. J. versuchte, der Freiwilligkeit nachzuhelfen und den christlichen Gruppen die Eingliederung zu „erleichtern", indem sie deren Mitglieder überfiel und verprügelte. Eine Reihe häßlicher Ereignisse begleitet jene Periode. So kam es denn schließlich zu der berühmt-berüchtigten „Schlacht ums Weigle-Haus", die Busch in seinen „Plaudereien" geschildert hat: [8]

„Die H. J. hatte in dunklen Nächten zwei katholische Jugendheime besetzt und sich angeeignet. Wohl wurde ein Prozeß angestrengt. Aber der kam nie zu Ende. Es war uns klar, daß jetzt auch unser schönes Clubhaus, das Weigle-Haus, an die Reihe käme.

Da bildeten wir eine Wache von 100 jungen Männern, die abwechselnd im Weigle-Haus die Nächte zubrachten. Ich drückte alle Augen zu, wenn ich merkte, daß diese Burschen sich Gummischläuche, Schlagringe und Knüppel besorgten.

Und dann ging's in einer Nacht richtig los. In meiner nahegelegenen Wohnung schellte die Alarmklingel, die wir mit einer besonderen Leitung angelegt hatten. Mir tat meine arme Frau leid, die gerade unser jüngstes Kind zur Welt gebracht hatte. Ich hatte sie nicht ins Krankenhaus gebracht. So wurde das ein aufregendes Wochenbett. Sofort rief ich die Polizei an und meldete: ‚Unqualifizierbare Banden wollen das Weigle-Haus angreifen!' Nach langer Zeit, in der niemand erschien, ließ mich ein Polizeioffizier, den ich kannte, in das nahe Revier kommen und teilte mir mit, er hätte Befehl, falls die H. J. angreife, solle die Polizei so tun, als ob sie nichts merkte.

‚Sie greifen also unter keinen Umständen ein?' fragte ich. ‚Leider dürfen wir nicht! Sie müssen das verstehn, Herr Pfarrer.' ‚Nun gut! Ich bin einverstanden!' erwiderte ich zum Erstaunen des Mannes. Und dann rannte ich zum Weigle-Haus. Rings um das Haus hatten sich viele hundert junge Kerle versammelt, ich kam nicht mehr in das Haus hinein. So konnte ich alles nur von außen beobachten: Wie die Horden auf einmal mit Gebrüll losstürmten — wie dann die Tore des Hauses aufflogen — wie meine 50 Mann, zum Äußersten entschlossen, herausstürmten.

Die H. J. war entsetzt. Das war nicht im Plan vorgesehen. Und dann begann eine großartige Prügelei. Fliehende H. J.-Burschen rannten zum nahen Bahnhof. Als die Leute dort merkten, was gespielt wurde, griffen sie ein. Völlig unbekannte Männer machten sich eine Freude daraus, ihren Groll gegen alle Bedrückung einmal auslassen zu können.

Es wurde ein völliger Sieg. Als die Polizei endlich doch erschien, war alles schon zu Ende.

Am nächsten Morgen um 8 Uhr meldete ich mich beim Polizei-Präsidenten, dem sehr gerechten und gutwilligen SS-Führer Zech.

‚Herr Präsident!' begann ich. ‚Sie müssen sich jetzt klarwerden, ob wir in einem Rechtsstaat leben oder ob wir Wild-West spielen wollen. Wenn Sie die Bürger nicht schützen wollen, dann müssen wir uns nach Wild-West-Art selber helfen.'

‚Ich verstehe nicht recht', stammelte er. Offenbar war ihm die ganze Sache nicht bekannt. In diesem Augenblick klopfte es, und ein Beamter brachte den Bericht der nächtlichen Vorgänge. Lange war es still, während er las. Mir klopfte das Herz. ‚Wird er mich jetzt sofort verhaften?' fragte ich mich. Auf einmal lachte er schallend los: ‚Das ist ja wundervoll!' schrie er. ‚Und diese H. J. hat sich von Ihren Burschen verprügeln lassen?! Das geschieht ihnen recht!"

Er gab mir die Garantie, daß die Polizei uns von nun an schützen werde. Ich möge doch nur — bitte! — meine Truppen abrüsten. Der Mann hat Wort gehalten. Später wurde er auf einen unbedeutenden Posten abgeschoben. Er war wohl zu gerecht für das System dieses Staates."

Nun kann man diese Geschichte nicht berichten, ohne zugleich eine entscheidende Erkenntnis mitzuteilen, die Wilhelm Busch und seinen Mitarbeitern nach dieser Sache zuwuchs. Er hat in seinem Porträt des Admiral Coligny diese ganze

Geschichte berichtet und zugleich am Schicksal der französischen Hugenotten gelernt, daß es für Christen nicht recht ist, Gewalt zum christlichen Kampfmittel gegen Unterdrückung zu machen.

In der Situation des Kirchenkampfes hatte in der christlichen Gemeinde das Buch von Joseph Chambon, „Der französische Protestantismus", eine starke Wirkung. Wilhelm Busch hat in einem Referat beim „Offenen Abend" in Stuttgart (Januar 1965) dargestellt, welche Erkenntnis dieses Buch bewirkt hat. [9]

Busch erzählte seinen jungen Zuhörern 1965: „Die Hugenotten haben eine Geschichte einer grauenvollen Verfolgung, und sie haben alles durchexerziert: den Widerstand, das Leiden, das Fliehen ... Und sie haben gelernt, daß die Gewalt nicht von Gott ist. Sie haben unter Tränen gelernt, daß Jünger Jesu Christi Lämmer sein können, die geschlachtet werden, aber nicht Schwerter haben. In unseren Jugendkreisen wurde dieses Buch studiert. Wir sahen auf einmal, was zu tun ist. Wir begriffen, was das heißt im Neuen Testament: ‚Wir sind geachtet wie Schlachtschafe', oder: ‚Hier ist Geduld und Glaube der Heiligen'. Wir begriffen auf einmal, was das heißt: Ich stelle mich hin und laß mich schlagen und beschimpfen. Und das ist der Weg Jesu, wie er nach Golgatha ging. Unser Weg mit dem Verhauen war verkehrt ... Wir waren so maßlos hilflos und mußten selber erst lernen. Wir haben damals einen Entschluß gefaßt: ... Wir werden uns nicht mehr wehren.

Wir werden auch bereit sein, in die Gefängnisse zu gehen. Aber wir werden unser Recht bis an die äußerste Grenze ausnützen."

Dieser letzte Satz bestimmt dann in den ganzen folgenden Jahren Wilhelm Buschs Umgang mit dem Staat und namentlich mit der Gestapo. Wir werden das noch sehen.

Wir dürfen hier nicht auslassen, was Wilhelm Busch über das Geschick des Buches von Dr. Chambon sagt: „Goebbels ... hatte dieses Buch genehmigt, weil er sich sagte: So ein Geschichtsbuch von Anno Tobak, das liest ja doch keiner. Als dieses Buch in einem halben Jahr die dritte Auflage erlebte, da haben die Nazis gedacht: Weiß der liebe Kuckuck, was mit dem Buch los ist, wir verbieten's mal für alle Fälle. Aber warum das so läuft, das kapieren wir nicht. — Nein, das kapierten sie nicht, daß man aus der Geschichte lernen muß. Sie meinten, mit ihnen fing die Weltgeschichte an." [10]

c) Wer hat eigentlich über unser Gewissen zu verfügen?

Die Auseinandersetzung mit der H. J. trug von Anfang an einen grundsätzlichen Akzent.
Busch erzählte im Januar 1965 in Stuttgart: „Die Nazis sagten: ‚Wenn so ein Pfarrer einen Mütterchen-Verein hat — laß ihn, der stirbt aus!'" — Und dann erzählt Busch von der großen Jugendarbeit, die er damals schon in Essen hatte. Natürlich war es den Nationalsozialisten ein Dorn im Auge, wenn ein Pfarrer einen so starken Einfluß auf junge Leute hatte.
Busch berichtet weiter: „Im ersten Jahr (1933) war die Staatspolizei noch nicht richtig aufgebaut ... Da war es so, daß die Nazis selber noch nicht wußten, wie weit sie mit dem Brechen des Rechtes gehen konnten, wie weit ein Volk es sich gefallen läßt, daß die Regierung ein wenig außerhalb der Legalität operiert. Und da, schon im ersten Jahr, als wir es mit der Staatspolizei noch gar nicht zu tun hatten, gab es schon gefährliche Reibungen zwischen meiner Arbeit und der Partei. Obwohl wir eigentlich noch erlaubt waren! Es gab eigentlich keinen Grund für Reibungen, sie waren aber trotzdem da. Woran entstanden sie? Sie entstanden an der Grundfrage der damaligen Zeit: Wer hat eigentlich über unser Gewissen zu verfügen? Die jungen Burschen, die in mein Jugendhaus kamen, waren gelehrt, daß unser Gewissen gebunden werden muß ans Wort Gottes ... Sehen Sie, Sie haben alle ein Gewissen — jeder! Das heißt, wir wissen alle, es gibt Gute und Böse. Aber wer bestimmt denn, was gut und böse ist? Nach welchen Herren richten Sie sich denn? Wer verfügt denn über Ihr Gewissen? Die öffentliche Meinung oder Ihre Arbeitskollegen? Etwa in sexuellen Fragen, oder im Umgang mit Geld oder im Umgang mit der Wahrheit? ... Luther sagt: ‚Mein Gewissen ist gefangen in Gottes Wort.' Meine jungen Leute hatten gelernt: Jesus muß über mein Gewissen verfügen. Und nun kam der Staat mit der Partei und sagte: ‚Wir sagen, was gut und böse ist. Gleich von Anfang an ging hier der Krieg ins Innerste des Menschen. Die Partei bestimmte, was gut ist. Das gibt ganz praktische Reibungen. Meine jungen Burschen gingen sonntags morgens in die Kirche. Es ist ein Gebot Gottes: ‚Du sollst den Feiertag heiligen!' Ich habe

ihnen gesagt: ‚Ihr braucht nicht in meinen Jugendkreis zu kommen. Das ist kein Gebot Gottes. Aber, ob ihr in die Kirche geht oder nicht, das ist Gebot Gottes! Und dann gingen sie. Und dann setzte die Schule etwa am Sonntagmorgen um 8 Uhr einen Marsch an mit der Hitler-Jugend. Da standen die Jungen da und erklärten: ‚Pardon, wir gehen in die Kirche.' — ‚Unsinn, das ist Dienst für den Führer!' — ‚Mein Gewissen ist gebunden in Gottes Wort.' — So ein armer Schuldirektor, der selber nicht recht wußte, wie die Sache läuft, raufte sich seine spärlichen Haare, weil er nicht recht wußte, wie er hier entscheiden sollte. Es hat mich damals ungemein gepackt, wie die jungen Kerle an solch ganz kleinen Fragen schon begriffen: Man muß von Anfang an Gott gehorsam sein. Oder etwa in einem Schul-Landheim. Die höheren Schüler gehen ins Schul-Landheim. Da übernahm die Hitler-Jugend dann sofort die äußere Gestaltung. Es gab ein Tischgebet, das hieß so: ‚Lieber Herr Jesus, bleib uns fern, wir essen ohne dich ganz gern. Amen'. Was macht man jetzt? Da standen da und dort die jungen Burschen auf und sagten: ‚Erlaubt, wir kommen nach diesem Tischgebet. Wir hören diese Lästerung nicht an.' — ‚Das ist Dienst, daß ihr hier seid!' sagten die anderen. Es kam sofort an solchen kleinen Stellen der Konflikt."
Busch versuchte seinen jungen Leuten den Rücken frei zu halten, damit sie ohne Schwierigkeiten den Gottesdienst besuchen konnten. Zu diesem Zweck verfaßte er eines Tages ein Merkblatt unter dem Titel „KOMMT in den JUGENDGOTTESDIENST der Marktkirche, jeden Sonntagmorgen um 8 Uhr 30". Darin waren Verlautbarungen namhafter nationalsozialistischer Persönlichkeiten, etwa auch des Reichsjugendführers Baldur von Schirach enthalten, in denen diese Leute ausdrücklich das Recht jedes einzelnen auf den Gottesdienstbesuch zugestanden. Diese Merkblätter konnten die Jungen auch mit nach Hause nehmen, damit die Eltern sahen, daß sie nichts Unrechtes taten. Natürlich war von Anfang an ziemlich deutlich zu spüren, daß solche Erklärungen nur ein Deckmantel nach außen waren. Die Praxis der H. J. sprach eine andere Sprache.

d) Wilhelm Busch boykottiert die Eingliederungszeremonie

Am 4. Februar 1934 sollte in Essen feierlich die Eingliederung der evangelischen Jugend in die H. J. vollzogen werden. Der

Reichsjugendpfarrer Zahn und der H. J.-Gebietsführer Deinert kamen nach Essen. Zu einer im H. J.-Haus angesetzten Besprechung erschien Busch nicht. Darauf gingen die Leute ins Jugendhaus. Wilhelm Busch rief 400—500 Jugendliche im großen Saal zusammen. Wir schildern den Vorgang zunächst nach dem Polizeiprotokoll. [11]

Reichsjugendpfarrer Zahn spricht zu den Jungen über den Sinn der Eingliederung in die H. J. Die Jungen hören schweigend zu. Als der H. J.-Gebietsführer Deinert redet, bezeichnet er das „Verhalten des Pfarrer Busch als Feigheit und ihn selbst als Feigling, weil er der Einladung zu der Aussprache im Haus der H. J. nicht gefolgt sei". Der Polizeibericht fährt fort: „Darauf rufen die Jungen: ‚Pfui, unser Führer ist kein Feigling.' Pfarrer Busch gebot seinen Jungen Ruhe und die Aufforderung des Gebietsführers Deinert, sich zu den Gründen seines Nichterscheinens zu äußern, lehnte er an dieser Stelle ab, weil er 4 Jahre im Felde gewesen sei und das Eiserne Kreuz besitze und sich nicht als Feigling beschimpfen lasse."

In dem Bericht des Kriminalkommissars heißt es dann: „Weil die Stimmung unter den Jungen nun ziemlich erregt war, habe ich mit Zustimmung des Pfarrers Busch u. der übrigen Herren die Versammlung aufgelöst."

In dem Bericht der H. J. über die gleiche Veranstaltung heißt es: „Pg. Zahn forderte diese zur Eingliederung auf. Stadtpfarrer Busch entgegnete in scharfer und bestimmter Weise, daß die Vereinbarungen zwischen dem Reichsbischof und dem Jugendführer des deutschen Reiches für ihn nicht bindend seien. Es kam sogar so weit, daß die versammelte ev. Jugend ausfällig und tätlich wurde, so daß die Versammlung durch den Kriminalkommissar . . . aufgelöst werden mußte." [12]

Dieser Kriminalkommissar hatte allerdings berichtet: „Zu Zwischenfällen ist es nicht gekommen." — Was nennt man aber Zwischenfälle? Einer der damals anwesenden Jungen erinnert sich heute nicht ohne Schmunzeln, daß er den Reichsjugendpfarrer beim Rausgehen tüchtig am schönen Spitzbart gezogen habe. Nun ja!

Die eingliederungswütigen Gäste verhandelten mit Busch im Jugendhaus weiter.

Am Abend des gleichen Sonntags sollte die Eingliederung der evangelischen Jugend in einer Kundgebung in der Halle des Zirkus Hagenbeck offiziell vollzogen werden. Busch sagte, daß er nicht erscheinen könnte, weil zur gleichen Zeit ein Elternabend im Jugendhaus stattfände, der seit langem geplant sei.

In der Gestapo-Akte [13] findet sich der gedruckte Einladungszettel für diesen Elternabend des sogenannten F. D. am 4. 2. 1934 um 19.30 Uhr. F. D. bedeutet „Freiwilliger Dienst" und war damals eine Gruppe von Mitarbeitern im Jugendhaus, die für den technischen Ablauf der Jugendarbeit sorgte. Sie versah den Ordnungsdienst.

Dieser Elternabend ist interessant, weil sein Programm den Stil der Jugendarbeit in damaliger Zeit widerspiegelt. Wir lesen auf der Einladung das Thema: „Alles für Deutschland! Deutschland für Christus!"

Zu diesem Leitwort spricht Wilhelm Busch im Verlauf des Abends. Am Anfang wird der „Einmarsch des gesamten F. D. und der Spielschar" angekündigt. Es werden Choräle mit Posaunenchor gesungen. Die Jungen bieten Vorführungen im Turnen, im Signalwesen, Darstellungen aus Lager und Geländekampf und zum Schluß eine Fahnenparade. Inmitten des Programms liest das erschrockene Auge des heutigen Lesers, daß der Posaunenchor das Lied von E. M. Arndt spielen wird: „Der Gott, der Eisen wachsen ließ". Immerhin wurde es nicht gesungen.

Nun zurück: Dieser kernige Abend war Grund genug, nicht im Zirkus Hagenbeck zu erscheinen. Der Landesjugendpfarrer Voß fragte Busch, ob er den Jungen wenigstens aufgegeben habe, zu der Versammlung im Zirkus Hagenbeck zu gehen. Darauf Wilhelm Busch freimütig — laut Polizeibericht: nein, das habe er verboten.

Die Versammlung im Zirkus Hagenbeck fand statt. Ein H. J.-Bericht vom 5. 2. 1934 über diesen Abend erzählt über die Reaktion des Publikums, als Reichsjugendpfarrer Zahn die Opposition Buschs gegen die Eingliederung bekanntgibt, folgendes: „Ein Sturm der Erregung brauste durch die Halle. Es geht nicht an, daß die kraftvolle evangelische Jugend durch den Egoismus eines Einzelmenschen aus der gemeinsamen Aufbauarbeit ausgeschlossen wird." [14]

Zeugen der Versammlung sprechen von einer Art verbalen Lynchjustiz, die an diesem Abend an Busch vollzogen wurde. Bemerkenswert noch der Abschluß dieser Versammlung: Man sang zunächst „Ein feste Burg ist unser Gott“ und dann das Horst-Wessel-Lied. —

e) Der Westbund geht auf BK-Kurs!

Auch für die überregionale Jugendarbeit hat Wilhelm Busch namentlich in der Auseinandersetzung um die Eingliederung der konfessionellen Verbände in die H. J. eine nicht unerhebliche Rolle gespielt. Nach den heftigen Protesten gegen die Eingliederung der evangelischen Jugend in die H. J. war der Reichsbischof zu gewissen Zugeständnissen bereit. Es gab Verhandlungen zwischen dem Westdeutschen Jungmännerbund und der Reichskirche. Es wurde in Erwägung gezogen, einen zweiten Reichsjugendpfarrer zu berufen, der dem Evangelischen Jugendwerk nahestand. Der Bundeswart des Westdeutschen Jungmännerbundes, Pastor Eduard Juhl, war für dieses Amt genannt worden.

Mitte Februar 1934 fand in Wuppertal auf der Bundeshöhe eine Versammlung von Mitarbeitern des Westbundes statt, über die Wilhelm Busch berichtet:

„Viele Hundert versammelten sich an einem Sonntag auf der Bundeshöhe in Barmen. Es war eine schreckliche Versammlung — und doch herrlich!

Zuerst sprachen die Männer, die der Ansicht waren, man müsse jetzt Frieden schließen mit dem Nationalsozialismus und der Kirche des Reichsbischofs. Schweigend hörten die jungen Männer zu. Gab es keinen anderen Weg?

Dann sprachen andere: ‚Wir wollen keine Vermischung mit dieser politischen Bewegung. Verbieten sie uns auch die Arbeit am jungen Mann, wird Gott uns den Weg schon weisen!‘ Da brach der Beifall los. Die anderen wollten wieder antworten. Die Jungmannschaft wollte sie nicht mehr hören.

So brach der Bund auseinander. Die Liebe war verletzt, die Gemeinschaft zerbrochen. Vielen standen die Tränen in den Augen. Jeder wollte nach seinem an Gott gebundenen Gewissen handeln. Und doch brach alles auseinander. Hunderte fuhren an jenem Sonntag nach Hause mit innerer Not im Herzen.“ [15]

In dieser entscheidenden Versammlung sind Wilhelm und Johannes Busch entschieden gegen jede Vermischung mit dem nationalsozialistischen Staat eingetreten. Wilhelm Busch war fest entschlossen, alles in seiner Kraft Stehende zu tun, um den Westdeutschen Jungmännerbund auf die Linie der Bekennenden Kirche zu bringen. Einige Zeit danach fand in Hagen eine Versammlung von Vorstandsmitgliedern des Westdeutschen Jungmännerbundes und Mitarbeitern aus zwanzig Kreisverbänden statt. „Die Teilnehmer baten den Bundesvorstand, alle weiteren Verhandlungen zu unterlassen und mit einer unzweideutigen Stellungnahme in der Frage des Bekenntnisses zum Wort und in Gemeinschaft mit den ‚freien Synoden' den Weg nach vorn zu gehen." [16]

Der bisherige Bundeswart hatte um Beurlaubung gebeten und seine Vollmacht zur Vertretung des Werkes an den Vorstand zurückgegeben. Auch in Hagen nahm Wilhelm Busch Einfluß auf die Entwicklung. Dort wurde beschlossen, Pastor Johannes Busch zum neuen Bundeswart des Westdeutschen Jungmännerbundes zu wählen.

Auf einer größeren Versammlung in Wuppertal wurde dann später dieser Entschluß bestätigt. Ein wegweisendes Wort wurde an die Vereine gesandt, das der Bundesvorsitzende Christian Ebert am 11. April 1934 unterzeichnet hat.

Darin heißt es u. a.: „Für die Leitung und die Arbeit des Westdeutschen Jungmännerbundes ergibt sich in der gegenwärtigen kirchlichen Lage die unabweisbare Forderung, zu bezeugen, daß unser Bund getreu seiner ganzen Geschichte auf der Seite der bekennenden Gemeinden steht. Von hier aus bestimmt sich unser Dienst im Evangelischen Jungmännerwerk, in dem wir mit unseren Kräften, Erfahrungen und Einrichtungen gerne mitarbeiten auf der uns von dem Gehorsam gegen die Heilige Schrift gebotenen Linie, wie sie uns von den Reformatoren unserer Kirche und von den Gründern und Vätern unseres Werkes gewiesen worden ist . . .

In die Leitung unseres Bundes dürfen nur Männer und junge Männer berufen werden, die in allen Fragen des Glaubens und des Dienstes keine andere Bindung für sich anerkennen als die Heilige Schrift und die reformatorischen Bekenntnisse. Von unseren Vereinen erwarten wir dieselbe Haltung. Wer nicht mit klarer Entschiedenheit diesen Weg mit uns zu gehen

und entgegenstehenden Bindungen nicht zu entsagen vermag, wird folgerichtig in leitenden Stellen unseres Werks nicht dienen können . . . " [17]
Da das Verbot der Jugendarbeit nur die Arbeit an Jugendlichen bis zu 18 Jahren betraf, konnte der Westdeutsche Jungmännerbund offiziell während der ganzen Zeit des Dritten Reiches die Arbeit an jungen Männern über 18 Jahren tun. Der Staat hat ihm das nicht bestritten. Seit jener notvollen Auseinandersetzung im Februar 1934 war der Kurs des Westbundes klar.

3. Jugendarbeit im Untergrund

a) Auflösung des Evangelischen Jugendvereins

Da die christlichen Jugendgruppen sich zum Teil nicht, wie erwartet, freiwillig in die H. J. eingliederten und auch dem Druck nicht nachgaben, setzte der Staat stärkere Mittel ein. Im Frühjahr 1934 wurden die konfessionellen Jugendorganisationen verboten. Und zwar traf diese Regelung besonders die Arbeit an Jugendlichen bis zu 18 Jahren. Alle Verbände sollten aufgelöst, die Jugendlichen sollten in die H. J. eingegliedert werden.
Busch schreibt darüber: „Und es wurden Anweisungen gegeben, wie das zu geschehen habe: ‚Die H. J. und die konfessionellen Bünde marschieren auf, Reden werden gehalten. Dann senken sich die Kreuzesfahnen vor der Hakenkreuzfahne' — es kam nur an wenigen Stellen zu dieser Komödie. Die Fahnen wurden versteckt, die Jugend aus der Gefolgschaft der Vereine entlassen, die Mitgliederlisten verbrannt. Und als die H. J. erschien, war niemand zum ‚Eingliedern' vorhanden." [18]
Am 11. Februar 1934 wurde mit dem Jugendgottesdienst in der Marktkirche der Evangelische Jugendverein aufgelöst. Vier Wochen lang blieb das Jugendhaus — wie es bis dahin hieß — geschlossen. Jugendhaus konnte es in Zukunft nicht mehr heißen. Es wurde in Weigle-Haus umbenannt. Wilhelm Busch begann nach der Sperrfrist von vier Wochen eine neue Arbeit unter dem Namen „Stadtmission". Im Grunde hatte sich nichts geändert. Die Arbeit ging zunächst genau so weiter wie vorher. Nur der organisatorische Rahmen bot ja die Angriffsfläche.

Allerdings verschärfte sich die Lage für die Jugendarbeit allgemein und für Wilhelm Busch im besonderen im weiteren Verlauf des Dritten Reichs.

Die kirchliche Jugendarbeit wurde mehr und mehr auf das „rein Religiöse" beschränkt. Alle weltlichen Dinge wurden schließlich verboten. Es durften also Bibelstunden und Gottesdienste gehalten werden, aber kein Sport, keine Spiele, keine „weltlichen" Lieder, keine Fahrten. Bis zu jener Zeit war die evangelische Jugend sehr stark bündisch geprägt. D. h. ihre Aktionen hatten auch einen gewissen militärischen Anstrich. Man trug Uniformen. Es gab Appelle. Für uns ist das etwas lustig anzusehen, wie die Tage und Freizeiten mit einem Fahnenappell begannen. Filme aus dem Anfang der dreißiger Jahre zeigen uns das noch. Man trat zur Morgenwache in Reih und Glied an, die Fahne wurde gehißt — und wohl auch nicht nur die Eichenkreuzfahne. Die Morgenandacht wurde gehalten. Der Film über eine Jungscharfahrt zeigt uns einen „Affenappell". Die besondere Sorte von Rucksäcken, die man Affen nennt, wurde von jedem Teilnehmer sorgfältig gepackt und gereinigt. Der „Führer" schritt die Linie ab und inspizierte die „Affen".

Kurz: All die Dinge, die in jeder anderen Jugendarbeit damals — auch in der H. J. — geübt wurden, waren den kirchlichen Jugendgruppen nun verboten. Grundlage für dieses Vorgehen war die Polizeiverordnung gegen die konfessionellen Jugendverbände vom 23. 7. 1935. Die Verschärfung der Lage trat dann durch das Verbot bündischer Betätigung vom 20. Juni 1939 ein. Die Polizeiverordnung vom Juli 1935 ist auch unter dem Namen Himmler-Erlaß bekannt geworden.

Am 26. Juli 1939 schrieb Wilhelm Busch an die Gestapo in Essen folgenden Brief: [19]

„Verschiedene Verhöre bei der Geheimen Staatspolizei haben mir gezeigt, daß die von mir getriebene Jugendarbeit in Essen irrtümlicherweise bei Ihnen je und dann den Eindruck erweckt hat, als handele es sich hier um ‚konfessionelle Jugendorganisation'. Das ist aber nicht der Fall. Ich bitte darum, kurz die Art der von mir getriebenen Jugendarbeit darstellen zu dürfen.

Es handelt sich hier um eine rein kirchliche Gemeindejugend, die in keiner Weise organisatorisch zusammengefaßt ist. Ich erhebe keine Beiträge und habe keine Mitgliederlisten. *Die Stunden stehen jedem Jugendlichen so offen wie ein Gottesdienst.* Die außerordentlich schwankende Besucherzahl und die große Zahl derer, die nur für kurze Zeit auftauchen und wieder verschwinden, beweisen, daß hier keinerlei organisatorische Bindungen vorliegen. Die Jugendlichen kommen, wenn sie keinen Dienst in der Hitler-Jugend haben oder sonst frei sind . . .

Mehrere Vernehmungen in der letzten Zeit haben mir allerdings gezeigt, daß einzelne Bezeichnungen in meiner Jugendarbeit falsch verstanden worden sind. Ich habe mich darum um der Klarheit willen entschlossen, diese Bezeichnungen aufzugeben. Ich will sie im einzelnen darlegen.

1. Die Stadtmission

Als ich die Arbeit im Jahre 1934 begann, mußte sie irgendeinen Namen haben. Ich wählte darum die Bezeichnung ‚Stadtmission', ein Ausdruck, mit dem ähnliche Arbeiten in Großstädten bezeichnet wurden. Inzwischen ist die offizielle Bezeichnung ‚kirchliche Gemeindejugend' entstanden. Wir sind *kirchliche Gemeindejugend.* Und der Name ‚Stadtmission' blieb nur aus Gewohnheit bestehen. Ich werde die Bezeichnung jetzt ganz streichen. Unsere Arbeit heißt: ‚Evangelisch-kirchliche Gemeindejugend.' . . . “

Dem Staat gegenüber war also die alte Jugendarbeit mit der Auflösung des Evangelischen Jugendvereins beendet. Was Busch dann in der Stadtmission 1934 anfing, war juristisch eine ganz neue Arbeit. Er schreibt in diesem Brief deshalb auch ausdrücklich, daß er seine Jugendarbeit 1934 begonnen habe. In seinem Brief nennt Busch noch zwei Ausdrücke aus seiner Jugendarbeit, die umgeändert wurden. Es heißt jetzt nicht mehr „Abteilung“, sondern „Bezirk“. Der Ausdruck Abteilung hatte einen zu militärischen Beigeschmack. Die Jugendgruppenleiter heißen nicht mehr „Leiter“, sondern „Älteste“. Damit greift Busch auf den alten kirchlichen Ausdruck für die Gemeindeleiter zurück. Er betont diese kirchliche Herkunft des Ausdrucks in seinem Brief an die Gestapo ausdrücklich, denn nur kirchliche Jugendarbeit ist legal.

Gegen Schluß schreibt er dann noch: „Da keinerlei organisatorische Gliederungen bei uns bestehen, bin ich als kirchlicher Jugendpfarrer für diese Arbeit allein verantwortlich.

Die Jugendlichen können in keiner Weise als Mitglieder einer konfessionellen Jugendorganisation angesprochen werden.“ Und dann: „Ich bitte, diese Ausführungen zur rechten Beurteilung meiner kirchlichen Gemeindejugendarbeit zur Kenntnis nehmen zu wollen.“

Um die Problematik, die sich in diesem Brief widerspiegelt, gab es die ganze Zeit des Dritten Reiches hindurch Auseinandersetzungen zwischen Wilhelm Busch und der Gestapo, die manchmal bedrückend zu verfolgen, manchmal aber geradezu lustig sind. Natürlich gibt es aus jener Zeit eine Fülle von Geschichten zu berichten, die auch die heute noch lebenden Teilnehmer erzählen können. Wir wollen uns hier auf die Zwischenfälle beschränken, die ihren Niederschlag in den Gestapo-Akten gefunden haben.

b) Vertrauensleute-Versammlung mit Gestapo-Spitzel

Am 18. Juni 1935 fand im Weigle-Haus eine Vertrauensleute-Versammlung der Bekennenden Gemeinden in Essen statt. In diese Versammlung hatte sich ein Gestapo-Mann eingeschlichen. Wir finden in den Gestapo-Akten einen ausführlichen Bericht des Beamten namentlich über das, was Busch zum Thema „Jugendfragen“ gesagt haben soll. [20]

Der Gestapo-Beamte referiert über Busch: „Die Jugend sei heute sittlich so gefährdet wie nie. Vor zwei Tagen sei von einer Frau das Buch eines H. J.-Kameradschaftsführers bei ihm abgegeben worden. Es handele sich um einen Jungen aus dem früheren Weigle-Haus. Das Buch enthalte auf der ersten Seite den Namen des Betreffenden, dann folge das Verzeichnis der Kameradschaft, dann H. J.-Lieder und Zoten, die so maßlos unter aller Kritik seien, daß sie nicht wiedergegeben werden können . . .

Dann kam der Redner auf das Schreiben eines Vaters, der eine B. D. M.-Tagung mitgemacht habe. Wenn man da hineinsehe, sei man vor Tatsachen gestellt, daß man sich vor Schrecken ekeln könne. Nie und nimmer dürfe zugelassen werden, daß die Jugend allein bleiben solle. Die Jugend sei auch der ungeheuren Gefahr ausgesetzt, der Lehre des Heidentums anheimzufallen. Baldur von Schirach habe zwar erklärt, jeden H. J.-Führer zu entlassen, der als Jugendführer dafür keine Sorge trage, daß die Jugend, die zur Kirche verlange, entsprechend berücksichtigt werde. Auch dieses sei nicht der Fall. Melde sich ein Junge freiwillig zur Kirche, so würde ihm von dem betreffenden Führer gesagt: ‚Du brauchst heute nicht zur Kirche, es liegt uns mehr daran, daß die H. J. nach außen hin vorbildlich dasteht.' Im Jugendlager in Hirschberg seien die tollsten Sachen auf diesem Gebiete bekannt, trotzdem für jeden Kirche zugesichert sei. Hier habe ein Stammführer des Sonntags gefragt, wer in die Kirche wolle. Als sich etliche Jungen meldeten, wurden sie einfach gefragt, ob sie sich etwa vom Dienst drücken wollten. Hier sei es unmöglich für einen Jungen, zur Kirche zu kommen. Auch hier seien die klarsten Beweise, daß die Jungen dem Evangelium entfremdet würden. Beim Landjahr sei das Tischgebet überhaupt verboten. Es sei zwar vorgesehen, daß eine evangelische Betreuung — in jedem Vierteljahr ein Gottesdienst — stattfindet. Wer aber dahin will, wird bestraft durch Nebenfunktionen usw. Kirchenblätter würden von dort überhaupt zurückgeschickt. Es sei den Betreffenden gesagt worden, daß zwischen den Kirchen beider Konfessionen ein Vertrag abgeschlossen ist, auch Pfarrer Busch aus Essen sei verständigt, keine Blätter mehr zu schicken. Busch wörtlich: ‚Dabei hatte ich keine Ahnung! Es war auch in Wirklichkeit kein Verbot da, daß keine konfessionellen Blätter mehr verschickt werden durften! Die Sorge um die Kinder sei die größte unserer Aufgaben. Auch die Eltern seien in dieser Sorge einbegriffen. Das Einzige, das das Kind noch zu lesen bekomme, sei der Brief der Eltern. Planmäßige Jugendarbeit und unbedingte Tatkraft sei jetzt am Platze."

In seiner Vernehmung am 8. Juli 1935 gibt Busch u. a. zu Protokoll: [21] „Ich sprach davon, daß der Herr Reichsjugendführer dankenswerterweise erklärt habe: ‚Ich will rücksichtslos jeden Jugendführer entfernen, der einen Jungen an seinen kirchlichen Pflichten hindert.' Trotzdem komme das bedauerlicherweise beständig vor, es wird da namentlich mit einem gewissen moralischen Druck gearbeitet. Ich erwähne hier, wovon ich nicht sprach, etwa die Essener Marine-H. J., die fast jeden Sonntagmorgen zum Dienst antreten muß, so früh, daß ein Besuch des Gottesdienstes unmöglich ist. Ich erkläre meinen Jungen immer: ‚Ihr müßt den vorbildlichsten Dienst in der H. J. machen!' Darauf bekomme ich in solchem Fall die Antwort: ‚Dann können wir fast nie mehr einen Gottesdienst besuchen.' Lassen sich die Jungen aber zum Gottesdienst beurlauben, dann müssen sie so häufig beim Dienst fehlen, daß sie schließlich außerhalb der Kameradschaft stehen. Wie notwendig ist für solche Jungen eine kirchliche Betreuung außerhalb der Gottesdienste!"

Busch bestätigt dann seine Aussagen über das Lager in Hirschberg, in dem der Gottesdienstbesuch verboten worden sei. Er gibt der Gestapo einen Bericht darüber zu den Akten. Er führt weiter an, daß beim Pfingstlager der H. J. in Datteln im Jahre 1935 den evangelischen jungen Leuten der Gottesdienstbesuch verwehrt worden sei.

Der Polizeibeamte macht darüber einen Nachtrag zu seinem Bericht über die Versammlung unter dem Datum des 22. Juni 1935. Er schreibt darin: „Als mich Pfarrer Busch am Schluß der Versammlung nach meiner Person befragte und ich mich ihm gegenüber als Beamter der Geheimen Staatspolizei legitimiert hatte, fragte er mich, ob ich auch gegen ihn etwas unternehmen werde. Ich erwiderte, das sei selbstverständlich, ich hätte als Beamter meine Pflicht zu tun. Darauf erwiderte er: ‚Tun Sie es lieber nicht! Ich bin in der Lage, meine Angaben zu beweisen'."

Die Sache mit dem Tagebuch des H. J.-Kameradschaftsführers hat dann noch einige Zeit Wellen geschlagen. Natürlich wollte die Gestapo an dieses Tagebuch kommen. Sie vermutete, daß Busch damit gegen die H. J. zu Felde ziehen könnte. Busch verweigerte die Herausgabe aus seelsorgerlichen Gründen.

Am 5. Oktober 1935 schreibt Wilhelm Busch schließlich an die Gestapo: „Gestern bin ich noch einmal von Herrn Kriminal-Inspektor . . . aufgefordert worden, das mehrfach erwähnte Taschenbuch auszuliefern. Ich habe nun mehrfach erklärt, daß dieses gegen mein Ordinations-Gelübde geht. Ich würde damit ein seelsorgerliches Geheimnis preisgeben. Wenn dieser Brief an die Geheime Staatspolizei kommt, ist das Buch bereits vernichtet. Ich bin also nicht mehr in der Lage, es auszuliefern. — Die Anzeige, die damals ergangen ist, ging von einer ganz falschen Voraussetzung aus. Ich erkläre noch einmal, daß es mir völlig fern liegt, gegen die H. J. Propaganda zu machen. Ich werde auch ein solch trauriges Dokument wie dieses Buch niemals dazu benützen. Ich habe in meinem Vortrag in einem geladenen Kreis die Sache lediglich erwähnt, um zu zeigen, wie notwendig die Arbeit eines Jugend-Seelsorgers ist, weil viel innere Not bei jungen Leuten herrscht, die mit sich selber nicht fertig werden." [22]

Natürlich mußte Busch auch nach innen, d. h. für den Bereich der Kirche, deutlich machen, warum denn evangelische Jugendarbeit weiter betrieben werden mußte. Er tat das unter anderem in einem Artikel im Essener Gemeindeblatt, dessen Erscheinungsdatum nicht mehr genau auszumachen ist. Der Artikel ist überschrieben: „Evangelische Jugend". [23]

Da heißt es: „Es gibt ängstliche Gemüter. Wenn die nur das Wort ‚evangelische Jugend' hören, dann gucken sie schon nach rechts und links und sagen dann mit einer Mischung von Angst und Ernst: ‚Aber das soll doch gar nicht mehr sein! Das ist doch gar nicht gern gesehen!'

Und andere kenne ich: Wenn die das Wort ‚evangelische Jugend' hören, dann regen die sich schrecklich auf und betonen: ‚Es gibt n u r deutsche Jugend'.

Darauf kann man nur erwidern: ‚Ja, aber natürlich gibt es nur deutsche Jugend. Oder hat jemand die ulkige Vorstellung, ‚evangelische Jugend' sei chinesisch oder hottentottisch! ‚Evangelische Jugend' ist selbstverständlich deutsche Jugend.'

Aber es gibt nun einmal in der deutschen Jugend junge Menschen, die sich mit Leidenschaft und Eifer vom Christentum und von der Kirche losgesagt haben; junge Menschen, die meinen, sie täten Deutschland einen Dienst, wenn sie jeden Pfarrer einen ‚Pfaffen' nennen und das Kreuz Christi schmähen.

Und es gibt in der deutschen Jugend andere, die das Konfirmationsgelübde ernst genommen haben, die Jesus ihren Freund nennen und deshalb gern sein Wort hören; kurz, es gibt deutsche Jugend, die nicht nur dem Namen nach, sondern von Herzen ‚evangelische Jugend' ist. Und die kommt zusammen."

Und dann macht Busch an dem Satz des Grafen Zinzendorf — „Ich statuiere kein Christentum ohne Gemeinschaft" — und an den Bildern des Kohlefeuers und des Leibes die Notwendigkeit des Zusammenlebens von Christen deutlich. Dann lädt er offen ein: „Euch, Ihr Jungen und Mädel, fordern wir auf, kommt zu den Zusammenkünften der ‚Evangelischen Jugend'! Fragt Euren Pfarrer, wo solche Zusammenkünfte sind! Kommt regelmäßig hin! Macht mit! Sucht die Gemeinschaft auf!

Vielleicht geht es einem von Euch, wie jenem Jungen, der vor kurzem vor mir stand und mir erzählte: ‚Seitdem ich zur ‚Evangelischen Jugend' gehe, habe ich keine ruhige Stunde mehr. Ich werde veräppelt und ausgelacht und geärgert nach Strich und Faden!'

Der kleine Kerl tat mir leid, und ich fragte ihn besorgt: ‚Ja, und was wirst Du jetzt tun?' Da machte er eine unsagbar wegwerfende Handbewegung und sagte: ‚Das kann mich doch nicht hindern!'

So einen Geist wünsche ich Euch: Daß Ihr Euch nicht rausbringen laßt, den Weg zu gehen.

‚Ja, dürfen denn überhaupt solche Zusammenkünfte der ‚Evangelischen Jugend' sein?' fragt vielleicht der eine oder andere. Und wenn wir ihn nun fragen, wie er denn zu dieser seltsamen Frage komme, dann erzählt er uns: ‚Meine Mutter kennt 'ne Frau, und der ihre Tante hat 'nen Sohn, und dem sein Freund hat es ganz bestimmt gesagt, daß die ‚Evangelische Jugend' verboten ist.'

Meine lieben Jungens und Mädels, laßt Euch sagen, daß die ‚Evangelische Jugendarbeit' im Dritten Reich eine klare, gesetzliche Grundlage hat. Es war im Jahre 1933, als der Reichsjugendführer mit der Kirche einen Vertrag schloß, den der Innenminister für verbindlich erklärte. Dieser Vertrag sieht vor, daß die ‚Evangelische Jugend' zusammenkommen darf zu Heimabenden, Bibelstunden und volksmissionarischen Freizeiten und Lagern. So ist die Rechtslage. Und wenn Dir einer etwas anderes erzählt, dann weiß er eben nicht genau Bescheid."

Für seine Mitarbeiter hat Busch in einem sechsseitigen, abgezogenen Blatt die Rechtsgrundlage der evangelischen Jugendarbeit zusammengefaßt.[24] Da wird der Vertrag vom 19. Dezember 1933 zwischen dem Reichsjugendführer und dem Reichsbischof mitsamt den Ausführungsbestimmungen zitiert. Da werden Äußerungen des Reichsjugendführers und des Führerstellvertreters wiedergegeben. Auch der Himmler-Erlaß und mancher Auszug aus Reden der Parteiprominenz erscheint hier, damit die Mitarbeiter die Rechtmäßigkeit ihres Tuns jederzeit belegen können.

Auch in Briefen an die Eltern legt Wilhelm Busch einerseits die Tatsache und Notwendigkeit der evangelischen Jugendarbeit dar, andererseits weist er auf die Rechtmäßigkeit solcher Jugendarbeit hin, damit den Eltern die Sorgen genommen sind und sie die Jungen ins Weigle-Haus gehen lassen. So haben wir z. B. einen Brief an die Eltern der evangelischen Sextaner vom 11. Mai 1935 vorliegen. [25]

c) Geigen nicht erlaubt?

Im Mai 1936 wird Buschs Arbeit bei der Gestapo angezeigt, weil angeblich ein Streichorchester bei der Stadtmission besteht, das nicht nur geistliche Musik macht. Im September 1936 wird der Leiter dieses Orchesters von der Polizei vernommen. Unter dem Datum des 5. Oktober 1936 stellt die Gestapo eine Liste der Mitglieder dieses Streichorchesters zusammen. Man will prüfen, ob dieses Musizieren unter Betätigung rein kirchlich-religiöser Art fällt. Die Sache geht ohne weitere Konsequenzen für die Arbeit aus. [26]

d) Die Jugendarbeit bleibt missionarisch

Die geistliche und missionarische Ausrichtung der Jugendarbeit bekommt unter den erschwerten Bedingungen für die Arbeit ein ganz neues Gewicht. Das spiegelt sich auch in einem Brief wider, den Wilhelm Busch an ehemalige Mitarbeiter des Weigle-Hauses schreibt, die zum Reichsarbeitsdienst eingezogen worden waren: „Nun sollt Ihr wissen, wie es im Weigle-Haus aussieht. Da kann man nur antworten: ‚wie immer'. Aber die Lücken machen sich sehr bemerkbar. Und im Herbst werden weitere Freunde zum Arbeitsdienst wegkommen. Trotzdem sind sonntags viele Jungen da, wir sind dafür ganz besonders dankbar. Da wird es uns jeden Mittwoch von neuem wichtig, daß sich doch alle ganz bekehren, weil man mit einem halben Christentum zuschanden wird. Der Herr Jesus will diejenigen, die sich ihm ganz ausliefern, durch alle Stürme hindurchbringen." [27]

Die Beschränkungen für die Jugendarbeit veranlassen Wilhelm Busch durchaus nicht, nur das Bestehende zu wahren. Die Arbeit ist weiterhin missionarisch ausgerichtet. Die Leiter machen sonntags Hausbesuche.

Natürlich war das nicht einfach. Ein Leiter berichtet, daß er von einem Vater buchstäblich die Treppe hinuntergeworfen wurde. Wenn die Jungen Spaß hatten, ins Weigle-Haus zu kommen, dann übten oft die Eltern einen Druck dagegen aus. In diese Jugendarbeit zu gehen, hatte eben doch den Anstrich der Illegalität. Die Nachbarn sahen ja, wenn der Sohn nicht in die H. J. ging. Die Eltern mußten fürchten, daß das für sie Nachteile mit sich brachte. Vielleicht wurden durch Verleumdungen die Berufschancen des Vaters gemindert.

Natürlich haben auch gelegentlich Leute, die in Opposition zu Hitler standen, ihre Sympathie bekundet, wenn die Mitarbeiter des Weigle-Hauses zu Besuch kamen. Auch von solchen Erfahrungen wissen die damaligen Leiter zu erzählen. — Da es im Laufe der Zeit immer weniger Konfirmandenadressen gab, sprachen die Leiter die Jungen auch an den Straßenecken an und luden sie ins Weigle-Haus ein.

Auch in der Schülerarbeit versucht Busch missionarisch zu bleiben, auch nachdem der BK (Bibelkreis für höhere Schüler) 1934 ebenfalls offiziell aufgelöst werden mußte.

Zwei Dokumente zeigen uns etwas davon. Am 5. Februar 1936 lädt Wilhelm Busch mit einem vervielfältigten Schreiben Schüler der Helmholtz-Schule in Essen ein, um über Schülerarbeit zu beraten.

Im Einladungsbrief heißt es u. a.: [28] „Es wäre mir sehr lieb, wenn ich einmal mit den Freunden vom Helmholtz-Realgymnasium, die früher ins Weiglehaus gekommen sind, und denen, die noch hie und da erscheinen, einmal zusammenkommen könnte, um mit ihnen zu besprechen, wie wir unseren Auftrag in Eurer Schule ausrichten können. Es handelt sich bei unserer Arbeit ja nicht um ‚ein Vereinchen', das um seine Existenz kämpft; wir haben vielmehr einen Auftrag, den wir ausrichten müssen. Wir werden die Botschaft vom Herrn Jesus möglichst vielen unserer jungen Freunde bringen. Es geht also um eine sehr wichtige Sache."

Auf diese Einladung kamen, wie die Gestapo mitzählte, zwölf Schüler. Interessant ist in diesem Brief, wie Busch mit ein und demselben Satz sich rein rechtlich den Rücken frei hält für diese Schülerarbeit und zugleich den jungen Leuten den offensiven Charakter ihrer Arbeit klarmacht: „Es handelt sich bei unserer Arbeit ja nicht um ein ‚Vereinchen' das um seine Existenz kämpft; wir haben vielmehr einen Auftrag, den wir ausrichten müssen."

Ende 1936 befaßt sich die H. J. mit einer der Bibelfreizeiten für Schüler, die von Wilhelm Busch durchgeführt werden. Man spürt in dem Brief, den eine H. J.-Stelle an ihren „Führer des

Streifendienstes" schreibt, den Ärger über das geschickte Vorgehen Buschs in dieser Sache:

„Die Jungenwacht-Bibelkreise Essen und Umgebung veranstalten in der Zeit vom 2. 1. bis 6. 1. 1937 in dem Haus der Jugendfreunde in Velbert/Rhld. ein Jugendfreizeitlager. Da unser guter Pfarrer *Busch* immer so vernünftig ist, und nimmt in diese Bibel-Freizeitlager 60 % Hitlerjungen mit, kann ein derartiges Lager staatspolizeilicherseits nicht aufgelöst werden." [29]

Der Hitlerjungen-Streifendienst bekommt den Tip, nach Möglichkeit Anmeldungen von Hitlerjungen zu dieser Freizeit abzufangen und diese Jungen zum Zeitpunkt der Freizeit auf andere Art zu beschäftigen, damit die Freizeit auffliegen kann, weil weniger als 50 % Hitlerjungen dabei sind.

e) Die Gestapo „geht mit" auf Fahrt

Dauernd hatte Busch mit der Gestapo zu tun, denn es fehlte nicht an Leuten, die Busch wegen unerlaubter Betätigung in der Jugendarbeit anzeigten. Manchmal hören sich diese Begebenheiten eher kurios und lustig an. Aber die dauernden Verhöre waren eine schwere Belastung für die Nerven. Außerdem vergiftete die Polizei ja dadurch die Atmosphäre, daß man nie und nirgendwo vor Spitzeln sicher sein konnte.

Wilhelm Busch erzählte im Rückblick: „Ist die Geheime Staatspolizei ... allwissend, oder ist sie es nicht? Sie verbreitete gern den Nimbus: ‚Wir wissen alles!' — Sie wußten viel. Die Schwierigkeit bestand damals nämlich immer darin, daß, wenn zwei Leute miteinander redeten, der zweite vielleicht ein Verräter war. Wenn ich einen dummen Satz sagte, meldete er ihn der Staatspolizei. Damals lernte man den sogenannten deutschen Blick. Wenn zwei miteinander sprachen, guckten sie zurück, ob einer zuhöre. Sie wußten viel. Und sehen Sie, diese Organisation hat ein unvorstellbares Maß von Mißtrauen geschaffen ... Da schließt sich jeder in sein Zimmer ein. Da sagt man zum anderen nur noch das, was die Staatspolizei wissen darf. Das ganze Volk wird zum Heuchler." [30]

Eines der Ereignisse, das mehr belustigend ist, geschah am 12. April 1937. Busch war mit einer Gruppe von Schülern per Rad unterwegs in Richtung Hattingen. Morgens gegen 8.30 Uhr hielten sie vor einer Gastwirtschaft in Niederbonsfeld.

Busch ging hinein und fragte, ob man einen separaten Raum bekommen könne. Sie hätten eine wichtige Besprechung abzuhalten. Das Hausmädchen nahm Rücksprache mit der Wirtin, und die Gruppe bekam das Gesellschaftszimmer. Die „wichtige Besprechung" war eine Bibelarbeit über Philipperbrief, Kap. 3. Die Wirtin allerdings wurde angesichts des „separaten Zimmers" und der „wichtigen Besprechung" mißtrauisch. Sie horchte an der Tür. Die Lieder, die gesungen wurden, kannte sie nicht. Die H. J. sang schließlich keine geistlichen Lieder. Was Wilhelm Busch sagte, bekam sie auch nur teilweise mit. In jedem Fall sah sie sich veranlaßt, die Polizei zu verständigen.

Der Ortspolizist kam, lauschte ebenfalls an der Tür, konnte ebenfalls nichts Genaues ausmachen und ging schließlich in den Raum. Er fragte nach dem „Führer" der Gruppe und was das hier für eine Versammlung sei. Man versuchte, es ihm zu erklären. Er nahm die Personalien der Beteiligten auf. Busch hatte keinen Personalausweis bei sich und mußte deshalb später mit auf die Polizeiwache. Während der Polizist sich mit den Jungen beschäftigte, fragte Busch die Wirtin, ob sie die Polizei gerufen habe. Auf deren Bestätigung soll er reagiert haben: „Ich werde dafür sorgen, daß Ihr Bau berühmt wird." [31] Jedenfalls behauptete die Wirtin das und sah darin eine Drohung und Geschäftsschädigung und zeigte Busch an. Busch bestritt allerdings, so etwas gesagt zu haben.

Wie gesagt, mußte er mit zur Polizeiwache, bis von der Stadtpolizei in Essen telefonisch seine Personalien festgestellt worden waren. Der Polizeibericht aus Niederbonsfeld, der sich in den Gestapoakten befindet, führt dann u. a. aus:

„Es wurde uns gesagt, daß Busch ein großer Agitator der Bekenntnisfront sei. Nach erfolgter verantw. Vernehmung wurde Busch um 11 Uhr wieder auf freien Fuß gesetzt. Bei seiner Entfernung drohte er uns damit, daß wir unser Tun und Handeln vor dem allmächtigen Gott verantworten müßten. Die Jugendlichen warteten vor dem Hause des . . . (Polizisten — der Name ist hier weggelassen). Nachdem wir Busch vernommen hatten, vernahmen wir den Schüler Karl Martin K. Als Busch nach seiner Vernehmung auf die Straße trat, sagte er zu den dort wartenden Jugendlichen: ‚Der andere (Karl K.) kommt auch gleich, der wird nur noch schnell darüber vernommen, ob seine Großmutter arisch ist!' ... Die Jugendlichen brachen daraufhin in lautes Gelächter aus."

Nun ist es geradezu lächerlich zu sehen, wie Wilhelm Busch und alle beteiligten Schüler ausführlich von der Gestapo in Essen vernommen werden. Und es geht immer um die zwei außerordentlich „wichtigen" Probleme, ob er wirklich der Wirtin angedroht habe, „ihren Bau berühmt zu machen", und ob er die Sache mit der arischen Großmutter gesagt habe.

Gerade im Blick auf den zweiten Punkt wird deutlich, wie empfindlich der damalige Staat war, wenn es den Anschein hatte, daß jemand die großen „staatstragenden Gedanken" lächerlich machte.

Schon in einem Gutachten, das die NSDAP-Kreisleitung am 18. Mai 1936 über die politische Zuverlässigkeit Wilhelm Buschs abgegeben hatte, ständ Ähnliches vermerkt: „Im März *dieses* Jahres hielt Busch einen Schulungsvortrag über die Rassenfrage. Er vertrat hier den Standpunkt, daß vor Gott alle Rassen gleich seien, d. h. es wäre gleich, ob sich eine schwarze, gelbe oder weiße Hand zum Himmel recke. Auf diese Weise versucht er die Ziele der Bewegung in Bezug auf Rassenfrage zu bagatellisieren und ins Lächerliche zu ziehen." [32]

Die Leute von der Gestapo nahmen die Tätigkeit Wilhelm Buschs offensichtlich sehr ernst. Im Zusammenhang der oben geschilderten Ereignisse vermerken die Gestapo-Akten [33] unter dem 23. April 1937: „V-Mann weist nochmals darauf hin, daß Busch in letzter Zeit schlimmere Zersetzungsarbeit leiste als die K. P. D."

Warum war übrigens der andere Junge, Karl K., mit auf die Polizeistation genommen worden? Ein Teilnehmer der Fahrt erinnert sich lebhaft, wie der Polizist mit der Wirtin in das Gesellschaftszimmer gestürzt sei und geschrien habe: „Hände auf den Tisch!" — Mißtrauisch beäugte er die auf dem Tisch liegenden Bibeln und hielt sie offensichtlich nur für Tarnung. Als er nach dem „Führer" fragte und Busch sich als Pfarrer vorstellte, habe die Wirtin ausgerufen: „Wenn das ein Pfarrer ist, dann schneide ich mir den Hals ab!" — Darauf Karl Kurz schlagfertig: „Ich gebe Ihnen ein Messer." Also mit zur Polizei.

In dem gleichen Jahr 1937, in dem die Niederbonsfeld-Affäre passierte, wurde auch das Pfingstlager des Weigle-Hauses in Vynen/Marienbaum aufgelöst.

Die gleiche Kneipe in Niederbonsfeld wurde Wilhelm Busch am 11./12. Oktober 1937 noch einmal zum Verhängnis. Er wurde mit einigen Radfahrern von der Wirtin gesehen und erkannt, als er an der Wirtschaft vorbeifuhr. Das gab Anlaß, daß sich die Polizei wieder mit ihm befaßte und herauszufinden suchte, ob er sich auf unerlaubte Weise in Freizeitarbeit betätige. Es durften ja keine Radtouren in geschlossenem Verband gemacht werden. Busch gab deshalb im Vernehmungsprotokoll vom 18. 11. 1937 an: „Aus Gründen der Ersparnis fuhren die Jungen mit dem Fahrrade.“ [34]

Sie seien in aufgelöster Reihenfolge gefahren und seien in einem Zeitraum von 45 Minuten getrennt voneinander auf der Bundeshöhe in Wuppertal-Barmen angekommen. Sie hätten keine Uniform getragen. Bibelstunden und Bibeltage, auch sogenannte volksmissionarische Kurse waren nach dem Himmler-Erlaß vom Juli 1935 erlaubt. In diesem Erlaß heißt es u. a.:

„Für die ... Jugendlichen bis zu 18 Jahren bleibt die Abhaltung von volksmissionarischen Kursen als anerkannt kirchliche Tätigkeit auch in der Öffentlichkeit gestattet. ... Geschlossene Lager zu rein religiösen Zwecken (Bibelarbeit ohne sportliche Betätigung) werden gestattet. Baden und leichte Freiübungen gelten nicht als sportliche Betätigung. ... Das Verbot von Uniformen erstreckt sich nicht auf H. J.-Uniformen zu solchen Veranstaltungen.“

In einem Vernehmungsprotokoll vom 22. Januar 1938 zur gleichen Sache sagt Busch: „Ich habe die Bibeltage nach auswärts verlegt, weil mir so eine gesammelte mehrstündige Bibelarbeit möglich ist. Zu Hause werde ich, wie auch die Jungen, häufig gestört oder abberufen.“ — Wir sehen immer wieder an diesen Beispielen den Grundsatz, die rechtlichen Möglichkeiten bis an die Grenze wirklich auszuschöpfen. Tatsächlich ist Busch damit durchgekommen.

Die Schüler machten naturgemäß viel mehr Freizeiten als die berufstätigen Mitglieder der Abteilungen. In allen Ferien fanden Freizeiten statt. Im Anfang des Dritten Reiches war es noch möglich, daß die verschiedenen Schülergruppen wie üblich getrennt anreisten oder große Teile des Weges wanderten. Sie trafen sich dann zum gemeinsamen Lager, z. B. im Fichtelgebirge oder wie 1936 in der Rhön. In einer zweiten Phase mußte die Anreise schon getarnter geschehen. Gemeinsame Wanderungen und Radtouren waren nicht mehr erlaubt. Die Gruppen hatten sich etwas mehr zu zerstreuen. Man kam dann mit Abständen in dem Lager an.

Ab 1937 ging es nur noch mit verschärfter Vorsicht. Es gab im Grunde gar keine Freizeit, sondern die Schüler meldeten sich einzeln in dem Freizeitheim an. Der Form nach gab es also nur das Zusammentreffen vieler einzelner, nicht aber eine gemeinsam geplante und organisierte Freizeit.

Wilhelm Busch sicherte auch die Leiter der verschiedenen Gruppen, soweit es ging, gegen polizeiliche Maßnahmen ab. Damit sie sich unterwegs ausweisen konnten, daß sie nicht eine unerlaubte konfessionelle Jugendorganisation vertreten, sondern kirchliche Gemeindejugend waren, gab er Ausweise für die Gruppenleiter aus. Unter dem Briefkopf des Evang. Jugendpfarramts Essen-Altstadt hieß es dann: „NN ... ist von der Evangelischen Kirchengemeinde beauftragt, Jungen der Gemeinde zu einem Bibellager zu führen. Das Bibellager findet während der Ferien (im August) im Fichtelgebirge statt." Einen solchen Ausweis für den Schulgruppenleiter Heinrich Reiß stellte Busch am 22. Juli 1936 aus. [36]

Busch hat auch Beziehungen genutzt, um die Jugendarbeit reibungsloser zu gestalten. So waren die Leiter durchaus im Besitz von Jugendherbergs-Führerausweisen, die auf die Institution Evangelisches Jugendpfarramt und den Namen des Inhabers ausgestellt waren. [37]

Allerdings wurde Busch am 25. März 1938 grundsätzlich verboten, Bibelfreizeiten selber zu halten. Der Grund: Politische Unzuverlässigkeit. Die Gestapo zitierte ihn und teilte ihm dies mit. Ein Polizeioberer schreibt an die Niederschrift des Protokolls dieser Mitteilung den Satz: „Das sollte Busch nicht offiziell mitgeteilt werden." (Notiz vom 26. 3. 1938). [38] Busch verlangte die schriftliche Bestätigung dieser Verfügung.

Am 29. März 1938 wurde ihm dann schriftlich eröffnet, daß alle konfessionellen Jugendlager durch das Landesjugendpfarramt bei der Staatspolizei Düsseldorf vorher beantragt werden müssen. Alle Freizeiten, bei denen Busch als Mitarbeiter oder Planer beteiligt sei, würden aus staatspolizeilichen Gründen aufgelöst werden.

Gegen diese Verfügung beschwert sich Wilhelm Busch bei der Gestapo in Berlin. Er schreibt:

„Auf meine Bitte um eine einsichtige Begründung dieser schwerwiegenden Maßnahme wurde mir mitgeteilt, ich sei eben politisch unzuverlässig. Als ich darum bat, diesen ehrenrührigen und schwerwiegenden Vorwurf näher zu begründen, wurde diese Begründung abgelehnt. Ich bitte dringend darum, daß mir eine den Tatsachen und vorliegenden Berichten entsprechende Aufklärung gegeben wird, und die Möglichkeit, dazu meinerseits Stellung zu nehmen. Das bisherige Verfahren muß ich als eine ungerechtfertigte Vergewaltigung und eine weiteste kirchliche Kreise beunruhigende Verleumdung anonymer Art empfinden. Meine politische Vergangenheit ist so, daß ich mich nicht zu schämen brauche ..." [38]
Die Beschwerde wird abgelehnt.

Nun, die Mitarbeiter des Weigle-Hauses haben weiter Freizeiten durchgeführt. Im Juli 1938 flog ein Abteilungsleiter, der mit seinen Jungen auf einem Bauernhof in Winz-Niederwenigern übernachtete, auf. Er und alle Jungen wurden vernommen. [39] Die Art der Beschäftigung der Jungen wird geprüft, auch die Texte der Lieder, die sie gesungen haben, müssen vorgelegt werden. Außer zwei geistlichen Liedern war auch ein H. J.-Lied und das deutsche Volkslied „Wo ist denn nun mein Christian?" darunter. Und vor allen Dingen — welch ein Stein des Anstoßes! — das Lied: „Der Elefant hat vorn 'nen Schwanz, und hinten hat er 'nen Rüssel ..." Ohne Zweifel, das war nicht rein kirchlich-religiöse Betätigung. Es gab dann auch einige Schwierigkeiten. Der Leiter bestätigte allerdings hartnäckig, daß er von Wilhelm Busch keinen Auftrag für diese Sache gehabt habe. Es ging alles noch einmal glimpflich ab.

Im Oktober 1942 aber wurde von der Gestapo der schwerste Schlag gegen die Jugendarbeit des Weigle-Hauses geführt. Man bedenke, daß die Gestapo zu dieser Zeit des Krieges solche Dinge immer noch furchtbar ernst nahm.

Im Sommer 1939 hatte Busch eine Evangelisation in Kassel. Freizeiten durfte er ja nicht mehr durchführen, auch keine Leiterfreizeit. Im Sommer 1939 nahm er zwölf Leiter als sogenannte Evangelisationshelfer mit nach Kassel. [40] Diese Verbindung von Freizeit, namentlich Mitarbeiterfreizeit und Evangelisation hat dann nach dem Krieg eine wichtige Rolle gespielt in Wilhelm Buschs Jugendarbeit. Die Entstehung dieser Kombination geht außer auf die Leiterfreizeit 1939 in Kassel auch noch auf eine andere Aktion zurück. Busch hatte eine Evangelisation in Schleswig-Holstein. In dieser Gegend waren einige Mitarbeiter des Weigle-Hauses im Arbeitsdienst. Wilhelm Busch sammelte diese Leute — es war eine kleine Gruppe von fünf oder sechs Mann — parallel zur Evangelisation als Bibelgruppe. Tatsächlich bekamen die jungen Leute für diesen Zweck auch Urlaub vom Arbeitsdienst. [41] Nach dem Krieg waren es dann vor allen Dingen die Versorgungsprobleme für eine Freizeit, die eine Verbindung zwischen Evangelisation und Jugendfreizeit nahelegten. Busch wurde eingeladen, und in der Umgebung des Dorfes oder der Stadt wurden die Jungen auf Bauernhöfen untergebracht und verpflegt. Daß dieser Zusammenhang auch für die Freizeitteilnehmer von großem Nutzen war, haben wir früher schon dargestellt.

f) Große Razzia 1942

Durch jemanden, der die Arbeit des Weigle-Hauses von innen her sehr genau kannte, bekam die Gestapo die genauesten Informationen, wie sie sie vorher nie gehabt hatte. Ablauf und Tätigkeiten am Sonntagnachmittag wurden in allen Einzelheiten berichtet. [42]

Am 14. Oktober 1942 führt die Polizei schlagartig Durchsuchungen im Weigle-Haus, im Evangelischen Jugendpfarramt, in der Wohnung von Wilhelm Busch und in den Wohnungen von 20 Leitern durch. Liederbücher, Spiele, Musikinstrumente, Bücher mit nichtreligiösem Inhalt, Mitgliederlisten werden beschlagnahmt. Im Jugendpfarramt werden die Schreibmaschine und der Abziehapparat, mit denen die Liederblätter für die Liedermappen hergestellt wurden, beschlagnahmt. Ebenso Konfirmandenlisten, die als Grundlage für die Hausbesuche dienten.

1939 war ja ein verschärftes Verbot gegen sogenannte „bündische Jugendarbeit“ erlassen worden. Danach, so sagte Busch vor der Polizei aus, seien alle Spiele verschenkt oder verkauft worden. Elf Tischtennisfelder und ein Billardtisch seien abmontiert worden. Wenn die Polizei bei Leitern noch einzelne Spiele gefunden habe, so seien diese Privatbesitz. Die Staatsanwaltschaft habe seinerzeit gestattet, daß zwischen den Bibelstunden Pausen eingelegt werden könnten, „in denen den Jungen Gelegenheit gegeben würde, sich im Hause zu ergehen oder sich im Garten zu tummeln". — Diese lustige Formulierung — „sich im Hause zu ergehen oder sich im Garten zu tummeln" — wird dann auch von Wilhelm Busch und von den Leitern dauernd als Beschreibung des WH-Betriebes benutzt. Man erfand neue Spiele, bei denen z. T. Bibeln benutzt wurden. Im Garten wurde Fangen und Erlösen gespielt. Die Leiter mußten sich sehr anstrengen, mit den kargen Mitteln einen unterhaltsamen Spielbetrieb aufzuziehen. Man erging sich oder tummelte sich nach offizieller Sprachregelung. Es sollte ein Betrieb sein, der dem Pausenbetrieb auf einem Schulhof vergleichbar sei. Daß dies geschehe, gab Busch bei der Polizei offen zu, war aber der Meinung, daß er nicht gegen die Verordnungen hinsichtlich der Jugendarbeit verstieße.

Selbstverständlich war in dieser Zeit nach dem strengen Erlaß gegen die Jugendarbeit die Tätigkeit im Weigle-Haus sehr erschwert. Man durfte keine Gitarren mehr haben. Auch Fahrtenlieder zu singen, war völlig verboten. Nur noch Choräle und geistliche Lieder durften die Leute in der kirchlichen Jugend singen.

Eine der Stärken Wilhelm Buschs war doch das Erzählen spannender Geschichten! Die gemütliche Unterhaltung am Sonntagabend lebte von diesen spannenden Geschichten. Nun auf einmal durften keine Abenteuergeschichten mehr erzählt werden. Wilhelm Busch hat auch hier erstaunliche Auswege gefunden. Er hat den Freiheitskampf der Niederländer erzählt. Und zwar geschah das unter rein religiösen Gesichtspunkten. Er mußte diese geistlichen Aspekte deutlich herausstellen, denn zwei oder drei Jungen berichteten sicher von der Aktion ihren Vätern, und bald wußte es dann auch die Polizei. Auch die Reformationsgeschichte hat Busch in diesen Jahren in der gemütlichen Unterhaltung erzählt! Es war eine harte Zeit, in der er und seine Leiter versuchten, alles Mögliche in der Jugendarbeit zu tun und zugleich der Polizei gegenüber zu demonstrieren, daß man im Grunde nichts tat.

Die Gestapo Essen schlägt am 23. November 1942 vor, das Evangelische Jugendwerk Essen aufzulösen, sein Vermögen sicherzustellen und das Weigle-Haus anderen Zwecken dienstbar zu machen.

Die Gestapo hat gegen Busch einiges auf dem Herzen: „Pfarrer Busch hat die Gestaltung seiner Jugendarbeit ohne Rücksicht auf die entsprechenden staatlichen Bestimmungen ganz auf den Mitgliederfang abgestellt. Diese abwechslungsreiche Gestaltung der Zusammenkunft fand auch bei den Jungen, die sämtlich der H. J. angehören, großen Anklang, so daß sie den Besuch dieser Stunde dem des H. J.-Dienstes vorzogen und dadurch zur Vernachlässigung des H. J.-Dienstes verleitet wurden. Das Verhalten des Pfarrers Busch ist also ein fortgesetzter Verstoß gegen die Polizeiverordnung gegen die konfessionellen Jugendverbände vom 23. 7. 1935."

Busch selbst wurde auf Anweisung des Reichssicherheitshauptamtes (RSHA) in Berlin jede Jugendarbeit, die sich über den pfarrbezirklichen Rahmen hinaus erstreckte, verboten. Nun betrieb Busch seine Weigle-Haus-Arbeit ja sowieso in Übereinstimmung mit seiner Dienstanweisung als Pfarrer der Evangelischen Kirchengemeinde Essen-Altstadt. Insofern verfehlte diese Anweisung des RSHA etwas ihre Wirkung. Denn dem Wortlaut gemäß war die Jugendarbeit Buschs auf den gemeindlichen Rahmen beschränkt.

Am 1. Dezember 1943 wird Busch von der Staatsanwaltschaft vorgeladen. Ihm wird bedeutet, daß das Verfahren eingestellt werden könne, wenn er bereit sei, 500 RM Buße zu zahlen. Busch ist sofort dazu bereit. Er wird verwarnt. Am 8. Dezember 1943 wird das Verfahren gegen ihn eingestellt.

g) Die Gestapo interessiert sich für den „Jäger aus Kurpfalz"

Zu den lächerlichen Begebenheiten im Zusammenhang der Auseinandersetzungen um die Gestaltung der evangelischen Jugendarbeit gehört auch die Sache mit dem „Jäger aus Kurpfalz". Irgend jemand hat Busch im Jahr 1937 wegen einer Aussage in einer Bibelstunde angezeigt. Busch wird am 14. September 1937 von der Gestapo dazu vernommen und gibt folgendes zu Protokoll: [43]

„Es ist richtig, daß ich gelegentlich in einer Bibelstunde gesagt habe, in Dortmund sei ein Pfarrer bestraft worden, weil er an einem Abend ein Volkslied habe singen lassen ... Richtig ist,

daß ein Pfarrer K. in Dortmund-Berghofen von der Staatspolizei mit einem Zwangsgeld belegt wurde, weil er mit der evangelischen Gemeindejugend das Lied ‚Ein Jäger aus Kurpfalz' singen ließ."
Busch konnte von dem betreffenden Pfarrer eine Bestätigung dieses Sachverhaltes bekommen. Und so mußte die Gestapo auch in dieser Sache von Konsequenzen absehen.

h) Die juristische Sicherung des Weigle-Hauses

Das Jugendhaus selber war vor staatlichen Zugriffen dadurch relativ gesichert, daß es grundbuchmäßig als Eigentum der Kirchengemeinde Essen-Altstadt eingetragen war, einer Körperschaft öffentlichen Rechtes. Da aber auch ein unerwünschter Zugriff der von den Deutschen Christen bestimmten Kirchenbehörde nicht auszuschließen war, gründete man auf Dr. Heinemanns Anregung einen privaten „Verein Jugendhaus e. V.". Am 15. November 1937 übernahm Dr. Heinemann den Vorsitz dieses Vereins. Pfarrer Busch und Pfarrer Krüger gehörten dem Vorstand an. Dieser Vorstand hatte volle und ausschließliche Verfügungsgewalt über das Grundstück und das Gebäude. Noch über Wilhelm Buschs Tod hinaus ist Dr. Heinemann Vorsitzender dieses Vereins gewesen. Er legte das Amt erst im Sommer 1969 nieder, nachdem er zum Bundespräsidenten gewählt worden war.

4. Boykott des deutsch-christlichen Religionsunterrichtes

Hart und kompromißlos wurde der Kampf gegen Botschaft und Kirchenpolitik der Deutschen Christen geführt.
Das Amt für Erzieher der NSDAP schickt der Gestapo am 18. Dezember 1934 einen Rundbrief an die Eltern von Schülern zu, den Busch unterzeichnet hat. Der Gauamtsleiter vermerkt in seinem Begleitschreiben: „Das Schreiben ist wegen der Aufforderung, die Maßnahmen des National-Sozialistischen Staates zu sabotieren, so ungeheuerlich, daß wir um sofortige Maßnahmen bitten." [44]
Worum ging es? Zwei bekenntnistreue Religionslehrer waren vom unrechtmäßigen deutsch-christlichen Kirchenregiment abgesetzt worden. Darauf empfahl Busch im Rundbrief: „Da also der jetzige Unterricht nicht mehr als evangelisch-kirchlicher Religionsunterricht gemäß Bibel und Bekenntnis gel-

ten kann, fordern wir Eltern und Schüler auf, die Beteiligung an diesem Unterricht abzulehnen." — Dann folgt ein ausführlicher Hinweis darauf, wie man sich vom Religionsunterricht abmelden kann.
Am 8. Januar 1935 wird Busch von der Gestapo über diesen Rundbrief vernommen. Er sagt aus: „Da auf Veranlassung des ‚deutsch-christl.' Pfarrer S. die auf dem Boden des Bekenntnisses stehenden Pastoren A. und von E. aus dem Religionsunterricht der Berufsschulen herausgezogen wurden, sahen wir Pfarrer der Bekenntnissynode uns gezwungen, den zur Sprache stehenden Brief an die Eltern zu senden. — Ich habe den Brief im Auftrage der Bekenntnispfarrer verfaßt. Er wurde in den einzelnen Gemeinden von den zuständigen Pfarrern unterschrieben und zur Absendung gebracht . . . Ich habe die Briefe für die Gemeinden unterschrieben, in denen die Pfarrer nicht auf dem Boden der Bekenntnissynode stehen. — Es wurden etwa 1500 Briefe verschickt."
Danach heißt es weiter im Protokoll der Vernehmung: „Nicht durch unsere Briefe ist Unruhe in die evgl. Bevölkerung getragen worden. Die Unruhe entstand vielmehr vorher schon durch die Herausnahme der beiden Bekenntnispfarrer. Unser Brief sollte die Lage klären und befriedigen."

5. Verkündigung im Dritten Reich

a) Die Diktatur reagiert empfindlich

In einer Diktatur, die die Herrschaft über die Gewissen beansprucht, bekommt die Verkündigung des Evangeliums unversehens einen ganz neuen Akzent. Da der Staat und die Polizei die „rein kirchlichen" Betätigungen zuließ, hatte die Gestapo den Beweis zu führen, daß jeweils die Grenze überschritten sei. Wir wollen einige Beispiele der Verkündigung Wilhelm Buschs herausgreifen, die wir zugleich im Spiegel der Gestapo beobachten können.
Als in Berlin die Einführung des neuen Reichsbischofs stattfand, entsandte die Gestapo einen Spitzel in Buschs Gottesdienst, der notieren sollte, falls Busch ausfällig würde.
Im Polizeibericht über diesen Gottesdienst am 23. September 1934 lesen wir: „Er erwähnte die Einführung des Reichsbischofs mit folgenden Worten: ‚Liebe Freunde, was sind wir doch für eine arme evangelische Kirche. In Berlin wird ein

Reichsbischof mit großem Pomp und Trara eingeführt und hier vor unserer Kirche steht eine Schar Hitler-Jugend, die dem Gottesdienst nicht beiwohnen kann, weil die Pfarrer der Notgemeinschaft sich weigern zu dienen.' Tatsächlich stand, bevor der Gottesdienst angefangen war, eine zirka 150 Köpfe zählende B. D. M.-Mädelschar am Rathause angetreten, deren Führerin mit dem Küster eine Unterredung wegen des Besuchs des Gottesdienstes hatte. Ob die B. D. M.-Mädels nun freiwillig dem Gottesdienst ferngeblieben sind oder ob dieselben durch Pfarrer Busch fortgeschickt worden sind, entzieht sich meiner Kenntnis." [45]

Kompromißlos hart war die Auseinandersetzung mit den Deutschen Christen.

1935 gab Busch ein Flugblatt heraus unter dem Titel „Dein Wort ist unseres Herzens Trutz". Untertitel: „Ein Weckruf an die evangelische Christenheit".

Kein Versuch des Verhandelns und Ausgleichens. „Die wahre Kirche Jesu Christi ist nicht eine Versicherungsanstalt, sondern ein Heerlager ... Die Kirche bleibt ein Heerlager. In neuer Weise haben sich in unserem Volk Mächte des Unglaubens aufgemacht und ziehen gegen das Evangelium zu Felde."

Und dann ein frontaler Angriff gegen das germanische Neuheidentum: „Ob es die modernen Heiden fassen wollen oder nicht — wir haben in der Bibel nicht eine jüdische Erzählung über einen ausgedachten Gott, die wir durch eine deutsche Erzählung über einen ausgedachten Gott beliebig ersetzen könnten. *Wir haben in der Bibel ein Zeugnis von der Offenbarung des lebendigen, wirklichen Gottes.* Es ist an der Zeit, daß wir ernster auf die Offenbarung Gottes in Jesus achten. Aber man lasse uns doch in Ruhe mit all den nebelhaften, selbsterfundenen Götzen!" — Und Busch geht dann gegen den Wahn vom naturhaft guten Menschen an und die daraus folgende Wahnvorstellung von der Selbsterlösungsmöglichkeit des Menschen.

Das Flugblatt ist mit groß herausgestellten Schlagzeilen augenfällig gestaltet. Die drei Hauptschlagzeilen zeigen die angreifende Tonart: „Ein neues Heidentum läuft haßerfüllt Sturm gegen das Evangelium der Bibel." — Dann: „Aber wir greifen das moderne Heidentum an! — Warum? — Wir greifen das Heidentum an um seines Götzendienstes willen!" — „Wir greifen das Heidentum an um seines falschen Wahnes willen."

Busch wurde wegen dieses Flugblattes von der Gestapo vorgeladen. Man durchsuchte seine Wohnung. Flugblätter wurden nicht mehr gefunden.

Am 17. Mai 1935 gab Busch der Gestapo zu Protokoll: „Das Flugblatt ‚Dein Wort ist unseres Herzens Trutz' habe ich verfaßt, weil ich als Prediger des Wortes Gottes verpflichtet bin, unsere Gemeinden vor allen Menschenlehren zu warnen, die sie von Christus trennen. Die Deutsche Glaubensbewegung vertritt eine solche Lehre. — Gegen sie und ähnliche neuheidnische Bewegungen (Ludendorff u. alle die im Flugblatt aufgeführt sind) richtet sich mein Flugblatt. Auf Vorhalt erkläre ich, daß ich keinen anderen Grund für die Verfassung des Flugblattes gehabt habe." [46]

Einen Monat zuvor, am 15. April 1935 predigte Busch in einem Bekenntnisgottesdienst in der Neustädter Kirche in Bielefeld. Die Staatspolizei Bielefeld schickte einen Spitzel in den Gottesdienst, und dessen Bericht über Wilhelm Buschs Predigt wurde Anlaß zu dem Antrag der Gestapo zur Einleitung eines Strafverfahrens wegen Kanzelmißbrauch gegen Wilhelm Busch. In den Gestapo-Akten finden wir den Bericht des Polizeibeamten. [47] Der Report, wie auch andere Berichte, spiegeln die ganze Verlegenheit dieser Beamten wider. Man spürt den Sätzen an, daß die Verfasser keine Beziehung zum christlichen Glauben und keine Ahnung davon haben. Daraus ergeben sich manchmal kuriose Entstellungen.

Wilhelm Busch hat seine Predigt von Bielefeld gewissermaßen noch einmal gehalten, und zwar vor der Gestapo in Essen. Wir finden sie im Vernehmungsprotokoll vom 3. Mai 1935. Dies ist ein erschütterndes Dokument für Verkündigung in einer Diktatur. Einerseits wird mit großer Klarheit und gefährlicher Schärfe die Situation gezeichnet und die Herausforderung des Evangeliums gesagt. Andererseits bemüht sich Busch nach dem schon früher genannten Prinzip, die formale Gesetzmäßigkeit zu wahren. Es sei eben ausschließlich um kirchliche Angelegenheiten gegangen. Und die habe der Staat ja nicht antasten wollen.

Busch predigte über Apostelgeschichte 6, 8—15. Da wird von Stephanus berichtet, der in einer durchschlagenden Weise das Evangelium verkündet. Stephanus wird verhaftet und mit Hilfe von falschen Zeugen vor Gericht angeklagt. Nun Buschs Bericht über seine eigene Predigt: [48]

„Ich habe etwa wörtlich ausgeführt: ‚Die wahre Kirche Jesu Christi ist zu allen Zeiten in Kampf und Not gekommen. Die Welt versteht nicht, um was es in der Kirche dabei geht, darum versucht sie, mit einem Schlagwort solch einem geistlichen Ringen gerecht zu werden. Im Mittelalter sagte man zu dem großen Kampf der Reformation ‚Mönchsgezänk'. Heute versucht man das große geistliche Ringen um die Erneuerung der Kirche abzutun mit dem Wort ‚Pfarrergezänk'. Daß es sich nicht um Pfarrergezänk handelt, beweist schon die eine Tatsache, daß in Bremen zwei Kirchenälteste, zwei Laien, ein Herr Dr. St. und ein Dr. H. um ihres Bekenntnisses willen ins Gefängnis geworfen wurden.' Den Satz: Es sei unerhört, daß die Kirche heute nicht mehr die freie Verkündigung habe, habe ich nicht ausgesprochen. — Ich habe wohl ausgeführt, daß die Kirche heute immer mehr auf ihre Kirchenräume beschränkt wird, während die heidnische Deutsche Glaubensbewegung in öffentlichen Sälen, wie in der Kaupenhöhe in Essen oder in dem Sportpalast in Berlin, offen für das Heidentum werben und das Christentum angreifen dürfe.

Meine Predigt hatte den Zweck, der Gemeinde in der augenblickl. Notzeit der Kirche ihren Weg nach dem Worte Gottes zu zeigen. Darum wurde in einem ersten Teil ausgeführt, woher es denn komme, daß die Kirche zu allen Zeiten in Not gerate.

Im zweiten Teil war die Rede davon, worin die Not der Kirche bestehe. — In diesem Zusammenhang war die Rede von Pfarrern, die in Konzentrationslagern sind. Von Sträflingskleidern habe ich nicht gesprochen. — Als ich von der Not der Kirche sprach, sagte ich zuerst im Anschluß an den Text, daß die Not der Kirche darin bestehe, daß sie durch einen Nebel müsse, den sie aus eigener Kraft nicht lichten könne. — So werfe man z. B. der Bekenntniskirche vor, daß sie die Einheit der Kirche zerreiße. Wir kennen aber nur eine Kirche Jesu Christi. Dagegen sei der Leiter der Bekennenden Kirche, Bischof D. Marahrens, vor kurzem vor einem Gottesdienst in Darmstadt verhaftet und über die hessische Grenze abgeschoben worden. Dabei hat man ihm gesagt, ein nichthessischer Pfarrer dürfe in Hessen nicht predigen. ‚Wer richtet denn hier alte Grenzpfähle wieder auf?!' Das ist der Nebel, daß man uns vorwirft, was man selber tut.

Als anderes Beispiel dieses verwirrenden Nebels erwähnte ich die Tatsache, daß die neuheidnische Religion vielfach unter der Flagge ‚Positives Christentum' segelt ...

Im dritten Teil meiner Predigt kam ich zur Hauptsache. Hier führte ich aus, was die Gemeinde heute an innerer Ausrüstung nötig habe. Als erstes nannte ich hier die Bereitschaft zum Leiden. In diesem Zusammenhang habe ich gesagt, daß der einzige Schutz der Kirche der Herr Jesus selber sei. — Sie habe keine Macht, keine Presse, kein Radio und kein Recht. Das letzte Wort bezieht sich auf die allgemein bekannte verwirrte Rechtslage der evgl. Kirche. — ... Wenn ich von Verhaftungen und Unterbringung in Konzentrationslagern gesprochen habe, habe ich diese Tatsache der Gemeinde lediglich mitgeteilt, weil es sich um Glieder der Kirche handelt. — Ich habe nicht über Angelegenheiten des Staates, sondern über solche der Kirche gesprochen. — Ich hatte nicht die Absicht, meine Zuhörer gegen den Staat aufzuwiegeln. Solches konnte auch nicht aus meiner Predigt entnommen werden. Denn ich habe ausdrücklich gesagt: ‚Die Kirche kann nie sich empören, ihr gilt immer das Wort aus Römer 13, Vers 1: Seid untertan der Obrigkeit, die Gewalt über euch hat.' — Auch sprach ich in diesem Zusammenhang davon, daß Leute, die politische Empörer sind, in der Bekenntniskirche nichts zu suchen hätten ... Ich habe rein kirchlich gesprochen. Meine Aufgabe ist es, die Glieder der Kirche vor dem Neuheidentum zu warnen und ihren Glauben zu stärken."

Wie gesagt, wurde wegen dieser Predigt Antrag auf Einleitung eines Strafverfahrens wegen Kanzelmißbrauch gegen Wilhelm Busch gestellt. Der Oberstaatsanwalt beim Sondergericht in Dortmund aber stellte das Verfahren ein, „da mit Sicherheit nicht festgestellt werden kann, daß sich die Äußerungen des Besch. (d. h. Beschuldigten) gegen den Führer und Reichskanzler und nicht nur gegen die Deutsche Glaubensbewegung und die Deutschen Christen richten sollten". [49]

b) Diokletian und Hitler

Wir sind in der Lage, auf Grund der Gestapo-Akten ein Beispiel für die Möglichkeit und Problematik der Verkündigung des Evangeliums in einem totalitären Staat zu geben und zugleich die Reaktionen von zwei verschiedenen Seiten darauf dokumentarisch zu erfassen.

In Dortmund war eine volksmissionarische Woche gelaufen. Busch hatte an einem Mittwochvormittag über das Thema „Berufserfüllung aus Verantwortung vor Gott" gesprochen. Ein Bericht über diesen Vortrag mit z. T. wörtlicher Zitation findet sich in dem Kirchenblatt „Kirchlicher Sonntagsgruß" aus Dortmund vom 24. Januar 1937. Der ganze Vortrag Buschs bewegt sich ausschließlich im Bereich persönlich seelsorgerlicher Fragen. Auch der Abschnitt, der hier zur Rede steht, hat formal diese Ausrichtung. Da heißt es:

„Der Anfangspunkt aller Berufserfüllung ist, Umfang und Grenzen seines Berufes zu erkennen und anzuerkennen. Ein wirklich tragisches, klassisches Beispiel dafür, wie sehr Grenze und Umfang des Berufes übersehen sind, bietet uns die Geschichte in der Person des römischen Kaisers Diokletian. Diokletian kam aus dem Soldatenstand an die Spitze des Reiches. Es gelang ihm, das zerfallene Reich aufs neue zusammenzuschweißen. Möglichste Zusammenfassung aller Kräfte war sein Ziel: Ein Führer, ein Volk, ein Reich. Was lag näher als der Wunsch: nun auch *ein Glaube!* Sein Caesar Galerius versuchte, ihn zu einer Verfolgung der Christen zu bewegen, weil sie der Einheit hinderlich seien. Diokletian aber fühlte sich nicht zum religiösen Reformator berufen, er wollte in den Grenzen seines Berufes bleiben. Lange hat er gezaudert, zur Verfolgung zu schreiten, bis er doch schließlich dem Drängen der christentumsfeindlichen Partei erlag. Eine der grausamsten Verfolgungen begann. Und das Ende des Diokletian? Sein Reich, dessen Aufstieg so glänzend begonnen, zerfällt, und er selbst endet im Wahnsinn. Galerius, der Haupturheber der Verfolgung, durch eine fürchterliche Krankheit gebrochen und über das Vergebliche seines Vernichtungskrieges gegen die Christen im klaren, gewährt den Christen Toleranz."

Leicht kann man sich die Reaktion der Zuhörer vorstellen. Offiziell wurde hier mit keinem Wort zu der Lage in Deutschland Stellung genommen. Es ging nur um persönlich seelsorgerliche Fragen im Blick auf Beruf und Erfüllung. Und doch wußte natürlich jeder, was hier gemeint war.

Dieser Zeitungsartikel mit dem Bericht über Buschs Referat kam an die Gestapo zusammen mit einem Brief, den ein emeritierter Pfarrer am 30. Januar 1937 an Wilhelm Busch schrieb.[50] Der Pfarrer betont zuerst, daß er der Verkündigung Buschs gegenüber eine wohlwollende Haltung gehabt habe. Dann aber setzt seine Kritik an:

„So wie Ihr Wort in wohl nicht geschlossener Versammlung gefallen ist, wirkt es auf unser Volk wie ein Richterspruch über H's Tun und Verhalten." Und dann fährt er fort: „Wer gibt Ihnen das Recht, ein solches Urteil über den Mann zu fällen, der uns von Gott zur Obrigkeit gegeben ist? Das Neue Testament gibt es nicht. Es ermahnt zum Gehorsam gegen die Obrigkeit . . . "

Und weiter unten in dem Brief: „Ich fürchte, daß durch Unvorsichtigkeit oder herausfordernde Schärfe des Urteilens über Staat und Obrigkeit . . . seitens der Bekennenden Kirche im Kampf, der unserer Kirche auferlegt ist, viel verdorben wird und schon ist."

Solche Kritik gehört wohl zu dem Beschwerlichsten, was die Männer in der Auseinandersetzung zu ertragen hatten. Da gab es immer die klugen Sanftmütigen, die ganz genau wußten, daß Wilhelm Busch und andere Leute der Bekennenden Kirche nicht um des Evangeliums willen, sondern wegen ihrer Hitzigkeit und Unvorsichtigkeit und Provokation mit dem Staat in Konflikt gerieten. Der Gestapo kam dieser Brief gerade recht. Die Beamten der Gestapo — das kann man in den Akten verfolgen — haben sich schwarz geärgert, daß sie Busch in vielen Fällen nicht nachweisen konnten, daß er wirklich gegen den Staat geredet hatte.

Die Gestapo schnappt also den Brief des Pfarrers an Busch ab. Ein Beamter schreibt in einem Protokoll unter dem Datum des 5. Februar 1937, daß Busch in dem Vortrag „in geradezu herausfordernder und an Gemeinheiten nicht mehr zu überbietender Weise den Führer angegriffen hat. Die bisher von ihm angewandte Taktik, seinen Worten andere Auslegungen zu geben, als sie von den Zuhörern verstanden und aufgefaßt werden, dürfte in vorliegendem Falle mit Rücksicht auf das geradezu klassische Zeugnis seines ‚Bruders' ... endlich mal fehlschlagen."

Wutschnaubend kommt die Schlußempfehlung: „Nunmehr dürfte es an der Zeit sein, gegen Pf. Busch mit allen gebotenen Mitteln einzuschreiten, damit diesem systematischen Volksaufwiegler und Volksverhetzer endlich mal das Handwerk gelegt wird."

c) Noch weitere drei Flugschriften, die beschlagnahmt wurden

Wilhelm Busch ist schriftstellerisch sehr aktiv gewesen. Es gibt ungezählte Aufsätze und Artikel in ebenso vielen Zeitungen und Zeitschriften und Broschüren.

Wir erwähnten und zitierten schon das Flugblatt „Dein Wort ist unseres Herzens Trutz", das die Gestapo beschlagnahmte. Das gleiche Schicksal widerfuhr drei anderen Broschüren. Eine Restauflage von 6 580 Stück wurde von der Flugschrift „Was tun wir mit dem Alten Testament?" beim Aussaat-Verlag beschlagnahmt. Auch in Buschs Wohnung wurden noch 18 Exemplare sichergestellt. Dieser Broschüre liegt wohl ein Vortrag Buschs zugrunde, den er vor jungen Leuten gehalten hat.

Wilhelm Busch schreibt: „Das Alte Testament verherrlicht nicht das jüdische Volk, es verherrlicht überhaupt keinen Menschen. Die Bibel verherrlicht nur einen Einzigen, nämlich den lebendigen Gott." [51] — Und gegen den Vorwurf, das Alte Testament sei ein unsittliches Buch, meint Busch: „Es gibt keine Sünde der Bibel, die nicht bis zu dieser Stunde in Deutschland verübt wird." [52] Und er setzt gleich dazu, warum die Bibel so radikal offen auch von der Sünde des Menschen redet: *„Wir sind alle miteinander erlösungsbedürftig.* Erlösungsbedürftige Leute, ein David sowohl wie wir." [53] Die Bibel zeigt uns, wie Gott über unsere Sünde denkt. Und die Bibel ermutigt uns dadurch, daß sie zeigt, wie treu Gott zu seinen Leuten steht, obwohl sie böse Wege gehen.

Wilhelm Busch setzt sich mit der Kritik von Frau Ludendorff an dem alttestamentlichen Gottesbild auseinander und schreibt in dem Zusammenhang: „Hier handelt es sich nicht um einen Gottesbegriff, den ich annehmen oder ablehnen könnte nach Belieben, hier handelt es sich um den *lebendigen Gott,* Schöpfer Himmels und der Erden, den Vater Jesu Christi. Der erteilt allerdings Befehle. Es ist sehr bequem, wenn ich sage: ‚Ich höre Gott im Rauschen meines Blutes.' Der Gott tut mir nichts, der verlangt auch nichts. Aber der lebendige Gott verlangt etwas von mir. Das hat es mir das Herz abgewonnen, daß dieser Gott mich ganz will. Da ist der Beweis, daß er wirklich Gott ist." [54]

Busch zeigt dann vier Wege, über die wir Zugang zum Alten Testament bekommen.

Erstens: „Das Alte Testament zeigt uns Gott und verherrlicht den lebendigen Gott." [55]

Zweitens: „Der *zweite* Weg ins Alte Testament ist der, daß *man die Stellung Israels begreifen lernt.*" [56] Und hier spricht Busch jetzt über Erwählung und Erlösung. Er schließt daran an: „Sagt mir neulich einer: ‚Die Geschichte des Siebenjährigen Krieges ist doch wichtiger als vorderasiatische Kriegsgeschichten.' Da habe ich erwidert: ‚Da hast Du recht, wenn das Alte Testament eine Sammlung vorderasiatischer Kriegsgeschichten wäre, wollte ich es wohl gern in den Ofen stecken. Aber hier handelt es sich um die Kämpfe des Volkes Gottes. Diese Kämpfe kämpft das heutige Volk Gottes auch mit dem Schwert des Geistes.' Luther sagt: ‚Israel — das ist die Kirche Jesu Christi im Alten Bund'. Wenn ich dem nachdenke, dann gehen mir eine Menge Lichter auf." [57]

Drittens: Busch hat das Alte Testament immer typologisch ausgelegt. Er liest es ganz von der Erfüllung im Neuen Bund her. Deshalb sein Satz: „Im Alten Testament ist auf jeder Seite *von Jesus die Rede.*" [58]

Viertens: Der vierte Weg, der uns ins Alte Testament hineinführt, ist die Tatsache, daß wir im Alten Testament lernen können, was Versöhnung bedeutet.

Und nun sehen wir, wie Busch die kritische Haltung dem Alten Testament gegenüber, die in der damaligen Zeit sehr stark war, im Gespräch mit jungen Leuten pädagogisch geschickt auffängt: „Aber nun kann ich mir denken, daß ein junges Menschenkind hier sitzt und sagt: ‚Aber verstehen kann ich nun doch nicht, warum Du am Alten Testament festhältst, wo es ein so umstrittenes Buch ist. Können wir es nicht um der Liebe willen lassen und an die Stelle des Alten Testaments ein paar nordische Sagen setzen, die Islandsagas oder die Edda?'

Zunächst: Nein, man kann das Wort der Wahrheit nicht um der Liebe willen wegtun — und wenn sich die ganze Welt ärgerte! . . .

Wie ist es denn mit der Edda und den Sagen der Vorzeit? Können die das Alte Testament ersetzen? Seht, wenn ich mir eine Freude machen will, lese ich auch gerne mal die Edda. Da stehen herrliche Heldengeschichten und Heldensagen. Die Männer der Edda sind bestimmt groß. Aber — ihre Götter sind erbärmlich klein. Wer die Edda an Stelle des Alten Testaments empfiehlt, der kennt weder das Alte Testament noch die Edda. Und das ist der Jammer dieser Tage, daß viele davon nur reden, ohne es zu kennen. Da kommt in der Edda eine Geschichte vor von einem Gott Thor, dem sein Hammer gestohlen wird und der durch allerlei List wieder zu seinem Hammer kommt. Neben dieses Gottesbild stelle ich das Wort aus dem Alten Bunde: ‚Meine Seele ist stille zu Gott, der mir hilft.' Vergleicht doch ernsthaft die Edda mit dem Alten Testament! Seht, wo menschliches Denken über Götter ist und wo der lebendige Gott sich offenbart." [59]

Wilhelm Busch ermutigt zum Lesen und zum Erzählen alttestamentlicher Geschichten. Aber hatten Menschen der damaligen Zeit überhaupt die Möglichkeit, vorurteilslos dieses Buch zu lesen? Busch sieht das Problem.

„Wir wollen uns gegenseitig helfen, daß wir uns *befreien von den Schlagworten* unserer Zeit. Es gibt Leute, die wollen dem deutschen Volk eine Brille aufsetzen, und dadurch soll es nun die Bibel lesen. Da müssen wir sagen: ‚Dankeschön, ich kann selber lesen. Ich habe das nicht gern, eine Brille auf die Nase zu bekommen!' Dann merken wir bald: Die meisten Angriffe gegen das Alte Testament kommen aus Unkenntnis." [60]

Nach Lage der Dinge konnte dieses Heft im Dritten Reich natürlich nur Widerspruch hervorrufen. Erstaunlich und für das Evangelium typisch ist, daß zwei andere evangelistische Schriften ebenfalls beschlagnahmt werden. Im Sommer 1940 die Broschüre „Der Skandal des Kreuzes". Dabei finden sich eigentlich keine Angriffe gegen den damaligen Staat oder die deutsch-christliche Weltanschauung darin. In diesem Heft wird einfach das Evangelium missionarisch verkündigt. Aber das reicht offensichtlich. Die Tatsache, daß Gott sich im Gekreuzigten offenbart, ist für die damalige Weltanschauung, die an die Offenbarung Gottes in der deutschen Geschichte glaubte, unerträglich. Entsprechend ist auch die Gestapo-Kritik: „Er bezeichnet diese Höhepunkte des völkischen Gemeinschaftsempfindens als zweitrangig gegenüber dem bewußten Erleben der Lehre vom Kreuz, bzw. er lehnt es ab, in diesen gewaltigen Geschehnissen ‚göttliches Erleben' zu sehen." [61]

Nicht ohne Schmunzeln liest man im Brief der Gestapo Düsseldorf ans Reichssicherheitshauptamt in Berlin vom 5. Juli 1940, in dem die erwähnte Schrift behandelt wird, den Satz: „Zur weiteren Charakterisierung des an sich sattsam bekannten Pfarrers Busch überreiche ich ...".

Die letzte hier zu nennende Flugschrift, die die Gestapo verboten hat, heißt: „Schnell das Wichtigste". Sie will auf ganz zusammengedrängte und lebensnahe Weise die Botschaft von Jesus sagen. Busch erzählt einige Beispiele von geistlichen Erlebnissen von Soldaten im Ersten Weltkrieg. Das muß schließlich als Begründung für die Beschlagnahmung dieser Flugschrift herhalten, „weil die Verquickung des Frontsoldatentums mit konfessionellen Gesichtspunkten unerwünscht ist". [62] Sie spürten die Spitze des Evangeliums und suchten Vorwände, um es unterdrücken zu können.

d) „Die politische Zuverlässigkeit wird unbedingt verneint."

Zu Anfang des zweiten Abschnitts dieses Kapitels haben wir schon einmal aus dem Gutachten des NSDAP-Kreisleiters über die politische Zuverlässigkeit Buschs vom 18. Mai 1936 zitiert. Sehr ausführlich beschäftigt sich dieses Gutachten mit einem Artikel, den Busch in der Zeitschrift der Berliner Stadtmission geschrieben hat und den die Zeitung „SA-Mann" aufgegriffen und heftig kritisiert hatte. Der NSDAP-Kreisleiter schreibt im Blick darauf: „Er weiß in seinen Artikeln die Grenzen, die ihm im Interesse des Volksganzen vom Nationalsozialistischen Staat gezogen werden, nicht immer zu wahren." [63]

Wir finden den Buschartikel in diesem Gutachten nach dem „SA-Mann" auszugsweise zitiert. Wir lesen: „Ich gehe an einer Buchhandlung vorbei. Da liegt ein Buch mit dem Titel: ‚Erlösung von Christus'. Das ganze Buch ist ein Stein, mit Leidenschaft gegen den Jesus der Bibel geschleudert. Nicht:

Erlösung durch Jesus! Nein: Erlösung von Jesus! ‚Hinweg mit diesem!' ...

Und Deutsche Jugend singt: ‚Nun sind die Jahre des Kreuzes vorbei ...!' Man müßte schon schwerhörig, oder gar taub sein, wenn man all die tausend Stimmen nicht hören wollte, die da rufen: ‚Hinweg mit diesem!'

Ach nein, nicht die Religion will *man* abtun. Laßt die Kirchen stehen! Selbstverständlich! Nur Narren und Bolschewiken sind ohne Religion! *Man* hat nichts dagegen, daß die Glocken läuten, daß bei Beerdigungen und Trauungen die Pfarrer mehr oder weniger passende Worte sagen. Das ist ‚dekorativ'. Da hat kein Mensch was dagegen. Man ist ja so tolerant. Man würde sogar diesen Jesus ertragen, wenn er — ja wenn er nicht so unheimlich unbequem wäre ... "

Die Zeitung „SA-Mann" kommentiert den oben zitierten Aufsatz-Auszug: „Nette Sachen, nicht wahr?! Der Herr Busch aus Essen hat seine eigene liebliche Methode, dem Staat Knebelung der Religion und der Kirche in die Schuhe zu schieben. Herr Busch sagt nämlich nicht: der Staat oder die Partei macht das und das. Sondern Herr Busch sagt: ‚Man' ist ja so tolerant. Dieses unpersönliche ‚Man' ist vollkommen ungefährlich — meint Herr Busch — verpflichtet zu nichts und ist absolut harmlos. Meint Zeitgenosse Busch ... " Der Präsident der Reichspressekammer hatte bei der Gestapo ein politisches Gutachten über Wilhelm Busch eingeholt. Die Reichspressekammer fragt die Polizei: „Liegen Tatsachen vor ... die unter Würdigung der besonderen Aufgabenstellung der kirchlichen Zeitschriften die genannte Persönlichkeit für eine Betätigung im Bereich der deutschen Presse als nicht zuverlässig erscheinen lassen?"

Die Gestapo holte ihrerseits ein politisches Gutachten von der NSDAP-Kreisleitung über Busch ein. Sie zitiert in ihrem nach Berlin an die Reichspressekammer weitergeleiteten Gutachten streckenweise aus diesem NSDAP-Gutachten. Sie zitiert auch den Auszug aus Wilhelm Buschs Artikel und den Kommentar dazu aus dem „SA-Mann".

Das NSDAP-Gutachten endet: „Der Artikel des ‚SA-Mann' schließt mit den Worten? *‚Hinweg mit diesem!'* Busch ist unverbesserlich. Es ist höchste Zeit, daß ihm der Einfluß auf die Jugend genommen wird. Für eine Betätigung in der deutschen

Presse kann er unter keinen Umständen mehr in Frage kommen. Die politische Zuverlässigkeit wird unbedingt verneint."

Auch die Gestapo findet im Blick auf Buschs literarische Tätigkeit: „Der Aufsatz auf der ersten Seite ‚Religion und Jesus' ist in einer Tonart geschrieben, welche für eine religiöse Auseinandersetzung unpassend erscheint. Auch enthält der Artikel unzulässige Anspielungen auf staatliche Verhältnisse. Es heißt: ‚diese Juden haben Nachfolger gefunden in unserem lieben deutschen Volk. Hört ihr es nicht: Fanatische Schreie, wildes Rufen, haßerfülltes Drohen: Hinweg mit diesem', und wenn sich ferner die Bemerkung findet: ‚Die Ideen, die die Massen beherrschen, sind die Töchter der Vergangenheit und Mütter der Zukunft, stets aber Sklavinnen der Zeit', so sind darin Verächtlichmachungen des Staates und seiner Gesetzgebung zu erblicken."

Auch die Gestapo erkennt Busch die politische Zuverlässigkeit ab.

e) Darmstadt 1937

Eine besondere Form der Verkündigung entstand während des Dritten Reiches in Form der sogenannten „Evangelischen Wochen". Sie hatten in der Akademiearbeit der christlichen Studentenvereinigung gewisse Vorbilder. Dr. Eberhard Müller, der Generalsekretär der DCSV, war dann auch geschäftsführender Generalsekretär des Reichsausschusses für die Evangelischen Wochen. Man hatte sich zusammengefunden, „um der Kirche mit volksmissionarischer Arbeit unter den Gebildeten zu dienen. Durch Pflege des zentralen missionarischen Anliegens wollen die Evangelischen Wochen vor allem das geistliche Leben der Bekennenden Gemeinden stärken ... Diesem Ziel dienen die möglichst jährlich stattfindende Deutsche Evangelische Woche sowie kleinere, in den einzelnen Provinzen, Städten und Landkreisen stattfindende Veranstaltungen ähnlichen Charakters." [64]

Die erste Woche fand im August 1935 in Hannover statt, die zweite im Januar 1936 in Hamburg. Dann folgten Wochen in Essen, Breslau, Stettin, Königsberg, Danzig.
Tausende kamen zu diesen Wochen.

In einer Mitarbeiterbesprechung der Evangelischen Wochen am 25. 4. 1936 in Berlin wurde notiert: „Der Dreiklang der

Tagung (Verkündigung — Zeugnis — Lehre) muß gut herausgearbeitet und jeder Redner auf seinen Typus festgelegt werden. Der Gesamtcharakter der Vorträge muß sich darin zeigen, daß die Verkündigung auf Gegenwartsfragen bezogen ist, sie darf niemals ohne ein angriffiges Element sein, muß also eine höhere Einheit von Apologetik und Evangelisation darstellen." [65]

Zu den Rednern, die bei diesen Evangelischen Wochen mitarbeiteten gehörte auch Wilhelm Busch. Auch er verstand diese Wochen als Evangelisation und „geistige Auseinandersetzung mit den Problemen der Zeit". [66]

Die Thematik läßt sich nur auf dem Hintergrund der damaligen Zeit verstehen. Busch erzählt: „Ich habe an einem glockenhellen Wochentag in der Mannheimer Christuskirche, die 3.000 Plätze hat, mittags um 2.00 Uhr gesprochen über das Thema ‚Liebe und Ehre in der evangelischen Jugendarbeit'. — Glauben Sie, daß nur ein Mensch käme — nachmittags, in der Woche, um 2.00 Uhr — wenn ich heute darüber spräche? Aber da waren 3.000 Menschen, und die wußten, daß die Nazis unablässig trommelten: Diese schäbigen Christen, für die ist der Höchstwert — so nannten sie es — Liebe, die Liebe Gottes in Jesus, die Liebe, die sie weitergeben. Liebe ist aber eine schwächliche Angelegenheit. Der Höchstwert im Leben muß die Ehre sein. Und das wurde nun überall getrommelt. Höchstwert die Ehre! Das hat Rosenberg erfunden, der war weltanschaulicher Schulungsleiter. Jeder junge denkende Mensch kam in die Frage herein: Was ist denn nun der Höchstwert im Leben?" [67]

Vom 31. März bis zum 4. April 1937 sollte eine Evangelische Woche in Darmstadt stattfinden. Es war schon die Zeit, in der die antikirchliche Propaganda der sogenannten Deutschen Glaubensbewegung zum Gegenangriff angetreten war. „Auch die Partei selbst begann in dieser Zeit ihren unmittelbaren Kampf gegen Kirche und Christentum unter der Parole einer ‚Entkonfessionalisierung des öffentlichen Lebens'." [68]

Unter Berufung auf „§ 1 der Verordnung des Reichspräsidenten vom 28. Februar 1933 zum Schutze von Volk und Staat im Interesse der öffentlichen Ruhe und Ordnung sowie des religiösen Friedens" waren schon im Januar 1937 zwei Evangelische Wochen verboten worden, in Erfurt und in Bremen. Das sollte nun auch mit der Woche in Darmstadt geschehen. In einem Bericht der Veranstalter über die Woche heißt es: „Am Tage vor Beginn wurde die Woche auf Anordnung des Herrn Reichs- und Preußischen Ministers für die kirchlichen Angelegenheiten ‚zur Aufrechterhaltung des kirchlichen und religiösen Friedens' (!) verboten." [69]

Schließlich wurde auf Protest hin die Woche selbst noch erlaubt, aber es sollten nur hessische Pfarrer sprechen dürfen. Die Veranstalter waren nicht bereit, das zuzugestehen. Sie überließen die Entscheidung den Rednern, ob sie auch trotz des Verbotes auftreten wollten oder nicht.

Busch sollte an einem Donnerstagabend über das Thema „Jesus Christus, mein Herr und Heiland" sprechen. Er stand unter dem alle auswärtigen Redner betreffenden Aufenthalts- und Redeverbot. Die Polizei fand keine Gelegenheit, Busch die Verbotsverfügung rechtzeitig zuzustellen. Wir lesen in dem Staatspolizeibericht vom 24. 5. 1937 über die Evangelische Woche in Darmstadt: „Um ein Auftreten des Pfarrers Busch zu verhindern, blieb nur die Möglichkeit, die für 20 Uhr geplante Veranstaltung zu schließen. Da jedoch bereits um 19 Uhr ein von einem anderen Pfarrer gehaltener Gottesdienst stattfand, wurde dieser nicht gestört und lediglich weiteren Personen der Zutritt zur Kirche untersagt. Gegen 20 Uhr erschien plötzlich ein Herr in Zivil auf der Kanzel, der von einem Darmstädter Pfarrer den Besuchern des Gottesdienstes als Pfarrer Busch aus Essen vorgestellt wurde. Busch, der den überwachenden Beamten der Geheimen Staatspolizei nicht bekannt war, wurde von den Bekenntnispfarrern durch einen geheimen Eingang in die Kirche gebracht. Er wurde, um eine Störung des Gottesdienstes zu vermeiden, am Sprechen nicht gehindert. Nach Schluß seiner Rede versuchte er, auf Schleichwegen sich aus der Kirche zu entfernen, wurde aber von den Beamten der Staatspolizeistelle Darmstadt zur Zustellung des Verbots, die notwendig war, weil er am nächsten Tag nochmals sprechen wollte, angehalten. Er setzte diesen Beamten sofort Widerstand entgegen, wobei er von den Kirchenbesuchern unterstützt wurde, und ergriff die Flucht. Beim Verlassen des Pfarrhauses, in dem er versteckt gehalten wurde, wurde er jedoch ergriffen, und die Verbotsverfügung wurde ihm zugestellt. Da er hierauf erklärte, der Auflage keine Folge zu leisten, weil er Gott mehr gehorchen müsse als den Menschen, wurde er zur Verhinderung seines weiteren Auftretens und im Interesse der Wahrung der Staatsautorität in Schutzhaft genommen. Die Entlassung erfolgte am 5. April 1937." [70]

Nun ist es interessant, die Ereignisse auch aus der anderen Sicht, nämlich der Wilhelm Buschs zu sehen. Er hat vor dem „Offenen Abend" in Stuttgart im Januar 1965 ausführlich davon erzählt:

„Ich hatte in Mannheim gesprochen und fahre gegen Abend nach Darmstadt. Ein Freund holt mich im Auto ab und sagt: ‚Mein lieber Wilhelm, die Pauluskirche in Darmstadt ist voll, aber die Staatspolizei und die uniformierte Polizei haben sämtliche Türen besetzt, um dich festzunehmen und am Reden zu hindern. Ich setze dich in einer stillen Seitenstraße ab, du mußt alleine sehen, wie du hereinkommst. Ich warte den ganzen Abend auf dich in der Seitenstraße.' Und dann setzte er mich ab. Er sagte: ‚Ich bleibe hier stehen, falls du abhauen mußt. Jetzt sieh, wie du weiter kommst.' Und dann gehe ich die Straße entlang und komme auf einen großen, freien Platz, die große Pauluskirche vor mir. Furchtbar viele Menschen, wilde Aufregung! Und in den Kirchentüren stand die Staatspolizei. Die erkannte man an ihren Gesichtern: Das war eine Mischung von Spießbürger und Bulldogge. Außerdem uniformierte Polizei. Sie kontrollierten jeden, der noch herein wollte. Es war mir klar: Da kann ich nicht hinein. Draußen hatte sich Volk gesammelt, neugierig. Ich stand unter dem Volk und sah, wie sie mich suchten. Ich dachte: Hier komme ich nicht durch. Aber ich wollte doch meine Predigt halten! Ich sah mir das Gelände an. Da war die Kirche, und neben der Kirche war ein Gitter, dahinter war so ein stiller Hof. Der Hof wurde am anderen Ende abgeschlossen von dem Pfarrhaus . . . Wie ich mir das Gelände anguckte so als alter Offizier aus dem Ersten Weltkrieg — da sagte ich mir, die einzige Möglichkeit, hier hereinzukommen, ist durch den Hof. Der ist nicht bewacht. In den Hof komme ich vom Pfarrhaus. Ob es nicht möglich ist, durchs Pfarrhaus in den Hof zu gehen? Ich gehe um die Ecke. Das Pfarrhaus ist dunkel, die Tür steht offen. Ist das nun eine Falle? Stehen die drin und warten, daß ich komme? Oder hat der Pfarrer mir eine Tür öffnen wollen? Können Sie sich vorstellen, wie man mutterseelenallein in dem ganzen Betrieb dasteht vor der offenen Tür? Soll ich durch oder nicht? Ach wissen sie, man sagt, der Mensch heute ist sehr einsam. Ich glaube es. Aber so habe ich Einsamkeit selten gespürt wie in dem Augenblick. Völlig preisgegeben und, ich kann's nur so bezeugen, in dem Augenblick, als ich diese grauenvolle Einsamkeit spürte — es kann mir keiner die Entscheidung abnehmen —, war mir's, als wenn ich es greifbar spürte: Er ist neben mir. Jesus hat gesagt: ‚Ich bin bei euch alle Tage bis an der Welt Ende'. Ich wurde so glücklich, das kann ich Ihnen gar nicht sagen. Er hat mich erkauft, er lebt, er ist bei mir. Ich bin auf der Seite des Siegers. Und dann ging ich hinein in dieses dunkle Pfarrhaus. Ein Arm packt mich, jemand flüstert: ‚Kommen Sie mit!' War das Staatspolizei? Führt mich eine Kellertreppe herunter, ich stolpere so halb durch den Keller, eine Türe geht auf, wir sind im Heizungskeller der Kirche. Es ist stockdunkel. Der Mann, der mich führt, macht eine Taschenlampe an und zeigt auf eine kleine Wendeltreppe und sagt: ‚Gehen Sie herauf!' Ich gehe herauf und bin auf einmal in der Kirche. Ich wußte nicht, wer der Mann war. Ich bin nachher herausgekommen, ohne ihn zu treffen, und habe erst nach ein paar Jahren beim Kirchentag erfahren, wer es war. Da stand der Generalsekretär der Ökumene, Visser't Hooft, vor mir und sagte: ‚Bruder Busch, Sie sind mein Kirchenkampferlebnis.' Ich sage: ‚Wieso?' — ‚Ja, ich war der Mann in Darmstadt; ich war gekommen, um ein wenig mitzukriegen, und habe dem Pfarrer gesagt: ‚Wenn der Busch klug ist, kommt er hier herein. Aber Sie dürfen ihn nicht hereinlotsen, dann werden Sie verhaftet. Gehen Sie mit ihrer Familie weg und lassen mich das als Ausländer machen.' Ausländer konnten mehr riskieren. Das erfuhr ich erst nach Jahren. — Und nun war ich in der Kirche, ging nach vorne. Ich hatte meinen hellen Regenmantel dem ersten Besten in den Arm geworfen. Dann auf die Kanzel! Von der Kanzel holten sie nie jemand herunter. Mein Thema war: ‚Jesus Christus — der Herr!' Seitdem ich in das Pfarrhaus gegangen war, war eine tiefe Ruhe über mich gekommen. Da stand die Polizei, uniformierte und andere, und wollte mich kriegen, und ich stand oben und konnte nur sagen: ‚Lassen Sie jetzt mal alle Unruhe sein, wir wollen jetzt vom Herrlichsten reden, was es gibt, von dem, der aus der ewigen Welt zu uns gekommen ist als Heiland — von Jesus.'

Es waren Lautsprecher nach draußen angebracht, weil die Kirche von vorneherein nicht ausreichte. Und die Staatspolizei hatte nun furchtbar viel zu tun, das schleunigst abzustellen, daß wenigstens draußen die Leute nicht diese ‚schreckliche' Botschaft hörten. Und dann habe ich eine Stunde lang gesprochen. Mein Generalthema war eigentlich nur dieser Liedervers: ‚Wüßten's doch die Leute, wie's beim Heiland ist, sicher würde mancher heute noch ein Christ.' Gott gab mir eine Freudigkeit, daß ich einfach zeigen konnte, was es heißt, daß der Mann von Golgatha Ströme von Vergebung und Gnade in mein Leben gibt, daß ich mit dem Auferstandenen leben kann. Ich bin dann herunter. Meinen Mantel gepackt. Die Leute haben damals schrecklich schnell geschaltet. Sofort waren zwanzig um mich herum. Die Polizei kam gerannt: ‚Wo ist Pfarrer Busch?' Es waren dann über dreißig Leute, die sie zuerst kontrollierten. In der Zeit war ich entronnen. Durch den Keller, durchs Pfarrhaus heraus, und dann stand ich draußen und sah mir dieses lächerliche Schauspiel an, wie sie jeden Herauskommenden kontrollierten. Sie hatten Fotografien von mir. ‚Ist er das?' Und ich stand draußen und sah mir das friedevoll an.
Dies war der erste Teil dieses Erlebnisses. Dann gehe ich — ich denke, es wird Zeit, daß ich verschwinde — zu meinem Auto hin. Es stand an einer Laterne in einer stillen Straße, und ich denke: Der Fahrer ist eingeschlafen, der sitzt so regungslos. Ich trete zu ihm hin und sage: ‚Günter'. Da kommt hinter dem Wagen jemand hervor und sagt: ‚Geheime Staatspolizei, Sie sind verhaftet.' Darum saß der so regungslos, sie hatten ihm befohlen: ‚Sie rühren sich nicht!', damit er mich nicht warnte. Nun wurde ich zurückgeschleift in die Sakristei der Pauluskirche. Das gab natürlich ein ungeheures Aufsehen. Es wurde mir gesagt: ‚Sie müssen heute Abend noch abfahren.' Da habe ich gesagt: ‚Das kann ich nicht, ich muß morgen früh hier predigen.' — ‚Sie reisen ab!' Ich sage: ‚Wir sind im Deutschen Reich. Sie können mich nicht aus Hessen ausweisen.' — ‚Wir setzen Sie in die Bahn!' Ich sage: ‚Ich fahre mit dem nächsten Zug zurück, ich werde morgen früh hier predigen.' — ‚Dann müssen wir Sie verhaften.' Dann kam ein schrecklicher Augenblick, wo sie mich in ein offenes Auto setzten, vorne ein SS-Mann, einer daneben, hinten ich und der Kommissar. Großer Mercedes-Wagen, und ringsum aber

nun schon Tausende von Menschen. Die von innen waren herausgekommen, draußen waren Leute dazugekommen. So etwas spricht sich schnell herum. Ich hatte Angst. Wenn die Leute mich jetzt befreien, das wäre das Schrecklichste, was mir geschehen könnte. Dann würde sofort meine Familie festgenommen. Ich kann nur zu Gott schreien, daß die Leute ruhig bleiben. Und dann geschah etwas, was ich mein Leben lang nicht vergesse, es war eine Erregung, eine knisternde Spannung, die Leute schrien: ‚Er hat doch gar nicht politisch geredet. Jesus Christus, der Herr, darf man davon nicht mehr reden?' Und dann steht ein junger Mann oben auf der Kirchtreppe, ich habe ihn nie wieder gesehen, und ruft über die erregte Menge hin den Vers von Blumhardt: ‚Daß Jesus siegt, bleibt ewig ausgemacht, sein wird die ganze Welt. Denn alles ist nach seines Todes Nacht in seine Hand gestellt.' Neben der Allmacht Hitlers die Allmacht Jesu Christi öffentlich proklamiert! ‚Nachdem am Kreuz er ausgerungen, hat er zum Thron sich aufgeschwungen. Ja, Jesus siegt!' Ehe sie ihn packen konnten, war er in der Menge verschwunden. ‚Fahrt doch los!', brüllt mein Kerl dem Fahrer zu, und der ist schon lange am Wurschteln. Der Wagen springt nicht an. Es war, als wenn ihn einer hinten festhielte. ‚Fahr doch!' Und da stimmt die Menge an: ‚Ist Gott für mich, so trete gleich alles wider mich. So oft ich ruf und bete, weicht alles hinter sich.' Ein brausender Gesang! ‚Hab ich das Haupt zum Freunde und bin geliebt bei Gott, was kann mir tun der Feinde und Widersacher Rott.' — ‚Fahr doch!' Und dann fuhr er. Gott hat ihn festgehalten. Das mußten sie erst mitbekommen. Mein Herz war so voll, daß ich dem Kommissar sage: ‚Sie armer Mann.' Da sackt er zusammen und gibt zu: ‚Ich war früher auch im Bibelkreis für höhere Schüler.' Ich sage: ‚Heute verfolgen Sie die Christen?' — ‚Ach' bittet er, ‚geben Sie doch nach, lassen Sie sich ausweisen, tun Sie mir das nicht an, daß ich Sie verhaften muß.' Ich erklärte: ‚Sie armer Mann, ich kann Sie davor nicht bewahren.' Da wurde er böse. Ich ging in die Zelle hinein. Diese Zelle! Wir kamen nie in ordentliche Gefängnisse, sondern in die Gefängnisse der Staatspolizei. Das waren besondere Gefängnisse. Ich hatte meistens, außer einmal, eine Zelle, die war so breit, daß ich beide Wände in der Hand hatte, wenn ich beide Arme anwinkelte. Oben ein Fenster. Zweieinhalb Schritte hin, zweieinhalb her. Da werden Sie nach zwei Tagen wahnsinnig. Nichts zu lesen, kaum zu essen. Ich dachte, ich werde verrückt in dieser Zelle. Und dann erlebte ich immer dasselbe, daß mir an der Grenze des dunklen Reiches aufging: Mensch, du gehörst doch dem, der dich erkauft hat für Gott! Und Gott läßt sein Eigentum nicht los. Und ich kann es nur so ausdrücken: Dann kam Jesus zu mir in die Zelle. In diesen schmutzigen Gestapozellen verlieren Sie alle Schwärmerei. Da lernen Sie die Realitäten kennen. Da lernt man sein eigenes Herz kennen. Ich habe Zeiten erlebt, wo Gott mir alle meine Sünden vorhielt. Ich sah mich auf einmal, wie ich bin. Ein verlorener Mensch. Und dann sah ich Jesus, für mich gekreuzigt, und er kam zu mir."

Die Evangelischen Wochen wurden 1938 schließlich verboten. Nach dem Krieg knüpfte man wieder daran an. Aus einer Evangelischen Woche in Hannover entstand der Evangelische Kirchentag. Auf einer ganzen Reihe dieser Kirchentage hat Busch Bibelarbeiten gehalten, die eine große Resonanz fanden.

f) Jesus unser Schicksal

Auch im Dritten Reich blieb Busch Evangelist. Er startete gerade in der schwierigsten Zeit eine groß angelegte Kampagne in Essen. Von 1937 bis 1940 fanden in Essen in der Karnevalszeit viele Evangelisationswochen zur gleichen Zeit statt.

Der Titel dieser Wochen war „Jesus — unser Schicksal". Schicksal ist eigentlich ein schillernder und belasteter Begriff. Hitler pflegte nicht selten vom „Schicksal" zu sprechen. Gerade deshalb wurde dieser Titel gewählt. Es war Evangeliumsverkündigung in die Zeit hinein, obwohl die Politik direkt sicher nicht vorkam. Aber wo die Herrschaft Jesu proklamiert wird, da geschieht das immer im Angriff auf die Herren dieser Welt — egal in welcher Form sie ihre Herrschaft ausüben.

Große Plakate und Transparente luden ein. 1937 wurden 300.000 Handzettel verteilt. Jede Wohnung sollte erreicht werden. 1937 fand die Woche an 10 verschiedenen Stellen gleichzeitig statt. Schon am ersten Abend waren insgesamt 10.000 Menschen gekommen. An den letzten Abenden waren es 14.000.

Der Begleittext unter Bildern von dieser Evangelisation in einer Kirchenzeitung trägt deutlich die Kennzeichen der Sprache Wilhelm Buschs. Da heißt es bezeichnenderweise: „,Nichts ist in Deutschland so unbekannt wie das Evangelium vom Heil Gottes in Jesus Christus.' So muß man manchmal denken, wenn man all das hört und liest, was gegen das Evangelium gesagt wird. Darum darf die Kirche der Gegenwart sich nicht verlieren in ‚Auseinandersetzungen'. Es gilt: ‚Trotz aller Feinde Toben, trotz allem Heidentum zu preisen und zu loben das Evangelium.'" [70a]

Das war ein sehr wichtiger Gesichtspunkt für Wilhelm Busch gerade in der Zeit des Kirchenkampfs: „Die Gemeinde erlebte, daß die Kirche Jesu niemals in der Verteidigung, sondern stets im Angriff ist." Und: „Die überfüllten Kirchen zeugten davon, wie offen unsere Zeit für die Botschaft ist."

1938 und 1939 nahmen die Evangelisationswochen einen noch größeren Umfang an. 1939 wurde z. B. an 18 Stellen gleichzeitig evangelisiert. 22.000 Menschen wurden an jedem Abend erreicht.

Wilhelm Busch war der Motor dieser Wochen. Er hatte die Gesamtleitung. Vom 27. 2. bis zum 5. 3. 1938 sprach er z. B. in Essen-Altenessen über folgende Themen: „Jesus unser Schicksal" — „Kann jeder nach seiner Facon selig werden?" — „Tue recht und scheue niemand —?" — „Gefesselte Gewissen" — „Zerstörende Triebhaftigkeit" — „Hoffnung, die nicht enttäuscht" — „Gibt es Gewißheit in religiösen Dingen?"

In der Liste der Redner finden wir in den 4 Jahren: Johannes Busch, Kurt Raeder, Hans Dannenbaum, Daniel Schäfer, Albert Michaelis, Friedrich Graeber, Baron von Reden und manchen anderen.

g) Redeverbot

Am 7. Juli 1939 bekommt Busch Redeverbot für das ganze Reichsgebiet, „da seine Reden fortgesetzt staatsabträgliche Äußerungen enthalten, die geeignet sind, Zwiespalt in die Bevölkerung zu tragen und Ruhe und Ordnung zu stören". So lautet die Mitteilung der Gestapo Düsseldorf an die Außendienststelle Essen am 18. Juli 1939. [71] Busch war zu dieser Zeit gerade auf Reisen in Württemberg. Er sollte in Stuttgart sprechen. Dort wird ihm am 29. Juli 1939 das Redeverbot mitgeteilt.

Das Redeverbot bezog sich nicht auf seine Predigttätigkeit. Die übte er weiter aus. Es wurde aber auch dabei sehr gefährlich.

Am 20. Oktober 1940 wird er in Gelsenkirchen gegen 13 Uhr festgenommen, weil er in Gelsenkirchen-Schalke gepredigt hatte. Busch mußte die Auffassung haben, daß sich das Redeverbot nicht auf Predigten in Gottesdiensten bezog. Deshalb habe er die Predigt im Festgottesdienst des Weißen Kreuzes am 20. 10. in Gelsenkirchen zugesagt. Die Gestapo aber vertritt die Ansicht, daß Predigten nur im Bereich der Gemeinde Essen-Altstadt erlaubt seien.

Wilhelm Busch wird vom 20. Oktober bis zum 10. November 1940 in Haft genommen.

Diese Gefängnisaufenthalte waren zermürbend. Wilhelm Busch wußte ja nie, wie die Sache weitergehen würde. Damals hörte man eben nur, daß vom Tausendjährigen Reich gesprochen wurde. Daß dieses Reich nur zwölf Jahre dauern würde, war noch nicht abzusehen.

Im Zusammenhang mit seiner Entlassung finden wir in der Gestapo-Akte eine Notiz der Polizei: „Bei seiner Entlassung wurde er eindringlich gewarnt mit dem Hinweis, daß er mit einer Überführung in ein Konzentrationslager zu rechnen habe, falls er noch einmal das Redeverbot übertreten sollte.“ [72]

Es war wieder an einem Sonntag, als er entlassen wurde. Er kam ins Weigle-Haus und versammelte die Leiter im Leiterzimmer. Ein Leiter, der das damals miterlebte, berichtet, daß Busch sehr bleich ausgesehen habe. Er zitterte und mußte sich setzen. Und dann sagte er seinen Leitern: „Mir ist in den Wochen klar geworden: die Gefahr war nicht bei mir, die war bei euch. Ein Lied ist mir wichtig geworden: ‚Gott will machen, daß die Sachen gehen, wie es heilsam ist. Laß die Wellen sich verstellen, wenn du nur bei Jesus bist ... Amen, Amen, in dem Namen meines Jesu halt' ich still. Es geschehe und ergehe, wie und wann und was er will.'“ [73]

In der Zeit vom 24. Mai bis zum 19. Juni 1937 hatte Busch schon einmal längere Zeit im Essener Polizeigefängnis gesessen. Der Leiter des Rassepolitischen Amtes der NSDAP, Dr. Groß aus Berlin, hatte vor bayrischen Amtsärzten über Propaganda gesprochen. In diesem Vortrag zeigte die Bestie

Nationalsozialismus ungeschminkt ihr Gesicht. Der Vortrag hatte am 25. Januar 1936 in München stattgefunden. Jemand hatte mitgeschrieben und die Auszüge vervielfältigt. Busch erhielt ein Exemplar und reichte es an Pfarrer Held und den Bruderrat der Bekennenden Kirche im Rheinland weiter. Busch und Held wurden darauf festgenommen. Sie sollten so lange in Haft bleiben, bis sie sagten, von wem sie diese Notizen bekommen hätten.

In der Gestapo-Akte Nr. 1264 lesen wir eine Notiz über ein Verhör Wilhelm Buschs am 28. Mai 1937: „Gelegentlich der heutigen Vernehmung brach der Beschuldigte in Tränen aus. Gegen diese Regung kämpfte er gewaltsam an. Als er sich wieder beruhigt hatte, bemerkte er: ‚Gott möge mich behüten, daß ich nicht wieder schwach werde und dann ein Geständnis ablege; dann kann ich mir eine Pistole nehmen und mich erschießen'. Offensichtlich befindet sich Busch in einem Zustand der Haftpsychose. Es dürfte daher angebracht sein, weiter in ihn zu dringen und ihn zu einem Geständnis zu bewegen. Es wird deshalb eine nochmalige Vernehmung im Laufe des heutigen Tages für erforderlich gehalten."

Hier schauen wir unmittelbar hinein in die Taktik des Terrors. Wie korrekt die Wiedergabe der Worte Buschs in der Gestapo-Akte ist, läßt sich nicht mehr nachprüfen. Sie paßt durchaus zu seiner Auffassung von Offiziersehre. Andererseits hat er seiner Frau mehrmals sozusagen ganz offiziell erklärt: „Wenn Du die Nachricht bekommst, daß ich mir selber das Leben genommen habe, dann darfst Du das auf keinen Fall glauben. Ich halte Selbstmord für Unrecht vor Gott." — Obwohl schwer zu beurteilen ist, was jemand in großer Bedrängnis wirklich denkt und meint, dürfen wir wohl annehmen, daß er der Gestapo gegenüber gerade im Augenblick seiner Schwäche seine letzte Entschlossenheit zur standhaften Aussageverweigerung bekräftigen wollte. — Schließlich hat der württembergische Lehrer Dierlamm unabhängig von der Aktion in Essen der Gestapo gestanden, daß er die Groß-Rede weitergeleitet habe. Damit bestand für Busch und Held keine Notwendigkeit mehr, den Namen geheimzuhalten. Beide wurden entlassen.

6. Der Pfarrertreueid auf den Führer — Verhöhnung der Gewissen

Der Sommer 1938 ist in der Bekennenden Kirche bestimmt durch die Auseinandersetzung über den Treueid der Pfarrer auf den Führer. Besonders traurig stellt sich die ganze Sache von hinten gesehen dar. Die Frage, ob die Pfarrer den Eid leisten sollten oder nicht, hatte die Bruderschaften und den einzelnen in eine unerhörte Zerreißprobe gestellt. Zum Schluß stellte sich heraus, daß der Staat überhaupt keinen Wert auf den Eid legte.

Unter dem 8. August 1938 ging ein Rundschreiben Nr. 87/38 des Leiters der Reichskanzlei, Martin Bormann, an alle Gauleiter:

„Betr. Vereidigung evangelischer Geistlicher.

In der letzten Zeit haben verschiedene Evangelische Landeskirchen von ihren Pfarrern den Treueid auf den Führer verlangt.

Die Kirchen haben diese Anordnungen von sich aus erlassen, ohne vorher die Entscheidung des Führers herbeizuführen. Dem Eid auf den Führer kommt deshalb lediglich eine innerkirchliche Bedeutung zu. Partei und Staat nehmen zu dieser Vereidigung als einer rein kirchlichen Angelegenheit keine Stellung. Es darf in der Haltung der Partei den kirchlichen Stellen oder einzelnen Angehörigen des geistlichen Standes gegenüber kein Unterschied gemacht werden, ob ein Geistlicher den Eid auf den Führer geleistet hat oder nicht. Der Herr Reichskirchenminister hat ebenfalls veranlaßt, daß auf Grund einer etwaigen Verweigerung des Eides auf den Führer kein Disziplinarverfahren gegen Geistliche eingeleitet werden soll.

Die Haltung der Partei diesen kirchlichen Dingen gegenüber ist nach wie vor dieselbe. Die Partei kann nicht Stellung nehmen zu dieser oder jener Richtung innerhalb der einzelnen evangelischen Kirchen, auch nicht, wenn sich diese Richtungen dadurch voneinander unterscheiden, daß die eine den Eid auf den Führer für zulässig hält, die andere nicht. Für die Partei spielt der Unterschied zwischen den Geistlichen, die den Eid auf den Führer nach fünf Jahren Nationalsozialistischer Erhebung geleistet haben, und solchen Pfarrern, die ihn nicht leisten, keine Rolle. Ein Eid auf den Führer hat vielmehr für die Partei und den Staat nur dann Bedeutung, wenn er auf Anordnung des Führers von der Partei oder von dem Staat dem Einzelnen abgenommen wird." [74]

Diese Verhöhnung des Gewissenskampfes der Pfarrer traf natürlich besonders diejenigen außerordentlich hart, die nach vielen, vielen Bedenken den Eid schließlich doch geleistet haben. Busch gehörte zu der verschwindend kleinen Zahl von Pfarrern auch der Bekennenden Kirche, die den Eid nicht leisteten. Wie war die Entwicklung?

Die Anregung war von den Thüringer Deutschen Christen ausgegangen. Unter dem 20. April 1938 erließ der Präsident des Evangelischen Oberkirchenrates eine Verordnung über die Ableistung des Treueides der evangelischen Pfarrer.

Der Eid lautete: „Ich schwöre: Ich werde dem Führer des Deutschen Reiches und Volkes, Adolf Hitler, treu und gehorsam sein, die Gesetze beachten und meine Amtspflichten gewissenhaft erfüllen, so wahr mir Gott helfe." In einer „Ansprache des Evangelischen Oberkirchenrats zum Treueid" wird die Bedeutung des Eides erläutert. Da heißt es unter anderem: „So gewiß das geistliche Amt seinen Auftrag vom Herrn der Kirche selbst hat, so ist es doch als ein öffentliches Amt innerhalb der Volksgemeinschaft in Treue gegen Führer, Volk und Reich zu führen. Dies wird durch den Treueid der Pfarrer begründet. — Wenn die Evangelische Kirche den Eid der Treue zum Oberhaupt des Staates wie in der vergangenen Zeit zu einer verbindlichen Ordnung für alle ihre Amtsträger macht, so bedeutet das mehr als nur eine Bestätigung der den Christen durch das Neue Testament eingeschärften Pflicht, sich der Obrigkeit unterzuordnen. Es bedeutet innerste Verbundenheit mit dem Dritten Reich, der neuen Gemeinschaft des Deutschen Volkes, in der die Evangelische Kirche leben will, und mit dem Manne, der diese Gemeinschaft geschaffen hat und verkörpert." [74]

Es heißt dann weiter: „Der Treueid soll in der Form des allgemeingültigen Beamteneides geleistet werden. Das entspricht der Rechtsstellung des Pfarrers im Gesamtbereich des öffentlichen Rechts. ... Zugleich aber wird dadurch anerkannt, daß das kirchliche Amt unbeschadet seiner Eigenart dem Amt des öffentlichen Beamten gleichwertig ist. Es ist wie dieses schutzwürdig, gleichzeitig aber auch verpflichtend gegenüber der Gesamtheit des Volkes und seinem Führer."

Die Hauptbedenken der Pfarrer der Bekennenden Kirche richteten sich dagegen, daß diese Eidesleistung eine Bindung an das deutschchristliche Kirchenregiment mit sich führen müsse. Diese Institution habe aber in keinem Fall das Recht, einen Eid zu fordern. Dieses Recht wird höchstens dem Staat zugestanden. Ebenso bestehen erhebliche Bedenken gegen die Verkoppelung der Eidesforderung mit der Einführung des deutschen Beamtenrechtes in der Kirche.

Die Bekenntnissynode der Kirche der altpreußischen Union hat vier Punkte zur Treueidforderung formuliert und diesen Synodalbeschluß den Pfarrerbruderschaften zugeleitet. Die Punkte lauten:

1. Die staatliche Forderung eines Treueides muß vorliegen.
2. Die eidfordernde Stelle muß von den Pfarrern, die den Eid leisten, die von der Kirchenleitung gegebene Auslegung des Treueides entgegennehmen.
3. Die Bindung des Pfarrers an sein Ordinationsgelübde muß öffentliche Anerkennung finden. Das schließt die Verkoppelung der Eidesforderung mit der Einführung des Deutschen Beamtengesetzes in der Kirche aus.
4. Die von dem Evangelischen Oberkirchenrat gegebene Auslegung des Eides muß öffentlich zurückgenommen werden. [74]

Auf einer zweiten Tagung der 6. Bekenntnissynode der Evangelischen Kirche der altpreußischen Union, die sich mit der Ableistung des Treueides durch die Pfarrer beschäftigte, wird dann geprüft, ob die vier Forderungen erfüllt wurden.

Am Umständlichsten ist die Argumentation in der Frage, ob die staatliche Forderung eines Treueides vorliege. Die Synode kommt zu der Erkenntnis, daß dies der Fall sei. Die Begründung gleicht mehr einer Kette von Indizien. Da wird u. a. eine Feststellung zitiert, die Präses Dr. W. Koch dem Bruderrat der Evangelischen Kirche der altpreußischen Union zugehen ließ. Darin heißt es: „Daß der Staat den Treueid der Pfarrer erwartet, steht für mich außer Zweifel. Ich habe mich darum bemüht, daß über die staatliche Forderung Klarheit geschaffen werde. Nun liegt zwar in Altpreußen, soweit ich in

Erfahrung bringen konnte, eine direkte Beauftragung, wie sie etwa in Hamburg der Reichsstatthalter dem Landesbischof erteilt hat, nicht vor. Ich habe aber in amtlichen Besprechungen die Überzeugung gewonnen, daß die Frage der Vereidigung der Pfarrer für den Staat zu einer Frage der Autorität und die Verweigerung für ihn untragbar geworden ist, nachdem die Vereidigung in den meisten Landeskirchen bereits erfolgt oder doch angeordnet ist." [74]

Ebenso unbefriedigend erscheint die Erklärung des Rheinischen Konsistorialpräsidenten, die er in einem Schreiben an den Bruderrat der Evangelischen Bekenntnissynode im Rheinland vom 27. Juli 1938 abgibt. Da heißt es: „Aus mir unbekannten Gründen hat zwar der Staat davon abgesehen, durch eine Verordnung des Herrn Reichskirchenministers oder in anderer Form allgemein von sich aus die Leistung des Treueides der evangelischen Pfarrer anzuordnen. Es kann aber keinem Zweifel unterliegen, daß der Staat, wenn er auch auf eine ausdrückliche Forderung des Treueides verzichtet hat, ihn doch von den Pfarrern als öffentlichen Amtsträgern verlangt und verlangen muß, so wie ihn jeder Amtsträger einer öffentlichen Körperschaft zu leisten hat." [74]

Auch die Bindung des Pfarrers an das Ordinationsgelübde hat öffentliche Anerkennung gefunden. Und im gleichen Zuge wurde die Anwendung des staatlichen Beamtenrechtes auf die Pfarrer zurückgewiesen. Beides ist in der „Erklärung des Bruderrates der Evangelischen Kirche der altpreußischen Union zum Treueid der Pfarrer" ausgedrückt, die jeder Pfarrer, der den Eid leistete, als seine eigene Erklärung abgab und zu seinen Personalakten einreichte. In dieser Erklärung heißt es unter Punkt 3: „Die Amtspflichten des Pfarrers sind durch das Ordinationsgelübde bestimmt. Dieses bindet den Träger des Pfarramtes allein an das Wort Gottes, das in der Heiligen Schrift gegeben und in den Bekenntnissen der Kirche bezeugt ist. Darum gibt es für den ordinierten Diener am Wort in der Ausübung seiner Amtspflichten keinen anderen Herrn als den Herrn Christus. Somit werden die im Ordinationsgelübde übernommenen Amtspflichten durch den der Obrigkeit geleisteten Eid weder ergänzt noch beschränkt. Insofern als der Pfarrer Träger besonderer staatlich anerkannter oder verliehener öffentlicher Funktionen ist, beschwört er der Obrigkeit die Erfüllung der daraus sich ergebenden Amtspflicht." — Und unter Punkt 4 heißt es weiter: „Die Anwendung des staatlichen Beamtenrechtes auf die Pfarrer sowie die Anerkennung einer Kirchenleitung, welche nicht an das Bekenntnis und die Verfassung der Kirche gebunden ist, sind durch die Eidesleistung nicht zugestanden, da sie den im Ordinationsgelübde übernommenen Amtspflichten widersprechen." [74]

Außerdem wurde auf der 2. Tagung der 6. Bekenntnissynode der Evangelischen Kirche der altpreußischen Union festgestellt, daß die ursprüngliche Eidesbelehrung des Evangelischen Oberkirchenrates zurückgenommen wurde.

Die Folgerung, die die Synode daraus zieht, lautet: „Aus diesen Feststellungen ergibt sich, daß die von der Synode auf Grund von Schrift und Bekenntnis erhobenen Einwendungen gegen die Ableistung des Treueides als ausgeräumt angesehen werden dürfen. Die Synode weist deshalb die Pfarrer an, bis zum 10. August der eidfordernden Stelle zu erklären, daß sie nunmehr bereit sind, den Treueid zu leisten." [74]

Da immer noch eine ganze Reihe Pfarrer Bedenken hatten, wurde noch eine Fristverlängerung erreicht, so daß insgesamt drei Termine zur Eidesleistung festgesetzt wurden. Natürlich sollten die Gewissen nicht vergewaltigt werden. In vielen Gesprächen bemühten sich die leitenden Brüder der Bekennenden Kirche, den widerstrebenden Pfarrern ein gutes Gewissen zur Eidesleistung zu machen. Fast alle leisteten den Eid. In Essen blieben wenige, wie z. B. Wilhelm Busch, Friedrich Graeber und Dr. Fritz Heinrichs bei ihrer Überzeugung, daß sie den Eid nicht leisten könnten.

Man muß diese Entscheidung als sehr schwergewichtig ansehen. Einmal stand hinter der Forderung des Treueides die Drohung, daß die sich weigernden Pfarrer ihren Dienst verlieren würden. Und da ging es nicht nur um die Versorgung, sondern vor allen Dingen um die Arbeit, die weitergeführt werden mußte. Busch fragte sich natürlich, ob er seiner Jugendarbeit mit dieser „Bockigkeit" nicht unnötigen Schaden zufügen würde.

Außerdem war die Belastung durch die Uneinigkeit im Bruderkreis der Bekennenden Kirche groß. Die Mehrzahl der Bekenntnispfarrer entschied sich für die Eidesleistung. Gab es wirklich noch biblische und theologische Gründe, sich diesem

Eid zu widersetzen? Wir haben von Busch eigentlich gar keine theologische Erklärung, warum er den Eid nicht geleistet hat. Er war in seinem Gewissen gebunden, und kein theologisches Argument konnte ihn aus dieser Bindung herauslösen. Hier beobachten wir wie an manchen Stellen auch in der späteren kirchlichen Diskussion eine intuitive Treffsicherheit im Urteil Wilhelm Buschs.

Nun, wir nannten oben schon den Brief von Bormann, der die ganze Geschichte der Eidesleistung zur Farce machte. Die Auseinandersetzung im Prozeß der Klärung des Urteils war hart und belastend. Aber Busch war sich seines Weges gewiß.

Erschüttert hat er von einer Begegnung mit einem aufrechten Amtsbruder berichtet, den er auf dem Wege von der Eidesleistung nach Hause getroffen habe. Der sei ihm wie ein total gebrochener Mann vorgekommen.

Werner Koch berichtet in seinem Buch „Heinemann im Dritten Reich", daß im Rheinland insgesamt 304 von 743 Pfarrern den Eid beim ersten Eidestermin, der auf den 23. Mai 1938 festgesetzt war, verweigert hatten. Heinemann notierte in seinem Tagebuch unter dem 23. 5.: „In Essen leisteten von 55 (Pfarrern) nur 15 den Eid." [75] Nachdem die Bekenntnissynode eine Änderung ihrer Haltung dem Eid gegenüber vollzogen hatte, schworen am 27. Juli in Essen 14 weitere Pfarrer. Im Rheinland war es so, daß selbst nach dem 3. Termin am 26. August 1938 von 744 rheinischen Pfarrern noch 199 den Eid nicht geschworen hatten. [76]

Es darf nicht übersehen werden, daß Busch in Essen auch in dieser schwierigen Frage in einer starken Kampfgemeinschaft stand. Der Pfarrer Friedrich Graeber und der Presbyter Dr. Dr. Heinemann waren erbitterte Gegner des Eides. Heinemann war Mitglied des Bruderrates der Rheinischen Bekenntnissynode. Er hatte den Meinungsumschwung nach der 7. Rheinischen Synode am 29. 5. 1938 nicht mitvollzogen. Damals hatte die Synode den Pfarrern von der Eidesleistung abgeraten. Aber nachdem dann verschiedene Punkte scheinbar geklärt worden waren, hatte sich die Meinung des Bruderrates geändert, und er empfahl den Pfarrern, den Eid zu leisten. Heinemann hat diesen Sinneswandel nicht mitvollzogen. Am 25. Juli 1938 trägt er in sein Tagebuch ein: „Bruderrat Altstadt. Hannig und Böttcher (zwei Essener Pfarrer, d. Verfasser) verteidigen den Eid. Graeber und ich dagegen." [76] Die Argumente Heinemanns werden auch für die Meinungsbildung Buschs nicht ohne Bedeutung gewesen sein. W. Koch schreibt: „Als Jurist wies Heinemann darauf hin, daß die beim Eid geschworene Treue nur dann rechtlich bindend sei, wenn sie auf Gegenseitigkeit beruhe, d. h. daß der Eidnehmer sich ebenfalls in einem Treueverhältnis zu dem befinden müsse, von dem er sich den Eid schwören lasse. Heinemanns Eintragung bezweifelt das Vorhandensein der entsprechenden Treue auf Seiten des Staates, indem er sie mit einem Fragezeichen versieht (die Eintragung in Heinemanns Tagebuch lautet: „Bruderrat: Eidesfrage. Die Eidesvorlage für Synode ist ‚zeitlos', nicht auf die gegebene Lage gesprochen. — Treueid ohne Treue v e r h ä l t n i s ? Annahme eines Eides, der nur Kampfmittel gegen uns ist?"). Er erkannte klar, daß dieser Eid in Wirklichkeit nur gefordert wurde, um die Unterwerfung unter ein Kirchenregiment zu erreichen, hinter dem deutlich der ‚Führer' selber stand. Weiterhin vermutete Heinemann, daß die Eidesforderung auch noch insofern als Mittel zum Zweck gebraucht werden sollte, als man hierdurch die Pfarrer zwingen wollte, ihre innere Einstellung zu Hitler zu erkennen zu geben . . . In jedem Fall würde die BK durch den von ihr auf solche Weise verlangten ‚Offenbarungseid' weiterhin in Unsicherheit gestürzt werden." [77]

7. Nachlese

Ein ausführliches Buch wäre nötig, um die Tätigkeit Wilhelm Buschs während des Dritten Reiches lückenlos darzustellen. Wir wollen hier nur noch einige Einzelheiten erwähnen, die nicht vergessen werden sollten.

a) Polizei- und Wehrmachtspfarrer

Im Sommer 1935 interessiert sich die Staatspolizei dafür, „auf wessen Veranlassung bzw. aus welchen Gründen Pfarrer Busch mit der seelsorgerlichen Betreuung der dortigen Landespolizei beauftragt worden ist". [78] (Brief der Staatspolizei Düsseldorf an die „Politische Inspektion" in Essen, im Juni 1935, Gestapo-Akte)

Nun, seit dem 18. November 1933 war Busch durch Verfügung des Konsistoriums Standortpfarrer der Landespolizei in Essen. Das kam natürlich der Gestapo außerordentlich merkwürdig vor, da sie mit Busch viele Schwierigkeiten hatte.

Daß Busch dann außerdem noch Wehrmachtspfarrer für den Bereich Essen wurde, empörte die Beamten der Gestapo noch viel mehr. In verschiedenen Auseinandersetzungen der Polizei mit Wilhelm Busch spielt dann auch im Hintergrund diese Tatsache immer wieder eine Rolle. Anfragen voller Erstaunen kommen aus Berlin, ob es sich tatsächlich so verhalte, daß Busch Polizei- und Wehrmachtspfarrer sei. In der Tat, es war so.

b) Vikarskonvent

Busch war für den Bereich der Bekennenden Gemeinden in Essen Leiter des Vikarskonvents. Die Nachwuchsfrage war für die Bekennende Kirche ja ein sehr wesentliches Problem. Die Vikare, die bereit waren, das Risiko einer Existenz in den Bekennenden Gemeinden auf sich zu nehmen, mußten betreut und in ihrer Ausbildung gefördert werden. Diese Aufgabe oblag im Bereich Essen Wilhelm Busch.

c) Absage an Olympia

Bei den Olympischen Spielen 1936 sollte natürlich auch die Kirche bei dem ganz großen Schauspiel mitwirken. Auch Busch war um Teilnahme gebeten worden.

Von seinem Freund, Pastor Raeder, von der Berliner Stadtmission bekommt er eine Postkarte mit dem Datum vom 23. Mai 1936. Die Gestapo hat den Inhalt der frechen Karte sorgfältig in ihre Akten aufgenommen:

„Ich freue mich über Deine Absage zur Olympiade. Gott wird Dich dafür segnen. Mit Dannenbaum ist es ähnlich gegangen. Ihn wollen sie nicht haben, aber seinen Chor, worauf er eine klare Absage gegeben hat. Es muß uns Christen gegen die Ehre gehen, zu einem Theaterspiel sich brauchen zu lassen.“ [79]

d) 760 Feldpostanschriften

Am 15. November 1942 ergeht eine Strafanzeige gegen Busch, weil er Feldpostanschriften gesammelt und religiöse Schriften an Wehrmachtsangehörige verschickt habe. Bei der großen Durchsuchung des Weigle-Hauses war auch das Jugendpfarramt durchstöbert worden. Eine Liste mit 760 Feldpostanschriften fand man im Sekretariat Buschs. Die religiöse Betreuung der Wehrmachtsangehörigen war aber laut Erlaß allein Sache der Wehrmachtspfarrer. (Erlaß vom 27. 10. 1939 und vom 12. 7. 1940) [80]

Wilhelm Busch behauptete der Polizei gegenüber, er habe nach dem Verbot nur noch auf persönlichen Wunsch hin Briefkontakt gehalten. Er habe die Adressen nicht systematisch gesammelt. Die gefundenen Feldpostanschriften stammten alle von Soldaten, die von sich aus einen Briefwechsel mit ihm wünschten.

Da das Gegenteil ihm nicht nachgewiesen werden konnte, wurde Busch am 15. Dezember 1942 nur verwarnt.

Natürlich wurden auf alle mögliche Weise die zur Wehrmacht eingezogenen Mitarbeiter des Weigle-Hauses mit Post und geistlicher Literatur versorgt. In dieser Zeit begann es, daß die Predigten Buschs nachgeschrieben, vervielfältigt und an Soldaten versandt wurden. Das war der Ansatzpunkt für die nach dem Krieg lange Jahre von Wilhelm Busch herausgebrachte Predigt-Reihe „Die Kirche am Markt".

e) „Dem Mann waren die Augen gehalten."

Zum Abschluß dieses Kapitels wollen wir Wilhelm Busch noch einmal eine kleine Begebenheit erzählen lassen, wie sie gelegentlich während des Kampfes der Gemeinde Jesu im Dritten Reich passierte. Wo Verfolgung ist, da gibt es auch immer wieder besondere Beweise der Gegenwart des Herrn.

Wilhelm Busch berichtet: „Es sollte eine Erklärung der Bekennenden Kirche vorgelesen werden gegen die Euthanasie, also gegen das Vorhaben, die Geistesschwachen und Epileptischen umzubringen. Die Sache war durchgesickert, und wir wollten eine Erklärung dagegen abgeben. Diese Erklärung sollte zugleich als Flugblatt an die Gemeinde verteilt werden. Die Staatspolizei bekam Wind von der Sache. Am Samstag kommen plötzlich zwei Herren. Sie kamen immer zu zweit. Der eine war der etwas dösige Begleiter, der stand so an der Tür herum, und der andere flegelte sich auf einen Stuhl in meinem Studierzimmer an einen Tisch, auf dem ein ganzer Stapel von den Flugblättern lag. Er flegelte sich dahin, legte seinen Arm auf den Stapel Flugblätter und sagte: ‚Herr Pfarrer, haben Sie hier Flugblätter?' Ich sage: ‚Darüber bin ich Ihnen keine Auskunft schuldig.' — ‚Dann muß ich Haussuchung machen.' Ich sage: ‚Kann ich nicht vermeiden!'

Er guckt sich um. Da sind riesige Bücherschränke. Hinter jedem könnten die Flugblätter sein. Ich sage: ,Ich kann Sie beruhigen. Sie wissen, ich lüge Sie nicht an, aber da sind sie wirklich nicht.' Er steht schließlich auf und durchsucht das ganze Haus, setzt sich dann wieder auf den Stuhl, legt den Arm auf die Dinger und sagt: ,Ja, Sie scheinen keine zu haben.'
Ich würde ja geglaubt haben, daß das ein freundlicher Mann war, der nicht sehen wollte. Aber ich kannte den Burschen. Wenn der eins gefunden hätte, hätte er die Flugblätter und mich mitgenommen. Verstehen Sie, das war das Unheimliche: Als die den Kampf gegen uns eröffneten, da kämpften sie gegen eine Front, wo der lebendige Herr mitspielte. Es heißt in der Bibel manchmal, daß Leuten die Augen gehalten wurden. Ich bin überzeugt, dem Mann waren die Augen gehalten. Er sah nicht, was unter seinem Arm lag. Nun, es ging nicht immer so herrlich ab." [81]

Anmerkungen zum 4. Kapitel

1 Tonbandnachschrift des Referates beim Offenen Abend in Stuttgart, Januar 1965
2 Gestapo-Akte Nr. 1264 im Hauptstaatsarchiv Düsseldorf
3 W. Busch, Mit Ihm wir wollen's wagen, 100 Jahre Westdeutscher Jungmännerbund, Wuppertal 1948, S. 77
4 a. a. O.
5 Gestapo-Akte Nr. 1264
6 a. a. O.
7 a. a. O.
8 W. Busch, Plaudereien in meinem Studierzimmer, S. 225 ff.
9 Auch in den „Plaudereien", S. 228 ff. wird der Zusammenhang ausführlich geschildert
10 Tonbandnachschrift des Referates vom Januar 1965 in Stuttgart
11 Gestapo-Akte Nr. 1264
12 Gestapo-Akte Nr. 1264
13 Gestapo-Akte Nr. 1264
14 Gestapo-Akte Nr. 1264
15 W. Busch, Mit Ihm wir wollen's wagen, S. 78
16 W. Stursberg, Der Westbund im Dritten Reich (1933—1945), in: Leuchtturm 2/1969, S. 3
17 W. Busch, Mit Ihm wir wollen's wagen, S. 78 f.
18 a. a. O., S. 77 f.
19 Gestapo-Akte Nr. 2251
20 Gestapo-Akte Nr. 1264
21 Gestapo-Akte Nr. 1264
22 Gestapo-Akte Nr. 1264
23 Archiv Dr. H. Reiß

24 Archiv Dr. H. Reiß
25 Archiv Dr. H. Reiß
26 vgl. Gestapo-Akte Nr. 1264
27 Gestapo-Akte Nr. 1264
28 Gestapo-Akte Nr. 1264
29 Gestapo-Akte Nr. 1264
30 Tonbandnachschrift Referat Stuttgart, Januar 1965
31 Gestapo-Akte Nr. 21021, daraus auch die ganze Begebenheit
32 Gestapo-Akte Nr. 1264
33 Gestapo-Akte Nr. 21021
34 Gestapo-Akte Nr. 2251
35 Archiv Dr. H. Reiß
36 Archiv Dr. H. Reiß
37 Gestapo-Akte Nr. 21021
38 Gestapo-Akte Nr. 21021
39 Gestapo-Akte Nr. 2251
40 mündliche Information F. Schenk
41 mündliche Information Dr. H. Reiß
42 Gestapo-Akte Nr. 2251 und Nr. 44756
43 Gestapo-Akte Nr. 1264
44 Gestapo-Akte Nr. 1264
45 Gestapo-Akte Nr. 1264
46 Gestapo-Akte Nr. 44757
47 Gestapo-Akte Nr. 1264
48 Gestapo-Akte Nr. 1264
49 Bescheid des Oberstaatsanwaltes vom 21. 2. 1936, Gestapo-Akte Nr. 1264
50 Gestapo-Akte Nr. 1264
51 W. Busch, Was tun wir mit dem Alten Testament?, S. 6
52 a. a. O., S. 7
53 a. a. O., S. 8
54 a. a. O., S. 9
55 a. a. O., S. 10
56 a. a. O., S. 11
57 a. a. O., S. 11 f.
58 a. a. O., S. 12
59 a. a. O., S. 13 f.
60 a. a. O., S. 14
61 Gestapo-Akte Nr. 2251
62 Brief vom 29. 8. 1940 von der Gestapo Düsseldorf an die Außendienststelle Wuppertal auf Anordnung des RSHA in Berlin, Gestapo-Akte Nr. 2251
63 Gestapo-Akte Nr. 1264
64 Aus den Satzungen für den Reichsausschuß der Deutschen Evangelischen Wochen, zit. bei: E. Beyreuther, Kirche in Bewegung, S. 244
65 a. a. O., S. 246
66 Tonbandnachschrift Referat Stuttgart, Januar 1966
67 a. a. O.
68 E. Beyreuther, a. a. O., S. 249
69 Gestapo-Akte Nr. 1264
70 Gestapo-Akte Nr. 1264
70a Alle Angaben und Zitate in diesem Abschnitt entstammen dem Archiv W. Schüffler
71 Gestapo-Akte Nr. 2251
72 Gestapo-Akte Nr. 18890
73 mündlich F. Schenk
74 Archiv Dr. F. Heinrichs, dem auch alle anderen Dokumente entstammen, die in diesem Abschnitt zitiert werden
75 W. Koch, Ein Christ lebt für morgen, Heinemann im Dritten Reich, Wuppertal 1972, S. 150

76 Angaben nach W. Koch, S. 151 f.
76 W. Koch, a. a. O., S. 152
77 W. Koch, a. a. O., S. 151
78 Brief der Staatspolizei Düsseldorf an die „Politische Inspektion" in Essen, Gestapo-Akte Nr. 1264
79 Gestapo-Akte Nr. 44757
80 Gestapo-Akte Nr. 3149
81 Tonbandnachschrift Referat Stuttgart, Januar 1965

5. Kapitel

„Pyramide oder Blütenwiese?"

Der Kampf um die Freiheit der Gemeinde Jesu in der Volkskirche

1. „Was bremst denn da?"

Als Wilhelm Busch 1948 die Zeitschrift „Licht und Leben" anfing herauszugeben, gab es gleich auf die erste Nummer heftige Reaktionen, leidenschaftliches Pro und Kontra. Einer schreibt: „Aus Gewissensgründen bestelle ich ‚LL' ab!" — Buschs Kommentar dazu: „Nach der ersten Nummer schon! Das war eine kurze Freude!" [1]

Was hatte die Gemüter so erhitzt? Busch hat in der ersten Nummer von „Licht und Leben" einen programmatischen Artikel veröffentlicht unter dem Thema „Was bremst denn da? — Ein offenes Wort zur Lage in der Evangelischen Kirche." [2] Wie viele Christen damals erwartete Busch, daß die Erfahrungen aus der Zeit des Kirchenkampfes den Neuaufbau der kirchlichen Arbeit nach 1945 bestimmen würden. Die Türen schienen weit offen. Die Menschen hungerten nach dem Evangelium, nachdem sie vom Nationalsozialismus betrogen worden waren. Aber die Dinge liefen anders.

Busch schreibt: „Nun sind drei Jahre vergangen! Wir werfen einen Blick auf das weite Feld der Evangelischen Kirche. Wie steht es da? Stehen wir unter dem Zeichen ‚Freie Fahrt'? Gehen wir in gottgeschenkter Freudigkeit durch die offenen Türen? Liegt über unserer Arbeit die Befreiung, daß die Fesseln fielen? Gleichen wir dem Wagen, der nach der Fahrt über die enge Brücke nun freie Fahrt vor sich sieht?

Ach nein, so ist es nicht! Mit tiefem Schmerz müssen wir gestehen: Wir sind enttäuscht. Es ist, als wenn irgend etwas die freie Fahrt bremste.

Es hat keinen Wert, sich darüber hinwegzutäuschen. Überall sehen wir Verzagtheit, Müdigkeit, innere Armut."

Und dann: „Warum ist es so? Es ist Zeit, nach den Gründen zu fragen!

Da ist nun viel zu nennen: Mangel an Vollmacht bei denen, die das Evangelium verkünden. Mangel an Liebe, die einander trägt und Geduld hat. Pharisäischer Richtgeist bei den Gläubigen, — und vieles andere, was Gott uns aufdecken möge.

Aber eine besondere Not hat mir heute die Feder in die Hand gedrückt. Ich möchte gern in aller Offenheit eine Sache aufdecken, *die weithin die Freudigkeit der Christen lähmt und einen bösen Geist schafft: Es handelt sich um den geistlichen Führungsanspruch der Pfarrer.*

Es ist nun einmal so, daß auf dem Boden der Evangelischen Kirche mancherlei freie Werke mit einem ihnen eigentümlichen Charakter entstanden sind. Da gibt es landeskirchliche Gemeinschaften, Jugendbund für EC, die großen Verbände für die männliche und weibliche Jugend, Blaues Kreuz — und wie sie alle heißen. Es ist gar keine Frage, daß Gott unsere Kirchengemeinden durch diese freien Werke reich gesegnet hat. Und ebenso ist es keine Frage, daß diese freien Werke mit ihrer selbständigen Laienführung einer klaren, organisatorischen Aufgliederung der Kirchengemeinden im Wege stehen." [3]

Busch beschreibt dann die Situation in vielen Gemeinden: Neben den Gruppen, die unter der Leitung des Presbyteriums und des Pfarrers stehen, gibt es die Gruppen der freien Werke, die ihren eigenen Vorstand haben und nicht dem Pfarrer unterstellt sind. Nun wurde aber nach dem Krieg in der Pfarrerschaft „Gemeinde" ganz groß geschrieben. Die freien Verbände bekamen den Vorwurf zu hören, daß sie den Leib Christi, die Gemeinde, zerrissen.

Busch setzt mit seiner Kritik bei einem theologischen Kurzschluß ein: „Man sagt ‚Gemeinde' und meint ‚Pfarrer'. So meinen weithin die Pfarrer: Was sich unserer Leitung nicht unterstellt, das trennt sich von der ‚Gemeinde'. *Aber nicht dies ist das Kennzeichen der ‚Gemeinde', daß sie sich um den Pfarrer sammelt, sondern daß sie sich um den Herrn und sein Werk sammelt."* [4]

Und dann kommt die notwendig daraus folgende Forderung: „Es wird Zeit, daß die Evangelische Kirche sich theologisch darüber klar wird, welche Stellung das ‚Amt' eines evangelischen Predigers einnimmt." [5]

Busch wirft vielen Pfarrern vor, daß sie praktisch „Vilmarianer“ seien. Er zitiert den Theologen A. Vilmar (19. Jahrhundert) mit zwei Sätzen über das Amt des Pfarrers: „... weil allein von diesem Amt die Wahrheit ausgeht, der Weg gewiesen wird, das Licht hinableuchtet in die Gemeinde ...“ — „... im geistlichen Amt ist Christus der Richter aller Welt.“ Und Busch fährt dann fort: „Immerhin hat Vilmar versucht, seine Stellung theologisch zu begründen. Ich glaube nicht, daß einer der heutigen Theologen ihm in seiner Überzeugung folgen wird. Aber im Praktischen sind heute die meisten Pfarrer Vilmarianer. Was sich ihrem ‚Amt' nicht unterordnet, löst sich von der Gemeinde!“ [6]

Busch protestiert heftig gegen diese Praxis. Und er wehrt auch den Einwand ab, daß durch das organisatorische Nebeneinander die Einheit des Leibes Christi zerrissen würde: „Denn der Leib Christi ist nicht eine organisatorische Einheit, sondern eine geistliche Einheit.

O, wann werden wir armen Deutschen endlich aufhören, immer nur organisatorisch zu denken! Warum soll es denn eine Schande sein, wenn in einer Kirchengemeinde mancherlei christliche Kreise zusammenkommen? Eine bunte Blütenwiese hat doch auch ihre Schönheit. Aber wir Deutschen fänden es schöner, wenn auf solch einer Wiese nur eine Einheitsblume stünde, die unter *einem* Züchter wüchse.

Nun hat es aber Gott gefallen, mancherlei Blumen zu schaffen, und so hat er auch in seinem geistlichen Garten mancherlei Blumen. Warum können wir Pfarrer uns so schwer damit abfinden?

Wenn ich nicht annehmen will, daß einfach ungebrochene Herrschsucht vorliegt — und das wollen wir nun doch nicht annehmen! —, dann kann ich keinen anderen Grund finden als den: Diese Vielgestaltigkeit geistlichen Lebens läuft unserem organisatorischen Denken zuwider. Das geistliche Leben richtet sich nicht nach unseren organisatorischen Wünschen.“ [7]

Busch appelliert an die Pfarrer, ihren unberechtigten geistlichen Führungsanspruch aufzugeben, und appelliert zugleich an die Leute in den freien Werken, den Pfarrern nicht mit Mißtrauen, sondern mit stärkerer Liebe und treuer Fürbitte zu begegnen.

„Welch eine missionarische Kraft ginge von einer Christengemeinde aus, wo es heißt: ‚Einer ist euer Meister, Christus' (und nicht: einer ist euer Meister: Der Pastor!). Wie würden die verschiedenen Orgelpfeifen einen wundervollen, harmonischen Klang ergeben". [8]

2. „Pyramide oder Blütenwiese?"

Es ging Wilhelm Busch in dem oben zitierten Artikel um die praktischen Probleme in den einzelnen Kirchengemeinden. Trotzdem wollen wir hier die Gelegenheit nehmen, etwas grundsätzlicher seine Auffassung von der Kirche zu beleuchten. Im Jahre 1956 hat Busch in Form einer Erzählung seinen Kirchenbegriff sehr anschaulich dargestellt. Er berichtet dort von einer Bergtour, auf der er zufällig mit einem katholischen Kaplan zusammentraf.

Alles ist anschaulich bei Wilhelm Busch. Selbst theologische Aussagen vermag er in lebendige Bilder zu kleiden. Er berichtet von seiner Begegnung mit dem Kaplan folgendes:

„Schnell hatte er herausgebracht, daß ich evangelischer Pfarrer sei. Als dann nach dem ersten steilen Anstieg der Weg durch grüne Matten führte, begann er erst etwas verlegen und vorsichtig abwägend, dann bald sicherer und dann mit Nachdruck mir etwa folgendes vorzutragen: ‚Der Protestantismus ist doch in voller Auflösung begriffen. Himmel!, wieviel Vereine, Verbände, Kirchen, Konfessionen und Denominationen gibt es doch bei Ihnen. Volle Auflösung auf der ganzen Front! Woher nehmen Sie nur den Mut, weiterzumachen? Sehen Sie doch die wundervolle Einheit in unserer Kirche unter dem Papst. Es kann nicht mehr lange dauern, dann ist der Zersetzungsprozeß zu Ende und die volle Auflösung des Protestantismus vollzogen.'

Unwillkürlich waren wir stehengeblieben. Jetzt setzte ich mich ins Gras. Er legte sich neben mich und sah mich gespannt an. Von der anderen Seite drängte eine kleine Ziege, die lustig mit ihrer Schelle bimmelte, an mich, als wolle auch sie etwas wissen über den sich auflösenden Protestantismus. Jedenfalls war der kleine Ziegenhirt dort drüben ein guter Calvinist.

‚Ja', sagte ich, ‚ich muß Sie enttäuschen. Was Sie ‚Auflösung' nennen, ist nur eine andere Schau, eine andere Vision von dem, was Kirche ist. Sehen Sie: Es gibt zwei verschiedene

Möglichkeiten, sich die Kirche vorzustellen. Bei der einen stellt man sich die Kirche vor wie eine Pyramide des Cheops bei Kairo. Die war bekanntlich früher ganz glatt von oben bis unten. Glatte Wände, alles zusammenlaufend in der einen Spitze. Kein Stein ragt heraus. Fest gefügt steht sie da. Alle Steine laufen gleichsam auf die eine Spitze zu, die über allem steht. Diese Pyramidenvorstellung haben Sie offenbar von der Kirche.

Es gibt aber auch noch eine andere Möglichkeit. Sehen Sie' — ich zeigte auf die Matte rings um uns her, wo Primeln, Berganemonen, Männertreu und andere Blumen in bunter Fülle blühten — ‚Sehen Sie, ich denke mir die Kirche als eine sehr lebendige, bunte Blütenwiese. Da blühen die verschiedensten Blumen, und doch gehören sie alle zusammen. Sie alle sind Blumen auf derselben lieben Bergwiese. So denke ich mir die Kirche: Eine bunte Blütenwiese!'

Nachdenklich schaute er vor sich nieder. Aber er schwieg. Und so fuhr ich fort: ‚Gewiß, es gehört Mut zu solch einer Kirche. Oder vielmehr Glauben. Da setzt man sein Vertrauen nicht auf die Organisation, sondern auf den Herrn, der für alle gestorben ist, und der mit jedem seiner Leute eine eigene Geschichte hat.'

Immer noch schwieg mein junger Begleiter. So ergriff ich noch einmal das Wort: ‚Wenn ich ehrlich sein soll — mir ist die bunte Blütenwiese in all ihrer Pracht und mit all ihren bescheidenen Blümlein lieber als die starre Pyramide.'

‚Interessant!' sagte er und stand auf. Wieder wurde der Weg steil. So kamen wir schweigend oben an, wo wir uns in Freundschaft trennten.

Später schickte ich ihm eines meiner Bücher. Aber er hat mir nie geantwortet. Vielleicht war er doch schwindlig geworden — er, der so schwindelfrei war. Ja, ja, wer organisatorische Ordnung für Leben hält, der kann schon schwindelig werden im Anblick der evangelischen Blütenwiese. Man müht sich, alles ‚unter einen Hut' zu bringen (törichtes, vergebliches Mühen!); der Blick auf den Herrn aber, in dem alle Gläubigen an Jesus eins sind, macht ‚schwindelfrei'". [9]

Kurioserweise hat Busch diese Auffassung von Kirche nicht gegenüber einem etwaigen katholischen Zugriff, sondern in der evangelischen Kirche selbst verteidigen müssen. Wie gesagt, zunächst auf der Ebene der Ortsgemeinde. Dieser Kirchenbegriff war aber zugleich ein Programm für die Praxis auf allen Ebenen.

Übrigens setzte Busch unter seine Erzählung „Pyramide oder Blütenwiese?“ eine sarkastische Fußnote: „Wir empfehlen die Lektüre dieses Artikels besonders allen Jugendpfarrern innerhalb der EKiD.“ Die hatten 1956 ebenfalls große Schwierigkeiten, mit der Blütenwiese zu leben.

Aber schon früher wurde die Auseinandersetzung um diesen Punkt auf landeskirchlicher Ebene heftig. Damit beschäftigen wir uns jetzt.

3. Gegen die „totale Kirche“

Kritisch begleitet Wilhelm Busch die Arbeit an der Kirchenordnung der Evangelischen Kirche im Rheinland. Im Kirchenkampf hat er gelernt, wie scheinbar harmlose Formulierungen in Kirchengesetzen verhängnisvolle Entwicklungen ermöglichen können. Mit Sorge betrachtet er — und er schreibt es offen in „Licht und Leben“ —, wie der Einzelgemeinde mehr und mehr Rechte abgesprochen werden, die die Kirchenleitung übernimmt. In dem Artikel „Wieder ein Schritt ...“ [10] kritisiert Wilhelm Busch besonders die gefährlichen Punkte in den Kirchengesetzen über Pfarrerwahl und Pfarrstellenbesetzung. Heftig wehrt er sich gegen die Einschränkung des Rechtes der Gemeinde durch das Recht der Kirchenleitung.

Am heftigsten aber ist Buschs Widerstand, als die Kirche das Verhältnis zu den freien Verbänden in einer geradezu päpstlichen Weise regeln will. Unter der Überschrift „Beunruhigende Nachrichten“ erscheint in „Licht und Leben“ [11] (63/1952, Nr. 1, S. 10) die Nachricht: „Offensichtlich gibt es kirchliche Stellen, die vor einem Zuviel an Autorität gar keine Angst haben. Es gehört zu dem Reichtum und dem Wesen der evangelischen Kirche, daß es auf ihrem Boden freie missionarische und diakonische Werke gibt, die in Selbständigkeit ihren Dienst tun, aber vertrauensvoll mit der Kirche arbeiten, wo dies möglich ist.

Wie nun die Rheinische Kirche einmal an der Spitze stand, als es im Kirchenkampf galt, kirchliche Machtgelüste abzuwehren, so ist sie nun offenbar Spitzenreiter in dem Bestreben geworden, einer zentral geleiteten Kirche alles zu unterwerfen.“

Der vierte Teil der Kirchenordnung der Evangelischen Kirche im Rheinland handelt von den missionarischen und diakonischen Werken. 1951 war ein Entwurf dieses Teils in der Diskussion, der Busch auf die Barrikaden trieb.

In Artikel 208, Abs. 3 hieß es damals: „Die Kirchenleitung regelt die Zuordnung dieser Werke zur Einzelgemeinde und zur Gesamtkirche. Dabei wird die Mitarbeit der Werke und ihrer Kräfte sowie die freie Gestaltung ihrer Arbeit im Rahmen der gesamtkirchlichen Ordnung gewährleistet und geschützt."

In Artikel 212, Abs. 2 hieß es ursprünglich: „Die Werke tragen gegenüber der Landessynode die Verantwortung in ihrem Arbeitsbereich. Sie haben der Kirchenleitung auf Verlangen Einsicht in ihre Arbeit zu gewähren. Die Berufung der leitenden Amtsträger der Werke bedarf der Bestätigung durch die Kirchenleitung." Der Entwurf dieses Absatzes wurde dann etwas gemildert und lautete: „Die Werke tragen gegenüber der Landessynode die Verantwortung in ihrem Arbeitsbereich. Sie gewähren der Kirchenleitung Einsicht in ihre Arbeit. Sie haben das Recht, für ihre leitenden Amtsträger um die Bestätigung durch die Kirchenleitung zu bitten."

Dieser Entwurf war Anlaß für einen leidenschaftlichen Brief, den Wilhelm Busch an den damaligen Präses der Rheinischen Kirche, D. Heinrich Held, schrieb. Dieser Brief offenbart, wie sehr Wilhelm Busch ein Mann der Kirche war. Und dies nicht trotz, sondern wegen seiner Kritik an der Kirche. Und wieder spielen die Erfahrungen in der Bekennenden Kirche eine entscheidende Rolle. Weil Buschs Brief an Held ein wichtiges Dokument des Ringens um die evangeliumsgemäße Gestalt einer Kirche ist, sei er hier in vollem Wortlaut veröffentlicht nach dem Schreibmaschinendurchschlag, der sich in Buschs Nachlaß befindet.

8. November 1951

„Herrn
Präses D. Heinrich Held
Düsseldorf

Bruder Held!

Eine schlaflose Nacht, die ich hinter mir habe und in der ich beinahe verzweifelt bin über den Weg unserer Kirche unter Deiner Leitung, hat in mir den Entschluß reifen lassen, noch einmal zu versuchen, ob Du wohl ein brüderliches Wort von mir annimmst, nachdem wir doch in den vergangenen Zeiten durch dick und dünn miteinander verbunden waren.

Der Anlaß zu diesem Schreiben ist der Kirchenordnungs-Entwurf über ‚Die missionarischen und diakonischen Werke'.

Ich beschwöre Dich, daß Du doch alles tun möchtest, diesen ganzen Entwurf zu beseitigen. Ich rede aus einer Not heraus, wie ich sie seit dem Jahre 1933 nicht mehr getragen habe.

Merkst Du nicht, Bruder Held, wie ‚der Geist der Besiegten die Sieger überwindet'? Der § 3 in Artikel 208 ist durch und durch Sprache und Geist der DC. (Deutsche Christen, der Verf.)

Aber ich möchte nicht auf die Einzelheiten eingehen, nur noch auf § 2 in Artikel 212. Daß die ursprüngliche Fassung überhaupt gedruckt werden konnte, ist furchtbar. Es hat Gott gefallen, im Rheinland freie Werke werden zu lassen. Sieh, es ist doch einfach eine kirchengeschichtliche Tatsache, daß eine Volkskirche vor geistigen Überfremdungen wie Aufklärung, Liberalismus, Nazismus, Bultmannismus nicht geschützt ist. Und in solchen Zeiten hat in den freien Werken das Evangelium immer wieder überwintert. Wenn Ihr jetzt der Kirchenleitung — gewiß in gutem Glauben — diese Werke so überliefert, dann werden sie bei der nächsten Überfremdung auch ein Opfer werden.

Und dann geschieht endgültig das, was ich so entsetzlich fürchte: Daß alle wirklich geistlich lebendigen Kräfte in die Freikirche strömen, weil in der Kirche auch in den freien Werken nun keine Plattform mehr für sie da ist. In bester Meinung schafft Ihr eine Situation, die die Kirche grauenvoll zerstören wird.

Ich kenne die Änderung, die Ihr in diesem Paragraphen durchgeführt habt. Es wurde mir berichtet, daß Du in jeder Sitzung des Ausschusses warst, in dem diese Sache verhandelt wurde. Ich kann verstehen, daß Du das getan hast. Diese gerecht denkenden Brüder haben Deine Gründe erwogen und sind umgefallen. Bruder Held, Du bist für das, was hier geschieht, vor Gott verantwortlich. Ich übertreibe jetzt nicht, wenn ich zu jeder Demütigung bereit bin, um Dich zu beschwören: Kehre von diesem Wege um! *Diese totale Kirche ist nach den Erfahrungen des Kirchenkampfes in der nächsten geistigen*

Überfremdung, die ja bereits eingesetzt hat, verloren. (Kursiv-Schrift vom Verf.) Ich bitte Dich: Kehre um von diesem Weg!
Empfindest Du nicht, wie schmachvoll diese Formulierung ist: ‚Die Werke haben das Recht . . . um Bestätigung . . . zu bitten'? Aber es geht mir gar nicht um die schmachvolle Formulierung, sondern es geht um die Sache. Hier schafft Ihr jetzt zweierlei Werke: bestätigte und nichtbestätigte. Kirchlich zuverlässige und kirchlich nicht zuverlässige. Hältst Du das für tragbar? Als ich einem der Brüder aus dem Ausschuß das vorhielt, war er ganz erschrocken und sagte: ‚Das haben wir nicht gesehen.' Wo der erste Schritt auf diesem Wege getan ist, muß der zweite Schritt ja folgen: Daß man die nicht bestätigten Werke kirchlich diffamiert. Wie oft habe ich aus Deinem Munde den Satz gehört, daß man seinen Weg vollenden muß nach dem Gesetz, nach dem man angetreten ist!
Was soll dieser ganze Entwurf? Was soll diese ‚totale Kirche'? Warum werden alle Schlüssel in einer Hand vereinigt für den Moment, wo eine gottlose Hand diese Schlüssel mit einem Griff packen kann?
Bruder Held, Du hast Gründe. Die hast Du im Ausschuß genügend vorgebracht. Du weißt so gut wie ich, daß man alles begründen kann, schlechthin alles. Dieser Brief will nicht eine Diskussion mit Dir einleiten über Gründe, die für oder gegen diesen Entwurf sprechen. Dieser Brief braucht keine Antwort. Dieser Brief will überhaupt keine Antwort. Sondern dieser Brief ist mein allerletzter Versuch eines brüderlichen Appells an den Mann, der einmal mit mir *gekämpft hat um den Aufbau der Kirche von unten gegen die Tyrannei von oben.* (Kursiv-Schrift vom Verf.) Ich habe in dieser schlaflosen Nacht Gott gebeten, Er möge es mir schenken, daß Dir die Augen aufgehen für den Weg, den Du die Rheinische Kirche führst, und daß Du meine brüderliche Warnung hören möchtest.
Ich weiß, daß Du die Synode bei all dem hinter Dir hast und auch die Pfarrerschaft. Aber Du weißt selber, daß man einsam sein kann mit einem ungeheuer guten Gewissen und dabei nur voller Schmerz trauert über den falschen Weg, den eine Kirche läuft.
Bruder Held, ich bitte Dich: Kehre um!

Mit herzlichem Gruß
Dein . . . "

Es kann nicht deutlicher gemacht werden als in diesem Brief, daß es bei dem Ringen um die Selbständigkeit der freien Werke nicht um die Verteidigung von Eigenbrödelei und um die eigensüchtige Wahrung angestammter Rechte geht. Busch jedenfalls geht es in dem Kampf um die Freiheit der Werke eben um die Kirche. Und daß es diese freien Werke innerhalb der Volkskirche gibt, ist einer der Gründe, warum Busch in dieser Volkskirche blieb. Nun, die von Busch angegriffenen Artikel sind schließlich doch nicht Bestandteil der Kirchenordnung der Evangelischen Kirche im Rheinland geworden. Die entscheidenden Sätze heißen nun in Artikel 211, Abs. 2: „Die Mitarbeit der Werke und die freie Gestaltung ihrer Arbeit werden gewährleistet." Und in Abs. 4: „Die Verbindung der Evangelischen Kirche im Rheinland, ihrer Kirchengemeinden und Kirchenkreise mit dem Dienst der einzelnen Werke wird durch Kirchengesetze, Vereinbarungen und entsprechende Richtlinien geordnet." In diesem Bereich ist es im Rheinland nicht zur „totalen Kirche" gekommen.

Eine andere Frage ist, ob die freien Werke nicht durch finanzielle Zuwendungen ihre Freiheit langsam verlieren oder verloren haben. Wir werden uns dann neu des Satzes von Busch erinnern müssen: „In bester Meinung schafft Ihr eine Situation, die die Kirche grauenvoll zerstören wird."

Wir müssen noch einmal auf den Brief an Präses Held zurückkommen. Eine Antwort auf diesen Brief liegt nicht vor. Busch hat keine gewollt. Die Attacke in diesem Brief würde aber einseitig persönlich verstanden, wenn wir nicht berücksichtigen wollten, daß Busch mit Held im Kirchenkampf wirklich eng zusammengearbeitet hat. Unter Voraussetzung dieses positiven Verhältnisses läßt sich erst die Schärfe des Briefes erklären. Busch drückt deutlich aus, daß seine Befürchtungen sich nicht auf einen Mißbrauch der entsprechenden Kirchenordnungsbestimmungen durch die gegenwärtige Kirchenleitung richten. Er hatte einfach Angst, daß diese Konstruktionen — im guten Glauben gebaut — eines Tages von falschen Händen mißbraucht werden könnten. Es geht hier wirklich um die Sache, d. h. um die Kirche, nicht um die Person des Präses Held.

Nun war sich Wilhelm Busch auch im klaren darüber, daß die freien Werke das Evangelium nicht gepachtet haben. Auch sie sind vor Überfremdung nicht sicher. Der notvolle Kampf um die Kursbestimmung im Westdeutschen Jungmännerbund 1934 wird Busch auch nach dem Krieg gegenwärtig gewesen sein.

Aber wenn die Gemeinde Jesu Christi sich in vielen Gemeinden, Verbänden und Vereinen organisatorisch gestaltet, dann gibt es eben nur schwer eine Überfremdung auf der ganzen Linie. Je mehr einzelne Zellen, desto mehr Möglichkeiten, bösen Einflüssen, die Teile der Gemeinde erobern, in anderen Teilen zu widerstehen.

Nun hat natürlich auf der Seite der „Zentralisten" auch die Kirchenkampferfahrung eine gewisse Rolle gespielt. Die Bekennende Kirche hatte in der Barmer Erklärung eine klare biblische Orientierung gefunden. Man hatte die Irrlehre abgewehrt — orientiert an dem *einen* Wort Gottes, Jesus Christus. Der Zentralismus sollte sicherlich dazu dienen, diese neu gewonnene Reinheit der Lehre und Botschaft zu sichern.

Wilhelm Busch aber gab sich in dieser Hinsicht keiner Illusion hin. Für ihn war die Vielfalt der Gemeinde Jesu eine größere Hilfe zur Bewahrung des biblischen Evangeliums.

4. Das Beispiel Württemberg

In Rheinland-Westfalen war und blieb der „Westdeutsche Jungmännerbund — CVJM", heute „CVJM Westbund", ein freies Werk. Etwas anders liefen die Dinge in Württemberg. Der Süddeutsche Jungmännerbund wurde in die Kirche als Württembergisches Jungmännerwerk integriert.

In LL 63/1952, Nr. 8, S. 125 ist ein Brief des Stuttgarter Oberkirchenrats Dr. Manfred Müller mit der Entgegnung Buschs abgedruckt.

Dr. M. Müller schreibt unter anderem: „Sie schreiben: ‚So kam das Aufgehen des Süddeutschen Jungmännerbundes in ein kirchliches Jugendwerk.' Jeder Kenner weiß, daß diese These ebenfalls nicht richtig ist. Das erste Abkommen zwischen Landeskirche und Jungmännerwerk stammt aus dem Jahre 1941. Inzwischen ist dann 1946 eine Neuordnung nicht vom Oberkirchenrat gesetzt, sondern in freier Übereinkunft zwischen Werk und Kirche geschaffen worden — und zwar in der Linie von 1941. Wenn Sie diese Ordnung durchsehen und die Mitarbeiter fragen würden, dann könnten Sie feststellen, daß das Württembergische Jungmännerwerk heute nicht weniger Freiheit hat als vor 1933. Ich habe in zahllosen Reden immer darauf hingewiesen, daß wir ein freies Jugendwerk in der Kirche haben müssen. Dabei waren mir beide Aussagen gleich wichtig. Ich bin — wahrscheinlich mit Ihnen — der Überzeugung, daß diese Formel nur zu Streit führen kann, wenn man im Innersten nicht mehr eins ist."

Busch antwortete darauf: „Daß in Württemberg ein freies Jugendwerk innerhalb der Kirche besteht, ist erfreulich. Ich frage mich nur, warum einige große württembergische CVJMs das nicht begreifen und sich von dieser Neuordnung bis heute ausschließen ... Aber ich lasse mich in diesen Einzelheiten gern berichtigen. Es geht ja um eine Linie bei der Verkirchlichung der freien Verbände. Und an dieser Stelle möchte ich Warnsignale aufrichten."

Nun ist es ja für uns heute sehr interessant, die weitere Entwicklung zu verfolgen. Busch sah die Gefahr, daß bei einer Verkirchlichung der freien Werke auch diese Werke einer Überfremdung der Kirche zum Opfer fallen würden. Vor einiger Zeit ist das Württembergische Jungmännerwerk durch Zusammenlegung mit dem Mädchenwerk zum Württembergischen Jugendwerk geworden. Die befürchtete Überfremdung tritt zunehmend dadurch ein, daß die modernistisch-theologisch orientierten hauptberuflichen Mitarbeiter gegenüber den biblisch-missionarisch orientierten die Mehrheit gewinnen. Genau das ist doch der gefährliche Punkt. Die Volkskirche kann von ihrer Struktur her nicht für ihre geistliche Linie garantieren. Sie ist der Überfremdung gegenüber ziemlich wehrlos. Wir sollten diese Dinge nicht aus den Augen verlieren!

5. Das Beispiel „Posaunenchöre"

Am 19. Oktober 1948 traten die Posaunenchöre des Westdeutschen Jungmännerbundes aus dem kirchlichen Posaunenwerk aus, das von dem Essener Pfarrer Bachmann geleitet wurde. Wilhelm Busch kommentiert dieses Ereignis in LL 60/1948, Nr. 3, S. 13: „Es will uns scheinen, als habe dieser Vorgang eine Bedeutung, die weit über das Posaunenwerk hinausgeht. Es handelt sich dabei ganz einfach darum, daß das Posaunenwerk versuchte, die Posaunenchöre, die doch noch ein lebendiger Teil des Vereins sind, zu ‚verkirchlichen'. Pfarrer Bachmann schrieb in einem Brief an den Rat der Ev. Kirche: ‚. . . die Gesamtkirche und entsprechend die Landeskirchen erklären die Posaunenarbeit zum Werk der Kirche und *geben ihr damit den kirchlichen Auftrag und zugleich die kirchliche Legitimation* . . ' . Noch unverständlicher aber ist uns eine Verordnung im Amtsblatt der Westfälischen Kirche vom 11. 8. 1948, in der angeordnet wird, daß nur diejenigen Posaunenchöre, welche zum Posaunenwerk gehören, ‚kirchlich anerkannt' werden. — Was heißt ‚kirchlich anerkannt'? Diese Ausdrucksweise haben wir doch schon einmal gehört — nämlich in der unseligen Zeit des ‚Reichsbischofs'."

1955 und 1956 gibt es noch einmal eine Auseinandersetzung um diesen Fragenkreis. Busch greift die Leitung der Posaunenchöre des Gnadauer Verbandes an: „Ausgerechnet der Gnadauer Verband, der Verband der Landeskirchlichen Gemeinschaften, hat bis heute nicht gemerkt, was auf diesem Sektor geschieht. In rührendem Vertrauen bleiben die Chöre des Gemeinschaftsverbandes im ‚kirchlichen Posaunenwerk'." [12] Es wird hart gefochten in dieser Auseinandersetzung. Aber es darf nicht vergessen werden, daß es nicht um persönliche Fragen der Beteiligten geht. Busch macht den Lärm in „LL", um viele ahnungslose Kreise vor dem Zugriff der — wie er auch sagen kann — „Polypenarme" der „totalen Kirche" zu bewahren.

In Sachen „Posaunenchöre" formuliert er 1956 [13] noch einmal scharf: „Es ist eine unaufgebbare Forderung aller Pietisten auf dem Boden der evangelischen Kirche, daß es selbständige Werke mit einem eigenen geistlichen Profil gibt." Busch fordert dann die Leitung des „Posaunen-Werkes der Evangelischen Kirche in Deutschland" auf, auf den Anspruch zu verzichten, die Dachorganisation aller Posaunenarbeit zu sein. Er schlägt vor, in einer Posaunenkammer alle Posaunenverbände als gleichberechtigte Mitglieder zusammenzufassen. So soll zugleich für Unabhängigkeit und für Kooperation gesorgt werden.

6. Der Beginn einer falschen Entwicklung

Nun hat gerade in letzter Zeit Dr. Werner Koch deutlich gemacht, daß die Entwicklung zu stärkerer Machtausübung der

Kirchenleitungen nicht erst nach dem Zweiten Weltkrieg eingesetzt hat, sondern bereits in der Bekennenden Kirche (Dr. Werner Koch, Ein Christ lebt für morgen, Gustav Heinemann im Kirchenkampf 1933—1945). Er berichtet über die Gründe des Ausscheidens von Dr. Heinemann aus dem Rheinischen Bruderrat der Bekennenden Kirche am 17. August 1938. Heinemann hat diese Gründe in einem Memorandum niedergelegt. Dr. Koch schreibt: „Alle Kritik, die Heinemann im einzelnen übt, läßt sich auf *einen* Nenner bringen: Die BK hält fest an überkommenen konfessionellen Denkgewohnheiten und volkskirchlichen Verfahrensweisen ohne Rücksicht auf die inzwischen gründlich veränderte Lage. Er könne aber alles ‚auch dahin ausdrücken, daß die BK an einem völlig unbiblischen Uniformismus leide'". Und dann weiter unten: „Die ‚Syndici der BK' hätten nachgerade das von ihnen bekämpfte Führerprinzip der DC übernommen; es seien nun eben die *Bruderräte,* die das gleiche selbstherrliche Regiment ausübten wie die Bischöfe, gegen deren Gewaltherrschaft sie doch das Notrecht von Dahlem ausgerufen hätten." [14]

Es sind ja z. T. die gleichen Männer, die in der Leitung der Bekennenden Kirche tätig waren und dann nach dem Ende des Zweiten Weltkrieges die Landeskirchen aufbauen.

Der Kampf um die Freiheit der Gemeinde innerhalb der Volkskirche — sei es nun der Kirchengemeinde gegenüber der Kirchenleitung oder des freien Werkes gegenüber der Landeskirche — war einer der Hauptprogrammpunkte Buschs in der Zeit nach dem Zweiten Weltkrieg.

Anmerkungen zum 5. Kapitel

1 LL 60/1949, Nr. 4, S. 7
2 LL 60/1948, Nr. 1, S. 4 ff.
3 a. a. O., S. 5
4 a. a. O., S. 6
5 a. a. O.
6 a. a. O.
7 a. a. O., S. 7
8 a. a. O.
9 LL 67/1956, Nr. 3, S. 46
10 LL 62/1951, Nr. 10, S. 158 f.
11 LL 63/1952, Nr. 1, S. 10
12 LL 66/1955, Nr. 7, S. 106
13 LL 67/1956, Nr. 3, S. 43
14 W. Koch, Ein Christ lebt für morgen, Heinemann im Dritten Reich, Wuppertal 1972, S. 160

6. Kapitel

„... und nicht sofort rot sehen"

Die politische Verantwortung des Christen

Ich frage mich: Hat sich eigentlich nichts geändert? Wenn die Namen bestimmter Politiker fallen, bricht selbst unter Christen eine Welle von Fanatismus auf, die überhaupt kein sachliches Gespräch mehr zuläßt. Vielleicht hilft es uns, für die politische Auseinandersetzung in Gegenwart und Zukunft, wenn wir am Beispiel Wilhelm Buschs eine Lektion auf diesem Gebiet wiederholen.

1. Wiederaufrüstung — ja oder nein?

Wilhelm Busch hat sich an den politischen Fragen nicht vorbeigedrückt. Zur Frage der Wiederbewaffnung Deutschlands schreibt er einmal [1]: „So oft ich in LL dieses Thema auch nur angeschnitten habe, wurde ich mit Briefen eingedeckt, die mir zuriefen: ‚Davon verstehst Du doch nichts. Verkündige das Evangelium, aber laß die Finger von der Politik.' Darauf könnte ich antworten: ‚Das will ich gern tun, so lange die Politik die Finger von mir läßt. Wenn aber Dinge geschehen, die tief in mein Leben und das meiner Freunde einschneiden, sind wir wohl gezwungen, unsere Stimme zu erheben.'"

Und das hat er dann eigentlich in „Licht und Leben" von Anfang an getan. In der Rubrik „Aus Welt und Zeit" wurden allerlei politische Probleme beleuchtet. Bereits im Januar 1949 schreibt Busch zum ersten Mal gegen die Gefahr der neuen Militarisierung der damaligen Westzonen. Da lesen wir: „Die Rufer zum Frieden stehen wieder auf verlorenem Posten, und doch werden sie nicht schweigen dürfen, vorab die Christen nicht." [2]

Deutschland war ja durch die vier Siegermächte in Besatzungszonen aufgeteilt worden. Mit zunehmender Entfremdung der Siegermächte untereinander — hier USA/England/Frankreich, dort UdSSR — wurde die Lösung der deutschen Frage schwieriger.

Aus den drei Westzonen wurde die Bundesrepublik, aus der Ostzone die DDR gebildet. Gab es noch die Möglichkeit einer Wiedervereinigung?

Der westdeutsche Bundeskanzler Dr. Adenauer ging von Anfang an zielstrebig den Weg, die Bundesrepublik an den Westen zu binden — politisch und militärisch. Seine Meinung war — und er hatte dafür über viele Jahre hin im Bundestag eine z. T, große Mehrheit —: Der Westen müsse erst militärisch stark gemacht werden, um dann von einer Position der Stärke mit den Sowjets über die Herausgabe der DDR zu verhandeln. Er verkündete, daß die UdSSR durch eine „Politik der Stärke" zur Nachgiebigkeit gezwungen werden könne.

Als er zum ersten Mal auch eine militärische Beteiligung Westdeutschlands im Rahmen einer europäischen Armee andeutete — das geschah im Dezember 1949 in einem Interview mit einer amerikanischen Zeitung [3] — gab es noch Entrüstung. Aber mehr und mehr ging es in diese Richtung. Die Verträge über die sogenannte Europäische Verteidigungsgemeinschaft (EVG) wurden sogar vom Bundestag ratifiziert. Die Sache scheiterte 1954 am Nein der französischen Nationalversammlung. Schließlich trat die Eingliederung der Bundesrepublik in die NATO an die Stelle der Beteiligung an der EVG.

Die Gegner Adenauers — namentlich Niemöller und Heinemann — lehnten ein militärisches Bündnis mit dem Westen ab, weil sie dadurch die Wiedervereinigung Deutschlands unmöglich gemacht sahen. Wie recht sie hatten, ist inzwischen am Tage. — Sie sahen die Katastrophe von 1945 als Gericht Gottes, bei dem er dem deutschen Volk zum zweiten Mal in diesem Jahrhundert die Waffen aus der Hand geschlagen habe. Jetzt wieder zu den Waffen zu greifen und Politik der Stärke betreiben zu wollen, erschien ihnen als Selbstgerechtigkeit und Unbußfertigkeit.

Als Adenauer den westlichen Alliierten ohne Befragung des Kabinetts oder gar des Bundestages eine westdeutsche Beteiligung an der Aufrüstung anbot, trat Dr. Dr. Heinemann am 10. Oktober 1950 als Innenminister zurück.

Zur gleichen Zeit schrieb Niemöller einen offenen Brief an Adenauer, in dem er ihn beschuldigte, die Aufrüstung Westdeutschlands heimlich mit allen Mitteln zu betreiben.

In der Öffentlichkeit entstanden hitzige Diskussionen.

Im Dezember 1950 [4] läßt Busch unter dem Thema „Was halten Sie von Niemöller? — Was will eigentlich Heinemann?" beide selber zu Wort kommen. Beide erläutern ihren Standpunkt, warum sie gegen die Wiederbewaffnung Westdeutschlands sind. Busch schreibt zur Einleitung der beiden Artikel: „Jeder empfindet, daß die Berichterstattung in der Presse außerordentlich verwirrend ist. Wir haben uns darum an D. Niemöller und an Dr. Dr. Heinemann gewandt und sie gebeten: Bitte schreiben Sie uns kurz und bündig, um was es Ihnen geht. Sagen Sie unsern Lesern Ihr eigentliches Anliegen. — Dies zu erfahren scheint uns wichtig zu sein. Beide Männer kennen wir als Christen, mit denen wir im Glauben verbunden sind. Wir sind überzeugt, daß das, was sie vertreten, aus ihrer Verantwortung vor Gott kommt. Und darum ist es wichtig, daß die Christenheit es hört und erwägt." [5]

Im Herbst 1951 wird von Gustav W. Heinemann, Helene Wessel, Adolf Scheu, Diether Posser und anderen die „Notgemeinschaft für den Frieden Europas" gegründet. In dieser überparteilichen Organisation sollte ein Sprachrohr für alle die geschaffen werden, die gegen eine militärische Bindung Westdeutschlands an den Westen und für eine Wiedervereinigung Deutschlands zur Sicherung des Friedens in Europa waren.

Indem Busch sich in „Licht und Leben" für die Notgemeinschaft engagierte, erreichte die Auseinandersetzung um die Wiederbewaffnung in LL einen ersten Höhepunkt im Februar 1952. In dieser Zeit erscheint ein Artikel von Dr. Heinemann unter dem Titel „Die Stunde des freien Wortes". Gleich dahinter wird der Aufruf der „Notgemeinschaft für den Frieden Europas" veröffentlicht, der von Dr. Heinemann und Helene Wessel unterzeichnet ist.

Der Aufruf hat folgenden Wortlaut: „Das Deutsche Volk ist mit geringen Ausnahmen instinktiv gegen eine westdeutsche Aufrüstung und für eine friedliche Wiedervereinigung Deutschlands. — Es gibt aber im Grundgesetz keine andere Möglichkeit, diesem Willen des Volkes Ausdruck zu geben, als durch eine *Petition an den Bundestag*. Millionen Unterschriften sollen den Verantwortlichen die wahre Meinung des Volkes zeigen und sie vor verhängnisvollen Schritten bewahren. — Wir rufen deshalb zur Sammlung von Unterschriften unter nachstehender Petition auf. Gehen Sie von Haus zu Haus! Gehen Sie in die Büros und Betriebe und sammeln Sie Unterschriften!" Der Text der Petition ist nachstehend in LL 63/1952, Nr. 2, S. 32 abgedruckt.

Busch leitet den Aufruf mit folgenden Worten ein: „Ich fühle mich verpflichtet, unsern Lesern Kenntnis zu geben von diesem Aufruf der ‚Notgemeinschaft für den Frieden Europas'. In dieser Sache sind ernste Christen im Gewissen getrieben, zu handeln. Ich habe noch in keiner Zeitung diesen Aufruf gefunden. In solchem Falle sind die christlichen Blätter verpflichtet, diesem Gewissensanliegen Ausdruck zu geben." [6]

Auf diese Veröffentlichungen hin bekommt Busch eine Fülle kritischer Zuschriften. Deshalb begründet er in der März-Ausgabe von LL 1952, warum er den Aufruf gegen die Wiederbewaffnung veröffentlicht hat [7]:

„a) Hier in dieser Sache reden Christen aus ihrem an Gott gebundenen Gewissen heraus. Da sollten sie bei Christen wenigstens Gehör finden. —

b) Ich habe in keiner Zeitung den ‚Aufruf der Notgemeinschaft für den Frieden Europas' gelesen, wohl aber endlose und ermüdende Karnevalsberichte. In einem solchen Fall ist es für den Schriftleiter eines christlichen Blattes einfach eine Gewissenssache, dieser Stimme Gehör zu geben. Und auch wer anderer Ansicht ist, sollte wenigstens die innere Ruhe aufbringen, das Gewissensanliegen der anderen zu hören. Christen sind jedem Fanatismus abhold!

c) Jetzt muß ich noch ganz persönlich sagen: Ich bin überzeugt, daß Gott uns in vergangenen Jahren deutlich gezeigt hat, daß es falsch ist, sein Vertrauen auf Waffen zu setzen. Darum habe ich diese Petition unterschrieben. (Ich habe Brüder im Glauben, die es nicht getan haben. Die sind auch weiterhin meine Brüder, wie ich der ihre zu sein hoffe!) Und wenn mir nun jemand entgegnet, das sei Illusionismus, und man müßte doch auf dem Boden der realen Tatsachen bleiben, dann erwidere ich: Die größte Tatsache für mich ist der lebendige Gott. Und zu tun, als sei Gott nicht der Herr der Völker, ist Illusionismus."

Die politische Einstellung Wilhelm Buschs hat sich im Laufe seines Lebens beträchtlich geändert. Er war nicht immer gegen Soldaten. Er zog als Freiwilliger voller Begeisterung in

den Ersten Weltkrieg. Er kämpfte 1919 im Studentenfreikorps mit, das die kommunistischen Unruhen in Stuttgart niederwarf. Im Jahre 1920, während des Kapp-Putsches und der nachfolgenden kommunistischen Unruhen gehörte er dem Freikorps von Neufville in Frankfurt/Main an. Er war stolz auf die Tatsache, daß er Offizier war. Er hat noch im Dritten Reich an Militärübungen teilgenommen. Es hat ihn auch gewurmt und verletzt, als er vom aktiven Militärdienst ausgeschlossen wurde. Unter dem Datum des 6. Februar 1941 teilt ihm das Wehrbezirkskommando Essen II mit: „Auf Anordnung des Wehrkreis-Kommandos VI wird Ihre Stellung *z. V. des Heeres* mit sofortiger Wirkung aufgehoben. Ihre Dienstgradbezeichnung lautet demnach ab sofort: ‚Leutnant d. Res. a. D.'!"
Wilhelm Buschs nationale Gesinnung ist unter den Unrechtstaten des Dritten Reiches gestorben. Er hat das Unrecht, das den Juden geschah, miterlebt. In seinem Haus gingen bedrängte jüdische Freunde ein und aus.
Unter den Eindrücken des totalen Krieges wurde er zum Pazifisten. Sein Sohn fiel im Osten ebenso wie sein jüngster Bruder Friedrich. Auch die grauenvollen Bombennächte in Essen brachten ihn zu der Erkenntnis, daß solch furchtbares Morden in keinem Fall mehr als Mittel der Politik in Frage kommen dürfe.
Auch viele andere Leute — auch bekannte Politiker — haben unmittelbar nach dem Krieg heilige Eide geschworen, daß Deutsche nie wieder Waffen in die Hand nehmen sollten. Im Unterschied zu vielen, allzu vielen auch in der Kirche, stand Wilhelm Busch konsequent zu seiner Erkenntnis, auch als es dann wieder an die Aufrüstung ging. Ja, dann wurden die Verfechter eines waffenlosen Deutschland als Träumer und Schwärmer gescholten. Schließlich gibt es keine Sünde, die sich nicht noch theologisch rechtfertigen läßt.
Sicher nicht ohne Bedeutung ist die enge Verbindung, die Busch auch nach dem Krieg zu Dr. Dr. Heinemann hatte. Heinemann kam regelmäßig in Buschs Gottesdienst. Außerdem war er ja weiter erster Vorsitzender des Vereins Jugendhaus e. V. und blieb das bis 1969. Die beiden Männer haben viel miteinander über die Fragen „Politik und Christsein" gesprochen — auch über die besondere Problematik des Verhältnisses „Pietismus — Politik". Die Artikel von Dr. Heinemann in LL sind Folge dieses Austausches.

Zwei Monate nach seinem Rücktritt am 10. 10. 1950 hielt Dr. Heinemann in Bern einen Vortrag, in dem er folgende Sätze sagte: „Man sagt, die Christenheit greife in ein fremdes Amt, wenn sie sich in ‚politische' Fragen mische. Wir antworten: Wir rufen freilich ins Rathaus hinein, weil solches unser Auftrag ist. Wir rufen, um zu helfen. *Wir rufen, weil auch Schweigen eine ‚indirekte Politik' wäre, denn Schweigen fördert, was im Gange ist.* Schweigende Kirche bedeutet im Osten Fördern des Totalstaates und seiner Willkür. Schweigende Kirche bedeutet im Westen die Förderung der Unbußfertigkeit und der Selbstrechtfertigung. Man möchte überall, im Osten wie im Westen, eine Ja sagende oder wenigstens eine schweigende Kirche, aber keinesfalls Nein sagende Kirche haben." [8] Wir können eine weitgehende Übereinstimmung zwischen Wilhelm Busch und Dr. Heinemann in diesen Fragen voraussetzen und an den Äußerungen beobachten, die in diesem Kapitel zitiert sind.

In allen politischen Debatten, die eigentlich bis zum Schluß in „Licht und Leben" je und dann stattgefunden haben, ist zweierlei an Buschs Haltung zu bemerken:

Erstens: Er bekennt sich eindeutig zu seiner politischen Meinung in Fragen, die das Gewissen berühren.

Zweitens: Er betont nachdrücklich, daß er mit allen Christen durch Jesus und die Vergebung der Sünden verbunden ist, auch wenn sie politisch anderer Meinung sind als er.

So veröffentlicht er auch weiterhin eindeutige Stellungnahmen gegen die Wiederaufrüstung, z. B. von dem Präses der Westfälischen Kirche, D. Wilm. [9] Im Juli 1953 erscheint wieder ein Artikel von Dr. Heinemann über den Kriegsdienst. [10] Die darin ausgesprochenen Gedanken nimmt Busch selber im folgenden Jahr (Januar 1955) auf in dem Artikel „Westdeutsche Soldaten!" [11] Auch hier wieder eindeutig seine Ablehnung der Remilitarisierung Westdeutschlands. Busch betont dort zum Schluß: „Es ist bedrückend, daß wir in diesen Tagen keine einheitliche Stellung in der Gemeinde Jesu Christi haben. Ich habe wirklich Brüder im Glauben, die meine Ausführungen empörend finden. Sie werden trotzdem meine Brüder sein und ich der ihrige. Ich sehe also an ihnen, daß man als Christ über die Aufrüstungsfrage auch anders denken kann. Aber wir wollen uns alle im folgenden einig sein:

1. daß man in der Gemeinde Jesu über die Fragen sprechen muß;
2. daß wir unser Urteil bilden müssen vor Gott, frei von nationalistischen Erwägungen, traditionellen Gebundenheiten und rechthaberischem Wesen;
3. daß die Einheit der Gemeinde Jesu im Glauben an den Gekreuzigten gegeben ist. Je mehr solche Fragen uns Not bereiten, desto fester wird die Einheit im Glauben werden." [12]

2. Atomwaffen sind Sünde!

Seit Ende 1956 forderten Adenauer und sein Verteidigungsminister Franz Josef Strauß eine Ausrüstung der Bundeswehr mit Atomwaffen. Die Amerikaner hatten begonnen, ihre Streitkräfte mehr und mehr von konventionellen auf nukleare Waffen umzustellen. Achtzehn deutsche Atomwissenschaftler warnten den Bundeskanzler vor solch einem Schritt. In der Kirche standen sich die gleichen Gruppierungen schroff gegenüber, die schon in der Diskussion um die allgemeine Aufrüstung Kontrahenten gewesen waren.

Im Juli 1958 schreibt Busch einen „Brief an einen guten Freund". [13] Dieser Brief ist sehr vorsichtig formuliert. Doch enthält er die eindeutige Aussage: „Auf alle Gründe, die man für die Atombewaffnung anführt, kann ich als Christ nur sagen: Wir Christen können nicht in Böses willigen, damit Gutes daraus werde. Ich persönlich bin überzeugt, daß unser westdeutscher Staat sich auf einen bösen Weg begeben hat, als der Bundestag den Beschluß der Atombewaffnung faßte. Aus einem bösen Weg kann nichts Gutes kommen, auch wenn viele politische Gründe für diesen bösen Weg sprechen." [14]

Im Januar 1959 folgt dann der Artikel „Sünde? Sünde!" [15] Dieser Artikel ist so wesentlich für die Beurteilung Buschs, daß wir ihn vollständig zitieren wollen. An dieser Stelle ist mit ausgewählten Zitaten und mit indirekter Wiedergabe nichts zu machen, wenn der Leser ein klares Bild gewinnen soll. Also stellen wir uns der Sache:

„Eine seltsame Sache

Immer wieder findet man in christlichen Blättern ein entschiedenes Eintreten für die Aufrüstung mit Atomwaffen.

Das Merkwürdige dabei ist, daß offenbar kein Mensch etwas dagegen einzuwenden hat.

Wenn nun aber ein Christ ein Wort g e g e n die Aufrüstung sagt, dann geht ein wildes Geschrei los: ‚Ihr wollt die Kirche politisieren!'

Als in LL einmal ein Wort gegen Atomaufrüstung gesagt wurde, wurde der Schriftleiter eingedeckt mit Briefen, in denen stand: ‚Politik gehört nicht in LL. Von Politik verstehen Sie überdies nichts.'

Gut! Ich verstehe nichts von Politik. Aber warum darf Aufrüstungspolitik in christlichen Blättern erscheinen? Wieso ist das nicht Politisierung der Kirche? Sollte nicht gleiches Recht für alle gelten? Oder ist wirklich der Fall eingetreten, daß an Stelle von ‚Thron und Altar' jetzt ‚Bonn und Altar' die Parole ist?

E i n B e i s p i e l

In einem christlichen Blatt mit ganz und gar pietistischem Charakter ist folgendes zu lesen (man erlasse es mir, das Blatt zu nennen; wen es interessiert, kann bei mir jede Auskunft erhalten):

> *‚Wenn nun bisher noch kein Atomkrieg ausgebrochen ist, dann ist das, rein menschlich gesehen, nur auf die starke Atomwaffenrüstung der Vereinigten Staaten von Amerika zurückzuführen, welche gewissermaßen ein Schutzschild für die gesamte noch freie Welt darstellt. Nur das Wissen, daß ein Angriff ihrerseits die Selbstvernichtung bedeuten würde und noch bedeutet, hat die Sowjetunion noch veranlaßt, auf einen Angriff mit Atomwaffen zu verzichten. Wir können daher in der Westdeutschen Bundesrepublik nicht dankbar genug sein, daß die Vereinigten Staaten auch unseren Schutz und den Westberlins übernommen haben. Andernfalls teilten wir schon längst das Schicksal der osteuropäischen Randstaaten. Die Sowjets wissen auch, was die Wiederaufstellung einer deutschen Armee für die erhöhte Sicherheit Westeuropas bedeutet. Da sie nun trotz der Opposition der in ihrem Sinne arbeitenden SPD dies nicht verhindern konnten, versuchten die Sowjets mit allen Mitteln, zumindest die Ausrüstung der deutschen Armee mit gleichwertigen Waffen zu hintertreiben. Deswegen wurde der sogenannte ‚Kampf dem*

Atomtod' inszeniert und von der SPD als Propagandamittel gegen die deutsche Bundesregierung verwandt. Ihr schlossen sich bedauerlicherweise eine Anzahl deutscher Professoren und die evangelisch-kirchliche Gruppe: Heinemann, Niemöller, Gollwitzer an. Es wurde wider besseres Wissen die Meinung verbreitet, die deutsche Bundesregierung bereite den Atomkrieg vor, weil sie die deutsche Armee mit Atomwaffen ausrüsten wolle. Aber genau das Gegenteil ist richtig. Die deutsche Bundesregierung strebt die Abschaffung der Atomwaffen an. Sie erklärt aber gleichzeitig, daß dies nicht durch einen einseitigen Verzicht auf diese Waffen erreichbar ist, sondern nur im Rahmen einer allgemeinen, kontrollierten Abrüstung. Ein vorheriger, einseitiger Verzicht würde im Gegenteil die Sowjetunion geradezu zu einem Angriff auf einen Gegner – in diesem Falle Deutschland – einladen, der keine gleichwertigen Waffen besitzt.

Obwohl dies für jeden vernünftig denkenden Menschen klar ist, wurde der unsinnige ,Kampf gegen den Atomtod' mit steigender Verbissenheit geführt. Massenversammlungen, Demonstrationen aller Art wurden inszeniert, wobei es dann oft zu Schlägereien kam. Viele Millionen Mark wurden für Zeitungsartikel, Zeitungsanzeigen, Spruchbänder, Plakate und dergleichen ausgegeben. Kurz, es wurde eine Vergiftung der öffentlichen Meinung großen Stils betrieben. Und dies alles ohne jeden wirklichen Grund. Anstatt sich wenigstens in außenpolitischer Hinsicht zu einigen, wurde das deutsche Volk zum zweiten Male gespalten.'

Das große Mißverständnis

Ich meine, solche Sätze sind wirklich eine unerlaubte Politisierung, eine Vermischung von Christentum und Politik, die unerträglich ist. Daß dabei Männer wie Heinemann, Niemöller und Gollwitzer als solche hingestellt werden, die ,wider besseres Wissen' gegen die Atomaufrüstung antreten, scheint mir für ein christliches Blatt eine große Belastung zu sein.

Ich will mich hier in die endlosen Diskussionen politischer Art, die den Bundestag und die Synoden beschäftigt haben, nicht einmischen. Ich bin wirklich der Ansicht, daß man

Christentum und Politik nicht vermischen sollte. Da stehen Gründe gegen Gründe. Da wird man nicht fertig. Da erwacht der Fanatismus, und die Bruderschaft wird verletzt.

Mir scheint: Das große Mißverständnis besteht darin, daß man tut, als wenn die Ablehnung der Atombombe schon Politisierung sei. Es hat mit Politik und Beurteilung der Weltlage überhaupt nichts zu tun, wenn ich mir die Frage vorlege: Kann ich als Christ ja sagen zu Waffen, die keine Waffen mehr sind, sondern Massenvernichtungsmittel?

Ich muß als Christ fragen: Kann ich als Jesusjünger schweigen zu diesen schrecklichen, grausamen Atomwaffen?

Da kann die Antwort nur klar sein: Wir müssen nein sagen! Wir müssen warnen! Wir müssen schreien: Hört auf mit den furchtbaren Kernwaffenversuchen! Es geht nicht an, daß Menschen mit solchen Waffen experimentieren und drohen.

Das hat mit Politik und Beurteilung der Weltlage nichts zu tun. Atomwaffen sind Sünde! Und als Christ muß ich zur Sünde nein sagen.

Sofort erwidern viele meiner Freunde: ‚Aber wenn wir diese Waffen nicht haben, dann kommen die Russen über uns.‘ Darauf kann ich nur antworten:

1. Jetzt kommt Ihr mit Politik, mit der ich aber in dieser Frage nichts zu tun haben wollte, da es eine reine Gewissensfrage ist.

2. Ihr gebt damit zu, daß die Sünde der Atomwaffen aus politischen Gründen begangen werden kann. Damit sind wir bei dem schrecklichen Satz: Der Zweck heiligt die Mittel.

Professor Helmut Gollwitzer

Ich habe die leise Hoffnung, daß meine Leser ernsthaft erwägen, was ich jetzt gesagt habe, und nicht sofort rot sehen. Wenn Sie mich gehört haben, dann schreiben Sie mir jetzt nicht Briefe, in denen steht: ‚Du hast Politik in LL gebracht!‘ Dann können Sie mir höchstens schreiben: ‚Du denkst überhaupt nicht politisch!‘ Das würde ich gelten lassen.

Ich bin überzeugt, daß Atomwaffen Sünde sind. Und darum kann ich mich über diesen Punkt nicht in politische Diskussionen einlassen, daß unter Umständen Sünde doch erlaubt sei. Hier soll Politik treiben, wer will! Mir ist die Frage nach Atomwaffen nicht eine politische, sondern eine wirklich geistliche Frage.

In dem oben genannten Artikel wurde Prof. Gollwitzer erwähnt. Ich habe den Eindruck, daß er das meint, was ich in diesem Aufsatz ausgeführt habe. Das Deutsche Pfarrerblatt 15/1958 bringt einen Briefwechsel zwischen Pfarrer Adolf Schiller und Professor Gollwitzer. Da schreibt Gollwitzer:

‚Ich muß Dich darauf hinweisen, daß auf das Feld der politischen Überlegungen von Dir, nicht von mir hinübergeführt wird. Seit Jahren werden meine Freunde und ich in einer Weise, die nicht mehr theologische Polemik, sondern Hetze ist, beschuldigt, wir betrieben systematisch die Politisierung der Kirche, wollten der Kirche unseren politischen Standpunkt aufzwingen und die Kirche zu praktischer Parteinahme verführen. Immer aber sind es diejenigen, die uns dies vorwerfen, die dann selbst uns in politische Diskussionen verwickeln und die politische Zweckmäßigkeit zur letzten Norm, die Frage nach dem möglichen politischen Effekt zur entscheidenden Frage erheben. Ich könnte noch verstehen, wenn man uns vorwürfe, wir dächten zu wenig politisch; Politisierung der Kirche aber sollten die Bestreiter unserer Position nicht bei uns, sondern bei sich selbst suchen. Was wir von ihnen auf der EKD-Synode drei Tage lang zu hören bekamen, waren schlechthin nichts als politische Argumente.‘

Briefwechsel zwischen Männern

Der Schriftleiter ist dankbar für jedes Echo aus dem Leserkreis. Und die Briefschreiber sollen wissen, daß ihre Zuschriften sehr ernst genommen werden. Nun veröffentlichen wir hier den Auszug aus einem Leserbrief, der ausspricht, was viele Leser empfinden. Es ist darum wohl richtig, wenn wir auch die Antwort dazu veröffentlichen. Es möge sich niemand an dem rauhen Ton stoßen.

‚Nachdem Sie mit dem Artikel in LL vom Juli 1957 von Herrn Dr. Heinemann solche unliebsamen Erfahrungen gemacht haben, was von Ihnen in der November-Nummer unter der Bezeichnung ‚Fanatismus‘ seinen Niederschlag gefunden hat, hätte man erwarten sollen, daß Sie in Zukunft vorsichtiger sein würden. Leider ist in der Juni-

Nummer (1958) von LL wiederum ein Artikel unter der Bezeichnung ‚Ein Brief an einen guten Freund' erschienen, der gewiß aufs neue die Gemüter aus der Fassung bringt.

Daß Sie Ihre persönliche politische Meinung haben, dagegen ist nichts einzuwenden. Daß Sie diese aber in LL so kurz vor der Landtagswahl veröffentlichen, war nicht richtig ...

Ich war erfreut, als LL nach dem Kriege wieder erschien, Sie und Ihre Mitarbeiter haben immer eine helle, klare Posaune darin erklingen lassen und das Wort Gottes stets unverwässert gebracht. Sie werden es verstehen, daß es mir, gerade in der heutigen Zeit der Erstarrung und Verflachung, nicht gleichgültig ist, wenn infolge solcher Vorfälle die Bezieherzahl abnimmt. Ich nehme an, daß Ihnen das noch mehr am Herzen liegt. Ich möchte Sie deshalb ebenso höflich wie ernstlich bitten, in Zukunft das unbedingt Notwendige bei Veröffentlichungen wegen der Politik zu beachten. Auf jeden Fall verlangt der Herr von uns, daß die gegenseitige Achtung und Liebe nicht zu kurz kommt ...'

Der Schriftleiter antwortete:

‚Lieber Herr X!

Ihr Brief hat mir tatsächlich die Sprache verschlagen. Was haben Sie eigentlich für eine wunderliche Vorstellung von D e m o k r a t i e ? Demokratie heißt doch, daß man ernsthaft eine andere Ansicht haben kann als die Regierung und daß man dieser Ansicht auch Ausdruck gibt.

Ferner, was haben Sie für eine merkwürdige Vorstellung von P r e s s e f r e i h e i t ? Wieso darf ich in einem von mir redigierten Blatt nicht sagen, was ich denke und was Millionen Menschen in Deutschland denken? Nein, da habe ich eine andere Vorstellung von Pressefreiheit! Ein bedeutender Mann hat einmal zu einem anderen gesagt: ‚Ich halte Ihre Ansicht für verkehrt. Aber ich werde bis zum Äußersten dafür kämpfen, daß Sie Ihre Ansicht öffentlich aussprechen dürfen.' – Ich meine, das sei Demokratie und Pressefreiheit.

Ferner: Was haben Sie für eine sonderbare Vorstellung von einem S c h r i f t l e i t e r ? Sie sind also der Ansicht, der Schriftleiter dürfe nur schreiben, was seine

Leser gerne hören, damit er seine Leser nicht verliert. Das wäre ja furchtbar, wenn ich mein Blatt so redigieren müßte!

Und was für eine wunderliche Meinung haben Sie vom Leserkreis von LL, daß Sie annehmen, die Bezieherzahl ginge zurück, wenn ich Dinge ausspreche, denen nicht alle zustimmen können. Ich darf Sie an diesem Punkt beruhigen. Wir sind im letzten Jahr von 11 000 auf 12 000 Leser angestiegen. Aber auch wenn das nicht der Fall wäre, würde ich aussprechen, was ich denke.

Lieber Herr X, nehmen Sie mir mein offenes Wort nicht übel – Sie haben mir auch sehr offen geschrieben. Ihr Brief macht mir bange, daß unsere lieben Christen bereits wieder einem Einparteienstaat zustreben, in dem alles unantastbar ist, was von oben kommt. Merken Sie denn nicht, daß dies der Weg zur Diktatur ist? Daß die Welt es nicht liebt, wenn man gegen den Strom schwimmt, wissen wir. Aber Christen sollten doch etwas verstehen vom Gebundensein ans Gewissen. Im übrigen: Unsere Einheit beruht hoffentlich in der Liebe zu unserem Erlöser und Heiland. Lassen Sie uns darin verbunden bleiben!'"

3. Fanatismus

Es zieht sich durch die ganzen Jahre, in denen Wilhelm Busch LL geleitet hat, mit bedrückender Gleichmäßigkeit: Kommt ein halbwegs politischer Artikel in LL heraus, ist er gar von Dr. Heinemann geschrieben, oder äußert sich Busch selbst gegen die Atomrüstung, dann gibt es eine Flut von Schimpfpost.

Da schreibt Heinemann einen Artikel über die Unrechtmäßigkeit öffentlicher Diffamierung angeklagter Personen. Kein eventueller Freispruch mache den Schaden der Diffamierung wieder gut. Wahrhaftig ein Thema, das mit Parteipolitik nichts zu tun hat! Busch bekommt daraufhin eine Postkarte, die „An das SPD-Blatt Licht und Leben" adressiert ist.[16] Oder ein anderer Leser vermutet: „Offenbar will Heinemann über LL versuchen, wieder einen Ministersessel zu bekommen."[17]

Busch schreibt dazu: „Nun bitte ich meine Leser, die inzwischen hoffentlich etwas kühleres Blut bekommen haben[18], folgendes zu beachten:

1. Nicht eine dieser ungezählten Zuschriften ging auch nur von ferne auf das ein, was Heinemann gesagt hatte. Es ist erschütternd, daß politischer Fanatismus Christenleute unfähig macht, überhaupt noch auf ihren Bruder zu hören.

2. Von der SPD war überhaupt nicht die Rede. Es ging auch nicht um Wahlpropaganda. Es ging um eine Sache, die den Schriftleiter bewegt und heute noch bewegt, daß nämlich Menschen diffamiert werden können, ehe ein ordentliches Gericht die Schuld festgestellt hat. Und das ist doch eine böse Sache! Darüber können Christen doch nicht schweigen!

3. Soll ich alle Mitarbeiter von LL zuerst nach ihrer politischen Zugehörigkeit fragen? Es haben bisher sicherlich eine ganze Reihe Leute mitgearbeitet, die in der CDU aktiv sind. Warum haben sich die Leser da nicht aufgeregt?

Als Schriftleiter möchte ich sehr deutlich erklären: Ich möchte nur ein ganz freies Blatt redigieren — oder meinen Schriftleiterdienst aufgeben. Ich frage mich bei meinen Mitarbeitern, ob sie rechte Christen sind, und nicht, welcher Partei sie angehören. Wenn aber politischer Fanatismus mich zwingen will, nur Menschen einer bestimmten politischen Richtung zu Worte kommen zu lassen, dann gebe ich lieber mein Amt als Schriftleiter auf.

Verstehen wir nichts mehr von einer wirklichen Unabhängigkeit?" [19]

Ähnlich mußte Busch schon nach der Bundestagswahl 1953 schreiben. [20]

In den Artikeln zu politischen Themen und in den Kommentaren legt Busch immer wieder die gleichen Grundsätze vor: Freie Meinungsäußerung! Klare Stellungnahme, besonders in politischen Entscheidungen, die mit dem Gewissen zu tun haben! Keiner kann sich drücken: „Auf keinen Fall aber wollen wir uns auf eine stille Insel zurückziehen und tun, als ginge uns die ganze Sache nichts an. Man hat mir auf meinen Artikel ‚Westdeutsche Soldaten', zu dem ich nach wie vor stehe, geschrieben, man müsse doch der Obrigkeit gehorsam sein. Und was die beschließe, müsse für uns gelten. Nun ist es aber das Wesen der Demokratie, daß ein Bürger des Staates sich verantwortlich weiß und seine Verantwortung auch trägt. Und sollten gerade wir Christen ohne Verantwortung sein? Niemals!" [21]

Ja, und dann betont er immer wieder — und je schärfer die Kontroversen sind, um so stärker — die Verbundenheit der Christen durch Jesus. Leider kann man nicht sagen, daß diese fanatischen Auseinandersetzungen nur in die Zeit der Debatte um Aufrüstung und Atomwaffen gehören. Im Januar 1964 muß Busch noch einmal in dieser Sache Front machen gegen seine Leser. Im Märzheft 1963 war ein Artikel von Dr. Heinemann unter dem Thema „Politische Verantwortung" erschienen. In diesem Artikel ging es um die grundsätzliche Verpflichtung des Christen, politische Verantwortung zu übernehmen. In diesem Aufsatz steht immerhin der Satz: „Freilich ist nicht jeder verpflichtet, politisch aktiv zu sein. Gottes Gaben für uns Menschen sind unterschiedlich, und nur nach den Gaben ist jeder von uns gefordert. Gaben für politischen Dienst aber sind genauso Platzanweisung für den Dienst, wie alle anderen Gaben es auf ihre Weise sind. Sie verächtlich zu machen oder dem darin geforderten Dienst auszuweichen, sobald es um Politik geht, sollte gerade dem Christen nicht einfallen, wenn er Gottes gnädige Anordnung staatlicher Gewalt nicht durchkreuzen will." [22]

Auf diesen Artikel hin bekam Dr. Heinemann eine Fülle von Briefen, die er Wilhelm Busch zeigte. Busch dazu: „Ich war entsetzt, wieviel persönliche Beschimpfungen LL-Leser sich da geleistet haben. Dazu kann ich nicht schweigen." [23]

Er zeigt an August Hermann Francke und an Friedrich von Bodelschwingh, daß die sogenannte erste und zweite Bekehrung nötig ist. Die erste Bekehrung zu Jesus hin, die zweite Bekehrung zur Verantwortung für die Welt.

Busch tritt auch hier, wie es sein Stil ist, ins Gespräch mit seinem Leser ein:

„‚Ja,' wendet man mir ein, ‚aber haben wir denn auch eine politische Aufgabe?'

Ich bin überzeugt davon! Wir Älteren wissen doch das genau, daß wir im Nazi-Reich versagt haben. Ganz einfach versagt!

Und nun leben wir in einer Demokratie. Da ist es mit in unsere Hand gegeben, wie wir regiert werden. Darum können wir nicht unsere Augen verschließen und erklären: ‚Es geht mich alles nichts an!' Wir sind mit verantwortlich – ob wir wollen oder nicht.

Darum kann ich es nicht verstehen, daß Christen solche Männer, denen diese Verantwortung besonders aufs Herz gefallen ist, einfach abschreiben.

Ja, es entsteht für mich die Frage: Warum schreiben diese ‚unpolitischen Christen' eigentlich nicht ebenso die Christen in der CDU/CSU ab? Etwa den CVJM-Sekretär Gedat oder den Bundestagspräsidenten Gerstenmaier? Warum nur Leute wie Dr. Heinemann oder Prof. Gollwitzer?

Ja, warum? Sind sie wirklich überzeugt, daß die Liebe zu einer bestimmten Partei zum Christenstand gehört?

Ich meine, nicht die Zugehörigkeit zu einer bestimmten Partei, sondern die Zugehörigkeit zu Jesus Christus schafft die Gemeinschaft unter Christen. Wer es anders hält, hat die zweite vor die erste Bekehrung gestellt.

Sowohl von Professor Gollwitzer als auch von Dr. Heinemann wissen wir, daß sie auf äußere Vorteile verzichtet haben um ihres Gewissens willen. Das kann man nicht von vielen Leuten sagen, die aktiv politisch tätig sind.

Um es noch einmal anders zu sagen: Wir alle sind verantwortlich für die christliche Gemeinde wie auch für die bürgerliche Gemeinde. Darum haben wir z. B. ernst zu nehmen, wer in unseren Kirchenvorstand oder in unser Presbyterium gewählt wird, wie wir auch ernst zu nehmen haben, wer ins Rathaus oder ins Parlament gewählt wird.

Ich möchte in aller Deutlichkeit sagen, daß hier nur von unserer politischen Verantwortung die Rede sein soll, nicht von dieser oder jener Partei. Aber es geht auf keinen Fall an, daß wir christliche Brüder, weil sie in einer anderen Partei als in der unsrigen tätig sind, einfach abschreiben. Wir müssen doch begreifen: Nicht alle Leute, die in der ‚christlichen' Partei sind, sind darum Christen. Und nicht alle Leute, die in einer anderen Partei sind, sind Heiden. Wir müssen uns doch klarmachen, daß Christen in allen Parteien sein können. Und wir bleiben Brüder, auch wenn wir verschiedene politische Überzeugungen haben.

Hüten wir uns vor politischem Fanatismus!" [24]

Und dann fügt Busch diesem Artikel noch eine Fußnote hinzu: „Verehrter, lieber Leser! Ehe Sie empört zur Feder greifen, lesen Sie lieber noch mal, was ich schrieb. Und d a n n sagen Sie mir, was daran falsch ist." [25]

Wir können nicht übersehen, daß es sich nicht um tagespolitische Ermessensfragen handelt, für die Busch in LL und sonstwo streitet. Es gibt Probleme in der Politik, die haben eindeutig mit unserem Gewissen zu tun. Da gibt es dann kein taktisches Schweigen. Da muß ganz klar Stellung bezogen werden, auch wenn dadurch schwierige Zerreißproben in die Gemeinde Jesu kommen. Schweigen könnte nur eine Solidarität im Ungehorsam zur Folge haben. Das aber ist nicht die Gemeinschaft der Gemeinde Jesu, sondern die Kumpanei der Sünde.

Es ist doch nicht zu übersehen, daß wir heute oft noch die gleiche Einseitigkeit gerade im Bereich des Pietismus haben. „Politisierung der Kirche" ist ein häufig gehörter Vorwurf. Der Vorwurf ist sicherlich berechtigt, wo die Verkündigung der Botschaft vom Gekreuzigten und Auferstandenen verdrängt wird durch Verkündigung politischer Programme. Aber dieser Vorwurf muß nach „rechts" und „links" gemacht werden. Beide Seiten nehmen doch leidenschaftlich Stellung — auch im Rahmen der Verkündigung des Evangeliums — zum Rassismus-Problem und den Aktionen des Ökumenischen Rates in diesem Zusammenhang, zum Verhältnis Ost-West, heute wieder zum Problem Wehrdienst und Verweigerung angesichts rapide steigender Kriegsdienstverweigererzahlen, zur freien Marktwirtschaft und zu Sozialisierungstendenzen. Und wieder werden Tischtücher zerschnitten. Wir haben es in der Gemeinde heute nötiger als je zuvor, wirklich ernst zu nehmen, daß wir durch Jesus, unsern Herrn, unlösbar verbunden sind. Auch harte Auseinandersetzungen dürfen dieses Band nicht zerreißen. Wo sonst in unserem Land, wenn nicht in der Gemeinde Jesu, soll denn vorexerziert werden, daß schwierige politische Fragen in Sachlichkeit und wirklichem Respekt voreinander verhandelt werden? Fanatismus und verleumderische Polemik gehören zu den Verhaltensgesetzen einer Welt ohne Gott. Wo Christen sich da mit hineinziehen lassen, geraten sie in offene Sünde.

Wollen wir im Ernst die Gleichung als unbedingt gültig aufstellen: Christen sind konservativ!? Wir sollen doch Vorposten der neuen Welt Gottes in der vergehenden Weltzeit sein! Wir sollen die Kraft der Auferweckung Jesu in allen Bereichen des Lebens erfahren und bezeugen. Weil Jesus unser Herr und der Herr der Welt ist, brauchen wir nicht besorgt taktisch zu leben und zu argumentieren, sondern dürfen fröhlich und mutig seinen Willen tun. Ihm kann niemand mehr das Heft aus der Hand nehmen. Und dieser Wille Gottes hat zu keiner Zeit mit dem Willen der Mehrheit einer Gesellschaft übereingestimmt. Ich denke, wir können bei Wilhelm Busch in diesen Fragen einiges lernen.

Anmerkungen zum 6. Kapitel

1 LL 66/1955, Nr. 1, S. 15
2 LL 60/1949, Nr. 4, S. 15
3 vgl. D. Koch, Heinemann und die Deutschlandfrage, München 1972, S. 106
4 LL 61/1950, Nr. 12, S. 190 ff.
5 aaO. S. 190
6 aaO. S. 32
7 LL 63/1952, Nr. 3, S. 47
8 zitiert bei D. Koch, aaO. S. 528
9 LL 63/1952, Nr. 10, S. 159 f.
10 „Der Weg des Gewissens", LL 64/1953, Nr. 7, S. 111 f.
11 LL 66/1955, Nr. 1. S. 14 ff.
12 aaO. S. 16
13 LL 69/1958, Nr. 6, S. 94 ff.
14 aaO. S. 94
15 LL 70/1959, Nr. 1, S. 14 ff.
16 LL 68/1957, Nr. 11, S. 175
17 aaO.
18 Die Bundestagswahlen 1957 lagen einige Zeit zurück.
19 aaO. S. 175
20 vgl. LL 64/1953, Nr. 10, S. 156 f.
21 LL 66/1955, Nr. 3, S. 39
22 LL 74/1963, Nr. 3, S. 48
23 LL 75/1964, Nr. 1, S. 16
24 aaO. S. 16
25 aaO.

7. Kapitel

„Wir Pietisten haben allezeit einen Zweifrontenkrieg führen müssen.“

Die Stimme des Pietismus in der Kirche

1. Sprachrohr „Licht und Leben“

Vielleicht erscheint es merkwürdig, daß wir erst jetzt thematisch auf „Licht und Leben“ zu sprechen kommen. Zu fast jedem Problem in diesem Buch haben wir Veröffentlichungen Wilhelm Buschs aus LL zitiert. Nun aber wird es höchste Zeit, daß wir ein paar Sätze zur Konzeption dieser Zeitschrift sagen.

Als Busch im Jahre 1948 „Licht und Leben“ wieder anfing — es war fast 10 Jahre nicht erschienen —, mußte er praktisch mit der Zeitschrift von vorne beginnen. Sie war 1889 von dem Essener Erweckungsprediger Julius Dammann gegründet worden, der die Schriftleitung 1906 an den Vater von Wilhelm Busch, Dr. Wilhelm Busch, abgab. Von 1910 an war Pfarrer Josef Gauger, Inspektor der Evangelischen Gesellschaft für Deutschland, der Schriftleiter. Im Dritten Reich wurde LL schließlich verboten. Busch fing es im Oktober 1948 wieder an, nachdem Pfarrer Martin Heilmann und der Evangelist Walter Schäble die Lizenz vom Ministerpräsidenten des Landes Nordrhein-Westfalen bekommen hatten.

In der ersten Nummer wird die Zielrichtung von LL bekanntgegeben: „Und nun will der Schriftleiter gleich zu Anfang deutlich aussprechen, wie er sich den Kurs dieses Blattes denkt. Es liegt uns allen daran, daß ‚LL' biblischen Tiefgang habe. ‚LL' will kein Unterhaltungsblatt sein, sondern es will helfen, ‚daß der Leib Christi erbaut werde'. — Auf der anderen Seite soll es uns ein Anliegen sein, was der Gründer des Blattes einst sagte: ‚Hans und Grete sollen es verstehen können.' Wir, die wir am Blatt arbeiten, wollen nicht vergessen, daß ‚Hans und Grete' eine schwere Arbeitswoche und ein reiches Tagewerk hinter sich haben, wenn sie zu ‚LL' greifen. Und wenn wir da eine gelehrte Sprache sprechen wollten, dann würden ‚Hans und Grete' einschlafen. — Also soll es uns niemand verdenken, wenn wir hier reden, ‚wie uns der Schnabel gewachsen ist'. — Und am allerliebsten wäre es uns, wenn wir schon bald merken dürften, daß die Leser an ‚LL' recht beteiligt sind.

Schreiben Sie uns! Kritisieren Sie! Widersprechen Sie! — Aber seien Sie beteiligt!" [1]

Nun, an Beteiligung der Leser hat es nicht gefehlt. Durch alle Jahrgänge von LL zieht sich eine Linie von Leserbriefveröffentlichungen. Ja, zum Teil werden auch heftige Diskussionen geführt. Wir haben ja schon zu bestimmten Themen einige Beispiele dieser Art gebracht.

Und ganz ohne Zweifel ist Busch dem Vorsatz „Hans und Grete sollen es verstehen können" treu geblieben. Busch selber hat eine Art, leicht verständlich, sehr anschaulich und spannend zu schreiben. Seine Beiträge geben jeder Ausgabe die Lebendigkeit.

Spannend war „Licht und Leben" natürlich auch deshalb, weil darin gekämpft wurde. Auch das hängt mit der Konzeption zusammen: „‚LL' ist nicht ein volksmissionarisches Erbauungsblatt, sondern es will die Stimme des Pietismus im Raume der Kirche hörbar machen, und es ist bestimmt für nachdenkliche Christenleute, denen es um die rechte Ausrichtung des Evangeliums in der Kirche geht." [2] Dies schreibt Busch, um zu zeigen, in welche Gruppe von Menschen er die Werbung für „Licht und Leben" hineingetrieben sehen will.

Es konnte natürlich bei der engagierten Art, wie Busch die Dinge anfaßte, nicht ausbleiben, daß die Wellen nun hochgingen und die Gemüter sich gelegentlich sehr erhitzten. Wir nannten ja schon jene denkwürdige Abbestellung „aus Gewissensgründen". Aber sicherlich geht es hier auch nach dem Grundsatz: Wer keine Feinde hat, hat auch keinen Charakter.

Wilhelm Busch antwortet auf die mancherlei Vorwürfe, die ihm gemacht wurden, mit einem kurzen Abschnitt unter der Rubrik „Rundschau". [3] Er wendet sich dort „Gegen Mißverständnisse!"

„Man erlaube dem Schriftleiter, einmal ein Wort ‚in eigener Sache' zu sagen: Vor kurzem las ich einen Satz, den der englische Dichter G. B. Shaw in einem Brief an Archibald Henderson schrieb: ‚Einer der albernsten Vorwürfe, den man mir macht, lautet, ich gliche einer Bremse, die das Publikum sticht, aber ihm nicht hilft. Gedankenlose Kritiker behaupten, ich erwiese mich als rein destruktiv. Nichts dürfte weniger der Wahrheit entsprechen. Als Ganzes betrachtet, ist mein Werk durch und durch aufbauend gewesen.'

Nun ist es ohne Zweifel ein weiter Weg von G. B. Shaw bis zu LL. Aber als ich diesen Satz las, mußte ich lachen und denken: Es geht LL genau wie Bernhard Shaw! In einer kirchlichen Hochschule erfand man für LL den Spottnamen ‚Der christliche Stürmer'. Bekanntlich war ‚Der Stürmer' eins der destruktivsten Blätter im Nazireich.

Nun ja, das waren Studenten! ‚Schnell fertig ist die Jugend mit dem Wort.' Doch vor kurzem hörte ich, wie ein von mir hochverehrter und bedeutender Christ folgendes sagte: ‚Die Sorge um meine Kirche bereitet mir schlaflose Nächte. Es kann's ja nicht jeder machen wie der Bruder W. Busch. Der verschafft sich ein Blatt und haut einfach drauf! Immer drauf!' Solchen und ähnlichen Mißverständnissen gegenüber möchte ich als Schriftleiter nun einmal mit allem Nachdruck darauf aufmerksam machen: Es geht nicht ums ‚Draufhauen'. Wir Leute von LL haben ein durchaus positives ‚Anliegen'. Was ist das?

Wir können es mit einem Satz sagen: Wir wollen, daß in der evangelischen Kirche die Theologie der Erweckung, die erweckliche Predigt und das Lied der Erweckung erhalten bleiben.

Es ist keine Frage, daß gegenüber meiner Jugendzeit heute besser und biblischer gepredigt wird. Aber man hat alles, was von der Erweckung herkommt, in den letzten Jahrzehnten mit Eifer ausgefegt. Das Ende ist Orthodoxie, Kirchentod, Ordnungen ohne Leben.

Es geht uns in LL um die evangelische Kirche. Und wir wollen nicht müde werden, unser höchst positives Anliegen vorzutragen. Und dabei wollen wir unabhängig bleiben von Ablehnung oder Zustimmung durch Prälaten, Bischöfe, Präsides oder der blinden Menge."

Stimme des Pietismus in der Kirche! Busch sieht sich mit seinen Vorgängern in der Schriftleitung von LL darin verbunden,

„daß sie immer u m ihre Kirche kämpften, nie g e g e n die Kirche. Sie sahen ihr Blatt, die Lesergemeinde und sich selbst an als einen Teil der Kirche." [4]

LL beginnt jeweils mit einem kürzeren oder längeren Väterzitat auf der ersten Seite, dem die Bibelarbeit von Wilhelm Busch folgt. Danach kommen die unter keiner bestimmten Rubrik sortierten Artikel, teils seelsorgerlichen, teils kirchenkämpferischen, teils theologischen, teils erzählenden Inhalts. Danach drei weitere regelmäßig wiederkehrende Rubriken: „Schriftleiter, erzählen Sie mal . . . !", dann die „Umschau" mit mancherlei Notizen, Meldungen und Zitaten. Abschließend die Rubrik „Aus Welt und Zeit" mit politischem, kirchenpolitischem oder allgemein weltanschaulichem Akzent. Anfangs gab's auch noch die beiden Rubriken „Briefkasten" und „Splitter und Späne". Im letztgenannten Teil erschienen Zitate. Das Interessante an „Licht und Leben" waren eben die nebeneinanderstehenden verschiedenen Typen von Aufsätzen. Die Bibelarbeit und die kirchenkämpferischen Artikel, seelsorgerliche Ausführungen und Erzählerisches, Information und Auseinandersetzung.

Und das Wichtigste an „Licht und Leben" war wohl dies: Es wurde tatsächlich gelesen. Und nicht nur im engeren Kreis der Pietisten. Die Stimme des Pietismus sollte ja im Raum der Kirche gehört werden. Mit „Licht und Leben" schuf Wilhelm Busch ein Sprachrohr, das die Stimme des Pietismus im Raum der Kirche auch wirklich vernehmbar machte.

2. Der Zweifrontenkrieg des Pietismus

Die Stimme des Pietismus hat in der Kirche gelegentlich scheinbar widersprüchlich geklungen. Nachdem Busch in verschiedenen Artikeln über die Aufgabe des Pietismus geschrieben hat, stellt er diese scheinbare Widersprüchlichkeit in dem Artikel „Pietismus im Zweifrontenkrieg" [5] systematisch dar. Der Pietismus ist ursprünglich als Gegenbewegung gegen die Orthodoxie des 18. Jahrhunderts entstanden. Der Orthodoxie ging es um die Bewahrung der reinen Lehre.

„Diese Orthodoxie führte im 18. Jahrhundert zu einer Erstarrung der Kirche. Und als Gegenreaktion entstand der Pietismus, der den persönlichen Heilsstand, die persönliche Entscheidung und die Bewährung des Glaubens im Alltag (Heiligung) fordert. Die Orthodoxie hat im Pietismus ihren schlimmsten Feind gesehen und sich erbittert gegen ihn gewandt. Pietismus und Orthodoxie sind unvereinbare Gegensätze." [6]

Nun kam nach dem Zweiten Weltkrieg in Deutschland die von Bultmann angestoßene Existenztheologie stark in den Vordergrund. In der Gemeinde entstand Verwirrung dadurch, daß diese Theologen auch von Entscheidungen redeten und auch sonst ein scheinbar pietistisches Vokabular benutzen konnten. Wenn man die Pietisten aber darauf hinweisen konnte, daß ihre Bewegung ja eigentlich gegen die Orthodoxie entstanden sei, also im Kampf für die persönliche Entscheidung und Bewährung des Glaubens im Alltag gegen das bloße Fürwahrhalten der reinen Lehre, dann war in vielen Fällen die Verwirrung perfekt. Busch schreibt dazu: „Mit den modernen Theologen verbindet uns Pietisten das Wissen, daß es beim Christentum um eine persönliche Entscheidung geht. Es trennt uns von ihnen ihre Bibelkritik. — Mit den Orthodoxen verbindet uns das Wissen um die uneingeschränkte Geltung der Bibel. Es trennt uns von ihnen, daß bei ihnen Bekehrung, persönlicher Heilsstand und Heiligung zugunsten der Lehre zu kurz kommen."

Die weiteren Ausführungen Buschs sind wichtig genug, daß wir sie ausführlicher zitieren wollen: „Wir Pietisten haben allezeit einen Zweifrontenkrieg führen müssen. Wenn die Theologen die Orthodoxie predigten — also ‚reine Lehre' ohne den Ruf zur Entscheidung und ohne Heiligung des Lebens —, dann standen die Pietisten auf und verkündeten ‚Bekehrung' und ‚Heiligung'.

Wenn aber die Theologie die Wahrheiten der Bibel angriff, das Bekenntnis veränderte und die Bibel kritisierte, dann standen die Pietisten auf und riefen: ‚Wenn dein Wort nicht mehr soll gelten, worauf soll der Glaube ruhn? . . . '

Der Orthodoxie gegenüber hat der Pietismus das ‚Leben aus Gott' zu bezeugen. Der modernen Theologie gegenüber bezeugt er die Wahrhaftigkeit der Bibel.

Es ist mir fast zum Lachen, daß ich selbst in meinem kurzen Leben dauernd die zwei Fronten sehen mußte. Kurz nach dem Zweiten Weltkrieg erlebten wir eine von Professor Karl Barth hervorgerufene Orthodoxie. Wie wurde da auf Pfarrkonferenzen geredet gegen den Subjektivismus des Pietismus! Wie wurden wir angegriffen, weil wir von ‚Entscheidung' und ‚Bekehrung' sprachen!

Auf einmal erleben wir bei der jungen Theologen-Generation eine Wendung um 180 Grad. Alles spricht von ‚existentieller Entscheidung'. Man betreibt eine verdünnte Form von Heiligung . . . Aber zugleich hat man die Grundlagen zerstört. Die biblischen Wahrheiten sind aufgelöst. Und nun werden die Pietisten ganz folgerichtig wieder angegriffen. Nicht wegen unseres ‚Subjektivismus'. Nein! Den hat man ja selber! Wir sind nun die schwarzen Schafe, weil wir an die uneingeschränkte Geltung der Bibel glauben und an die großen Taten Gottes, wirklich geschehen zu unserem Heil."

„Und wir Pietisten müssen es auf uns nehmen, daß wir nun in die gefährliche Nähe der Orthodoxie geraten." Ob das noch überall gesehen wird im pietistischen Bereich? Die Nähe zur Orthodoxie ist tatsächlich eine gefährliche Nähe.

Busch rechnete damit, daß die theologischen Strömungen wieder wechseln und die Kirche eines Tages wieder orthodox ist. — „Diese geistigen Strömungen wechseln wie die Damenmoden." Dann werden die Pietisten wieder bekämpft wegen ihres Subjektivismus und verdächtigt, daß sie zu nahe am Liberalismus stehen.

Nun geht es in dieser ganzen Frage nicht um Maßstäbe, die wir aus der Entwicklung der Theologie- und Kirchengeschichte gewinnen könnten. Es geht um Orientierung an der Bibel. Deshalb sei abschließend aus dem zitierten Artikel folgender Passus berücksichtigt: „Es geht uns um die v o l l e biblische Wahrheit. Diese biblische Wahrheit hat eine objektive und eine subjektive Seite. Wir können die beiden Seiten in der Pfingstpredigt der Apostel studieren. Da sagen die Leute: ‚Wir hören sie in unseren Zungen die großen Taten Gottes reden.' Das ist die objektive Seite: Gott hat etwas getan. Er hat seinen Sohn an das Kreuz gegeben. Er hat ihn von den Toten auferweckt. Er hat seinen Geist in die Welt gegeben. Das sind Tatsachen, die feststehen, ob sie jemand annimmt oder nicht.

Die Orthodoxie betont diese Seite der biblischen Wahrheit. Weil sie aber das Nächste übersieht, bleibt sie tot.

Es ging nämlich an Pfingsten so weiter: ‚Laßt euch erretten von diesem verkehrten Geschlecht!' Das ist die subjektive Seite. Da muß geglaubt werden. Da geht es um einen Schritt, um eine Bekehrung, um eine ‚existentielle Entscheidung'. Diese Seite betont die moderne Theologie. Weil sie aber die ‚großen Taten Gottes' in Frage stellt, wird sie zur Schwärmerei, und wir wehren uns gegen sie wie gegen jede andere Art von Schwärmerei.

Der pietistische Zweifrontenkrieg ist also durchaus biblisch. Es geht heute wie immer um die ganze, volle, biblische Wahrheit. Und mit dieser Forderung wollen wir das Gewissen der Kirche sein."

Da wir an dieser Stelle den Pietismus auch historisch betrachtet haben, sei auf die bitteren Worte hingewiesen, die Wilhelm Busch über Karl Barths „Geschichte der Theologie des 19. Jahrhunderts" geschrieben hat. Er nannte sie „eines der verhängnisvollsten Bücher, die in der letzten Zeit entstanden sind" [7], und fuhr fort: „Dort sucht er (Barth) nachzuweisen, daß die ungläubige Aufklärung und der Pietismus Zweige desselben Baumes seien. Wer das Buch liest, fühlt auf jeder Seite, wie konstruiert die ganze Beweisführung ist. Aber das Buch hat seine verhängnisvolle Wirkung getan, auch bei den Theologen, die es gar nicht gelesen haben. Denn nun war jeder Theologe überzeugt: ‚Nachdem wir durch den Kampf um das Bekenntnis die Aufklärung der Kirche endgültig überwunden haben, ist eigentlich selbstverständlich der Pietismus damit auch überwunden.' Karl Barths Behauptung stimmt aber nicht. Gott möge der Gemeinschaftsbewegung einmal den Geschichtsschreiber schenken, der das ausführlich nachweist, daß die ungläubige Aufklärung in der Kirche gerade durch den Pietismus und die pietistische Erweckungsbewegung überwunden wurde."

Busch berichtet dann, wie der badische Erweckungsprediger Henhöfer und der Gerbermeister Tillmann Siebel aus dem Siegerland mit dem Katechismus gegen den Rationalismus in der Kirche kämpften. „Es ließen sich genug Beispiele dafür anführen, daß die pietistische Erweckung nicht ein Zweig an einem Baum mit der Aufklärung war, sondern daß vielmehr dieser Pietismus die Kirche zu ihrem Bekenntnis zurückgebracht hat." Ebenso sieht Busch die Dinge für die

Auseinandersetzung mit dem Liberalismus um die Jahrhundertwende, mit der Verfälschung des Evangeliums durch die „Deutschen Christen" im Hitlerreich und mit der Bultmannschen Theologie.

„Indem die Gemeinschaftsbewegung über dem Bekenntnis der Kirche wacht, kämpft sie für die Kirche." [8] Damit aber sind wir schon beim nächsten Abschnitt, nämlich bei der Frage, welche Aufgabe die Gemeinschaftsbewegung an der Kirche hat.

3. Die Aufgabe der Gemeinschaftsbewegung an der Kirche

Der Titel dieses Abschnitts ist zugleich das Thema eines wichtigen Aufsatzes von Busch. [9] In der Einleitung dieses Aufsatzes betont und begründet Busch nachdrücklich, warum er noch in der Volkskirche ist, und warum er glaubt, daß Gott diese Kirche nicht abgeschrieben hat. Die Aufgaben der Gemeinschaftsbewegung an dieser Kirche faßt er in drei Kreisen zusammen. Der erste wurde bereits im vorherigen Abschnitt erwähnt: „Die kirchliche Gemeinschaftsbewegung wacht über dem Bekenntnis der Kirche". [10]

Der zweite Kreis zeigt eine interessante These: „Die Gemeinschaftsbewegung ist der Grenzwall der Kirche gegen das Schwärmertum". [11]

Irrlehren und Schwärmereien entstehen aus einseitiger Betonung der Endzeiterwartung oder der Geistesgaben oder der Gesundbeterei oder der perfektionistischen Gemeindebildung.

Tatsache aber ist: „Alle Irrlehren und Schwärmereien, die der Kirche zu schaffen machen, sind ja nur ein Ausdruck dafür, daß irgendein Punkt der Lehre oder des christlichen Lebens in der Kirche zu kurz kam". [12]

Busch weist darauf hin, daß all diese Punkte, die Anlaß für falsche, einseitige Weichenstellungen sind, berechtigte biblische Ansätze enthalten. In der Gemeinschaftsbewegung, die nicht den Ballast der volkskirchlichen Mitläufermassen hat, können diese biblischen Gesichtspunkte viel besser berücksichtigt werden.

„Aber eben darum hat sie (die Gemeinschaftsbewegung) ihre Bedeutung als Bollwerk der Kirche gegen diese Schwärmereien. Wo eine lebendige Gemeinschaftsbewegung ist, werden viele dieser geistlichen Bedürfnisse unruhiger Gewissen und nach Wahrheit verlangender Seelen in biblischer Weise gestillt". [13]

Busch weist allerdings auch zugleich darauf hin, daß damit die Gemeinschaftsbewegung sich im dauernd gefährdeten Grenzland zur Schwärmerei und zur Irrlehre befindet. Er fährt fort: „Dies aber ist für die Kirche wahrlich kein Anlaß, die Gemeinschaftsbewegung zu verdächtigen. Im Gegenteil. Die pietistischen Kreise sehen hier ihre Aufgabe an der Kirche. Sie nehmen die Gefahr auf sich, die ganze biblische Wahrheit (und die Bibel ist wohl ein gefährliches Buch!) zu verkünden". [14]

Den dritten Aufgabenkreis sieht Busch darin, daß die Gemeinschaftsbewegung das Gewissen der Kirche ist. Sie weist gegenüber einem falschen Verständnis des Pfarramtes hin auf das allgemeine Priestertum der Gläubigen. Sie muß zeigen, daß ein Kirchensteuerzahler-Bezirk noch nicht Gemeinde Jesu ist, daß auch Volkskirche und Kirche Jesu Christi nicht dasselbe sind, daß die Sakramente nicht überschätzt werden dürfen, daß Reformen, die weitgehend im Äußerlichen steckenbleiben, kein neues geistliches Leben in die Kirche bringen usw. [15]

Die Aufgabe des Pietismus an der Kirche liegt auch darin, daß er „das Erbe der Väter" an die heutige Gemeinde vermittelt. Für Wilhelm Busch war das eine sehr lebendige und sehr wichtige Sache. Er hat ein Buch geschrieben über die Gestalten des rheinisch-westfälischen Pietismus, in dem er sehr anschaulich die geistliche Kraft der Männer wie Volkening, Tillmann Siebel, G. D. Krummacher, Engels, Dammann zeigt. In einem Aufsatz mit dem Titel „Das Erbe der Väter" [16] formuliert er sechs wichtige Merkmale der hervorragenden Gestalten des Pietismus, die wegweisend im Sinne einer biblischen Orientierung sind:

1. Sie haben eine Tiefenwirkung gehabt. Sie gaben sich nicht damit zufrieden, daß diese oder jene Gruppen erreicht wurden, sondern der Glaube mußte biblisch fundiert werden.

2. „Empfindsames Gewissen" [17]. Busch schreibt dazu: „Die Erweckungsbewegung war ja die Reaktion auf Orthodoxie und Aufklärung. In beiden Bewegungen wurden Lehre und

Leben auseinandergerissen. In der Orthodoxie wußte man nur von der ‚reinen Lehre'. In der Aufklärung wollte man ein tugendhaftes Leben ohne die geistlichen Wurzeln. Die Väter im Glauben aber wußten, daß Glaube und Nachfolge zusammengehören, daß der Glaube an die Versöhnung durch Jesus die stärkste Verpflichtung zur Nachfolge bedeutet."

3. Der weite Horizont weltmissionarischer und diakonischer Arbeit. —

4. Betonung der Gemeinschaft der Christen. —

5. „Willigkeit zur Schmach Christi" [18].

Hier geht es um die Bereitschaft, auf den Spott der Umwelt keine Rücksicht zu nehmen, wenn es gilt, den Weg der Nachfolge zu gehen. Dieses „Erbe" ist wichtig für eine Kirche, die an einer Anpassungsneurose leidet.

6. Verantwortung für die Kirche ist Kennzeichen des Pietismus gewesen. „Es gehört zu der Tragik in der Geschichte der evangelischen Kirche, daß sie oft ihre treuesten Glieder nicht verstanden hat. Weil diese Leute ihre freien Zusammenkünfte auf dem Boden der Kirche haben wollten, sah man sie als unbequeme Rebellen an. Weil sie, an der Bibel geschult, mit einem Pfarrer über seine Predigt sprechen konnten, sah man in ihnen lästige Querulanten. Zum Erbe der Väter gehört, daß die Pietisten sich ihre Freiheit nicht nehmen lassen, doch bis ins Letzte hinein sich verantwortlich wissen für ihre Kirche." [19]

Immer wieder hat Wilhelm Busch der Gemeinschaftsbewegung die Notwendigkeit gezeigt, in der Kirche zu wirken, genauso wie er der Kirche die Notwendigkeit versuchte zu zeigen, die Gemeinschaftsbewegung als wichtigen Bestandteil ernst zu nehmen. Hier sei noch einmal auf seinen Kampf um die Freiheit der Gemeinde Jesu in der Volkskirche verwiesen. Auch da geht es ihm um die Kirche und nicht um die Eigenbrödelei. Die Freiheit der Gemeinschaften ist notwendig, damit die der Volkskirche drohende Überfremdung nicht zugleich die Gemeinschaften zerstört.

Und gerade in den letzten Jahren der verschärften theologischen Auseinandersetzung innerhalb der Kirche empfahl er wieder das Grundprinzip der Pietisten in solchen Zeiten: in der Kirche bleiben, aber Hauskreise bilden, in denen die Bibel miteinander gelesen und ausgelegt wird. In dem Artikel

„Was sollen wir tun? — Die moderne Theologie im Alltag der Kirche“ [20] empfiehlt er nachdrücklich die Bildung von Hauskreisen und lehnt zugleich die Bildung einer Bekennenden Kirche oder das Verlassen der Kirche zu diesem Zeitpunkt ab.

Wir lesen dort: „Hier und da wird heute die Frage gestellt: ‚Sollten wir es nicht machen wie damals, als die ‚Deutschen Christen‘, die Nazi-Kirche, in die Kirche einbrachen?‘ Damals traten führende Männer des Widerstandes zu Synoden zusammen, und es entstand die ‚Bekennende Kirche‘. Wir wurden damals Schritt für Schritt weitergeführt. Ist die Zeit für solch eine Bekenntnis-Synode jetzt nicht da?

Ich muß offen sagen: Nein! Die Zeit ist noch nicht da. Vielleicht kommt sie auch nicht. Man kann die Geschichte nicht einfach wiederholen. Jedenfalls haben die, auf die es ankäme, in dieser Sache noch nicht zusammenfinden können. Zu solch einem entscheidenden Schritt muß Gott selbst das Startzeichen geben. Oder vielleicht auch den Gideon, der Gottes Volk in Gottes Auftrag zusammenruft. Genug davon!

Es gibt nicht wenige, die uns heute raten: ‚Verlaßt doch diese Kirche, die das wahre Evangelium so preisgibt!‘

Was sollen wir dazu sagen? Ich halte das für einen grundfalschen Rat. Diese Kirche ist u n s e r e Kirche! Sie hat immer noch ihr Bekenntnis. Und wir wollen es mit den Vätern der Erweckungsbewegung halten, die den Irrlehrern des Rationalismus mit dem Katechismus in der Hand entgegentraten und sie zur Ordnung riefen.“ [21]

4. Gegen die lähmende Überschätzung der Taufe

Mit Vehemenz erhob sich die Stimme des Pietismus im Protest gegen eine unbiblische Lehre von der Taufe und eine entsprechende Praxis in der Kirche.

„Wir protestieren! — Wir erheben Einspruch! — Wir können nicht mehr schweigen dazu, daß in der evangelischen Kirche von der Taufe geredet wird in einer Weise, die sich zu einer ungeheuren Gefährdung für unbekehrte Menschenseelen auswächst.“ [22] — Mit diesen starken Sätzen beginnt ein „Was bremst denn da?“ - Artikel mit dem Untertitel „Ein offenes Wort über die Taufpredigt in der evangelischen Kirche“. In diesem Artikel, der eine Diskussion auslöst, die sich in mehreren LL-Heften niederschlägt, greift Busch die unbiblische Lehre von der Taufwiedergeburt an: „Aus dem Glauben an den Herrn Jesus Christus wird immer mehr ein Glaube an die Taufe." [23]

Bitter zeigt Busch die verheerenden Folgen dieser kirchlichen Taufpredigt: „Sollte je ein Gewissen beunruhigt sein — sollte je ein Mensch auf den Gedanken kommen, er müsse umkehren wie der verlorene Sohn — sollte je der Geist Gottes ein Herz erwecken —: dann wird es sofort narkotisiert mit der Botschaft: Du bist ja getauft, es ist alles gut. Da legt sich das erwachte Gewissen wieder zur Ruhe, denn ‚der Pastor muß es ja wissen'. Ich bin überzeugt davon, daß in dieser Taufpraxis der Grund für die Lähmung der evangelischen Kirche liegt." [24]

Natürlich hat Busch die Kindertaufpraxis der evangelischen Landeskirche im Auge. Aber es geht ihm in dieser Auseinandersetzung nicht um die Alternative Kindertaufe — Erwachsenentaufe.

Er gebraucht da sogar einige sehr scharfe Sätze, um möglichen Mißverständnissen vorzubeugen: „Wenn meine baptistischen Brüder meinen, sie könnten aus diesem Artikel Wasser auf ihre Mühlen leiten, dann antworte ich ihnen: Auch bei Euch gibt es weithin eine Überschätzung der Taufe, die total unbiblisch ist. Es handelt sich hier darum, daß wir Abstand gewinnen von den Baptisten, gleichgültig, ob sie uns in lutherischem oder in baptistischem Gewand begegnen." [25]

Es geht Busch darum, daß dem Kreuze Jesu nichts abgebrochen wird.

Busch scheut sich auch nicht, diese Irrlehre zu verhöhnen. Er meint, daß Paulus geraten hätte, „mit dem Sprengwagen durch die Welt zu fahren und alles, was einem vor die Hände kommt, zu taufen" [26], wenn er wirklich der Meinung gewesen wäre, daß durch die Taufe die Wiedergeburt geschähe. — Oder er konstruiert den verrückten Fall, daß ein Pfarrer, der zur Nottaufe ins Krankenhaus gerufen wird, die Straßenbahn verpaßt. Zehn Minuten Verspätung — und er erreicht das Kind nicht mehr lebend. Hätte er ein Auto gehabt, wäre das Kind gerettet worden. [27] Es ist nicht zu leugnen, aus solchen Beispielen spricht grimmiger Hohn. Aber dieser Hohn hat seine Ursache darin, daß Busch durch falsche Lehre von der

Taufe unzählige Menschen betrogen sieht um das Leben, das die Botschaft von Jesus anbietet.

Die Kernaussage Buschs über die Bedeutung der Taufe lautet dann: „Die Taufe gibt nicht mehr als das Wort Gottes auch gibt. Wer behauptet, daß die Taufe mehr gäbe als das Wort Gottes, befaßt sich mit Magie, aber nicht mehr mit dem Evangelium". Die Taufe ist deshalb sichtbarer Zuspruch der Liebe Gottes, die sich im Kreuz Jesu offenbart und uns angeboten wird. Über dem getauften Kind wird ausgesprochen: „Jesus starb für dich!" — Wie es danach weitergeht? „Die Predigt der Kirche aber hat Getaufte und Ungetaufte zu rufen, daß sie sich bekehren von der Finsternis zum Licht." [26]

Wie immer, wenn Busch solche heißen Themen in LL angefaßt hat, gab es auch diesmal eine Flut von Briefen. Es kamen zustimmende Briefe, die ihm Material als Bestätigung zukommen ließen. Es gab Empörung.

Busch stellt fest: „Das Unheimliche an dieser ganzen Geschichte ist, daß das Gespräch über diese Dinge nicht mit der aufgeschlagenen Bibel geführt wird. Meistens wird Luther gegen die Pietisten ausgespielt. So können aber evangelische Christen die Wahrheit nicht feststellen. Die liegt allein in der Heiligen Schrift." [29] Busch faßt hier seine Position in drei kurzen Punkten zusammen:

„1. Die Taufe gibt nicht mehr als das Wort Gottes auch gibt. Alles übrige ist Magie. Das Wort Gottes sagt: Wenn ein Kind zur Welt geboren ist, dann steht über ihm die Tatsache, daß Jesus Christus, der Sohn Gottes, für dieses Kind gestorben ist. Und genau dasselbe wird in der Taufe dem Kind gesagt. Es ist wirklich nicht so, daß das Evangelium verkündigte: ‚Jesus starb für dich', und daß man durch die Taufe nun in diese Gnade hineingepflanzt würde. Nein, so ist es nicht! Sondern die Taufe versichert wie das Wort Gottes: ‚Jesus starb für dich.' Was der Mensch mit dieser Botschaft dann macht, ist eine zweite Frage.

2. Eingepflanzt in das Reich Gottes wird ein Mensch durch Umkehr, Bekenntnis seiner Sünden vor Gott und Glaube und Übergabe an den Herrn Jesus Christus, der für Sünder gestorben und auferstanden ist. Nicht die Taufe errettet, sondern der Glaube an den Sohn Gottes.

3. Darum brauchen wir nicht eine Veränderung der Taufpraxis, damit die Kirche belebt werde. Wir brauchen vielmehr Prediger, die statt einer falschen Tauflehre den Herrn Jesus Christus als das einzige Heil predigen und zu Ihm rufen." [30]

5. Kritik aus Liebe — auch an den Gemeinschaften

„Aber gerade weil ich die Gemeinschaftsbewegung nicht nur liebe, sondern weil ich zu ihr gehöre, habe ich auch Sorge um sie" [31], schreibt Wilhelm Busch. Wenn er auch kein Blatt vor den Mund genommen hat, wo die Schäden und das falsche Verhalten in der Kirche anzuprangern waren, so hat er doch sich selbst und die eigenen Leute im Bereich des Pietismus nicht geschont. Der dritte „Was bremst denn da?"-Artikel richtet sich deshalb auch an die Pietisten: „Diesmal ein Wort an die Gemeinschaften und freien Kreise in der Kirche" [32]. Busch hat nie „ja" gesagt zu einem Pluralismus in der Kirche, der so weit geht, daß der eine die Auferweckung Jesu leugnen und der andere sie glauben kann, und beide sind in der gleichen Kirche. Aber innerhalb der Gemeinde derer, die Jesus, den gekreuzigten und auferweckten Herrn, anrufen, galt für ihn nicht das Prinzip der Eintönigkeit.

„Gottes Orgel hat viele Pfeifen. Das heißt: ich muß meinen Ton geben; aber ich muß anerkennen, daß es auch andere Pfeifen mit anderen Tönen auf Gottes Orgel gibt." [33]

Und von da aus kritisiert er die Intoleranz mancher Gemeinschaftsleute, die grundsätzlich bestreiten, daß in der Volkskirche geistliches Leben sein könnte. Busch setzt dagegen: „Gott hat die Volkskirche nicht verworfen. Sonst würde Er in ihr nicht Bekehrungen und Erweckungen schenken." [34] Er geißelt die „ungeistlichen Kämpfe" und den Konkurrenzneid zwischen Gemeinschaftspredigern und Pfarrern. Genauso hart, wie er in jenem ersten „Was bremst denn da?"-Artikel den ungeistlichen Führungsanspruch der Pfarrer kritisiert hat, so tut er dasselbe auch im Blick auf Gemeinschaftsprediger und CVJM-Sekretäre. Da kann er warnen: „Ihr lieben Prediger-Brüder!, achtet doch selbst darauf, daß aus einer lebendigen Laienbewegung nicht eine kleine Prediger-Kirche wird!" [35] Ebenso kritisiert er Geldsorgen, die eine Gemeinschaft mit Beschlag belegen, und Gesetzlichkeit. „Ein Hauptanliegen des Pietismus ist die Heiligung des Lebens. Es gibt aber so viele unter uns, die ‚Heiligung' mit Gesetzlichkeit verwechseln. Sie regen sich auf über einen Pfarrer, der raucht; aber selber sind sie gegen Flüchtlinge so unbarmherzig wie Weltmenschen. Sie finden unstatthaft, wenn ein junges Mädchen ein modernes Kleid trägt; aber in ihrer Familie ist es nicht, wie es sein sollte." [36]

Im Jahre 1964 hat er noch einmal einen programmatischen Artikel zu diesem Thema geschrieben: „Der unangenehme Pietist" [37]. Da lauten die Punkte der Kritik: „Der immer dagegen ist" — „Der jeden Splitter im Auge des anderen sieht" — „Der Gesetzliche" — „Der überall dabei ist" — „Der Haustyrann" — „Der Heuchler" — „Der Unvertraute" (Busch meint damit „einen Menschen, in dessen Nähe einem ungemütlich wird".) — „Der Unfrohe" — „Der Untüchtige" — „Der Schwärmerische" — „Der Drängerische" — „Der sich für unentbehrlich hält" — „Der Unzerbrochene" — „Der keine Stille vor Gott hat".

Busch fragt sich selbst am Ende dieser beiden gegenüber dem Pietismus kritischen Artikel, ob das denn sein muß, daß er nach der Kritik an der Kirche nun auch noch die Kritik an den eigenen Reihen übt. Das eine Mal antwortet er: „Und es scheint mir, daß ich das tun muß, weil ich ebenso von Herzen Pfarrer wie auch Pietist und Gemeinschaftsmann bin." [38]

Das andere Mal — am Schluß des „unangenehmen Pietisten" — schreibt er: „Ja, mir ist, als höre ich im Geist alle die Stimmen, die auf diesen Aufsatz Antwort geben. Da sagen einige Theologen-Freunde, mit denen ich im Nazi-Kirchenkampf Schulter an Schulter gekämpft habe: ‚Da siehst du doch selber, lieber Bruder Busch, was diese Pietisten für ein armseliger Haufe sind! Wie kannst Du Dich denn ihnen mit Haut und Haaren verschreiben!?'

Darauf kann ich nur antworten mit dem Satz Gerhard Tersteegens: ‚Mir sind die Kranken Jesu Christi lieber als die Gesunden der Welt.' Und noch etwas muß noch einmal gesagt werden: Es ist hier kein Fehler aufgezählt worden, von dem ich nicht auch deutliche Anzeichen an meinem eigenen Herzen finde." [39]

6. Die Tersteegensruh-Konferenz

Ich will hier nicht wiederholen, was an anderer Stelle viel besser und gründlicher dargestellt wurde. Ich möchte ausdrücklich verweisen auf das Buch von Karl-Heinz Ehring, Die Gerhard-Tersteegen-Konferenz, Gladbeck 1969. Dort wird Wesen und Geschichte der Konferenz beschrieben und an Beispielen belegt.

Hier soll uns die Konferenz vor allen Dingen unter dem Gesichtspunkt „Die Stimme des Pietismus in der Kirche" beschäftigen.

Busch schrieb bei Gelegenheit: „Diese Konferenz will und braucht keine Werbung. Wenn wir hier von ihr berichten, dann tun wir es, weil wir meinen, diese Konferenz sei ein Zeichen, daß die Kirche nicht übersehen dürfe. Der Pietismus, jene Geistesbewegung, die im Rheinland mit Tersteegen begann und die in der Erweckung des vorigen Jahrhunderts neues Leben bekam, ist nicht tot, wie es viele meinen. Sie ist eine lebendige Strömung unserer Kirche. Hinter dieser Konferenz steht ja keine Organisation, welche ihre Mitglieder ‚aufbietet', — weder die Kirche noch ein Verein, weder der ‚Gnadauer Verband' noch sonst eine Organisation. Es wird daran deutlich, daß die Christen sich sehnen nach solcher biblischen ‚Speise', wie sie hier in erwecklicher Weise geboten wird." [40]

An dieser Glaubenskonferenz war Wilhelm Busch zweierlei wichtig, und darum bemühte er sich intensiv:

a) Nüchterne Bibelauslegung

„Die Tersteegensruh-Konferenz möchte Gottes Wort auslegen. Nüchterne Bibelauslegung — darum geht es uns." [41]

Gerade heute, an dem Tag, an dem ich diese Zeilen schreibe, wird mir vor Augen geführt, wie wenig selbstverständlich diese Ausrichtung für eine solche Konferenz ist. Es werden doch die merkwürdigsten Erwartungen und Vorstellungen an die Tagung herangetragen. Und gelegentlich sieht es so aus, als ob alles andere erwünscht ist als nüchterne Bibelauslegung. Ich bekam heute einen Brief eines Mannes, der u. a. beklagte, daß in den Veranstaltungen der Gerhard-Tersteegen-Konferenz (wie die Glaubenskonferenz seit 1968 heißt) die Redner vom Konferenzleiter festgelegt und aufgefordert würden. Er war der Meinung, nach einer kurzen Einleitung sollte das Wort für jedermann freigegeben werden, damit viele vom

Heiligen Geist geleitet ihre Erfahrungen mit Jesus und mit der Bibel erzählen könnten.

Nun wird keiner bestreiten wollen, daß solch ein Austausch der Erfahrungen sehr bereichernd sein kann. Aber in der Tersteegensruh-Konferenz sollte eben nüchterne, vertiefende Bibelauslegung geübt werden. Dazu gehört vorhergehendes intensives Studium des Wortes Gottes.

Auf der anderen Seite lag natürlich dauernd die Versuchung nahe, bestimmte aktuelle Themen aus der kirchlichen Gegenwart aufzugreifen und zu behandeln. Wie verführerisch ist es, daß eine solche Konferenz, die von vielen Menschen besucht wird, zu einer Bekenntniskundgebung gemacht wird! Niemand wird wiederum bestreiten wollen, daß die Behandlung wichtiger Themen aus der Kirche der Gegenwart und die Bekenntnisauseinandersetzung in der Kirche notwendig sind. Die Tersteegensruh-Konferenz aber sollte nüchterne Bibelauslegung anbieten. Letzten Endes gibt es nur dadurch Wachstum im Glauben, mündiges Christsein und Aufbau der Gemeinde.

Solche systematische Bibelauslegung muß natürlich in einer Kirche, die weitgehend gefangen ist im Zirkel ihrer sonntäglichen Perikopen, die Funktion eines aufgerichteten Zeichens haben. Hier wurden auch Teile der Bibel behandelt, die sonst in der Kirche oft vernachlässigt werden. Typisch ist die Wahl des Themas für die Tersteegensruh-Konferenz 1953. Busch schreibt: „Es ist bedrückend, wie sehr die Kirche die Frage nach den letzten Dingen den Sekten überlassen hat. Und in den Kreisen der gläubigen Christen ist viel Unruhe und Fragen, wobei man dann meist an nebensächlichen Dingen hängen bleibt. So ging es der Konferenzleitung darum, einmal in aller Klarheit die großen Linien der Bibel herauszustellen: Der Antichrist; die Wiederkunft Jesu; das Tausendjährige Reich; Weltgericht und die Neue Welt. Daß man einfach die biblischen Texte auslegte, gab den Versammlungen die ganz große Nüchternheit, aber auch die herrliche, geistliche Weite." [42]

b) Nicht-Theologen haben das Wort!

Für Wilhelm Busch war es ein wichtiges Kennzeichen der Gemeinschaftsbewegung, daß Nicht-Theologen in ihr den Dienst der Verkündigung und der Seelsorge taten. Nicht, daß er Theologen für überflüssig gehalten hätte. Aber er hielt ihr Übergewicht und ihre Vorherrschaft in der Gemeinde Jesu für ungeistlich und dem neutestamentlichen Priestertum aller Gläubigen zuwiderlaufend.

Daß an dieser Stelle Schwierigkeiten in der Praxis bestanden, hat Wilhelm Busch nicht verschwiegen. Er hat sich Sorgen gemacht um das natürliche Trägheitsgefälle, das letzten Endes alle Verkündigungsdienste den Theologen zuspielt. Namentlich am Beispiel der Tersteegensruh-Konferenz hat er dieses Problem aufgerollt:

„Ich bin Leiter der Tersteegensruh-Konferenz, die im Frühjahr in Essen und im Herbst in Mülheim (Ruhr) tagt. Wie schwer ist es doch, Laienbrüder zu finden, die in diesen großen Versammlungen ein rechtes Wort sagen können. Da ist es denn für uns am einfachsten, wenn wir uns unter den Pfarrern, Predigern und Theologieprofessoren umschauen. ‚Die können es ja auch am besten!' heißt es dann.

Nach den Referaten findet bei der Tersteegensruh-Konferenz stets eine Aussprache statt, bei der allerdings das Wort nicht einfach freigegeben wird, sondern bei der die Redner aufgefordert werden. Da erlebe ich immer folgendes: Wenn ich einen Nichttheologen bitte, ein Wort zu sagen, dann wehrt er ab und sagt: ‚Da drüben sitzt ja der Pfarrer XY. Der sagt gern ein Wort.' Und dann wendet man sich halt seufzend an den Pfarrer XY. Und allmählich habe ich einen heißen Kampf, daß nicht unten eine hörende Laienschar sitzt und auf dem Podium eine redende Theologenschar.

Ich sage: Ich habe einen Kampf. Wenn ich dem Trägheitsgefälle nachgebe, dann ist die Sache sehr einfach. Es sind ja genug Prediger und Pfarrer da, die reden können. Aber ich m ö c h t e diesem Gefälle nicht nachgeben." [43]

Ja, es war wirklich ein Kampf. Und vor allen Dingen war es auch ein Anspruch an den Stil der Konferenzleitung. Es kann nicht verschwiegen werden, daß Busch sich bei vielen unbeliebt gemacht hat, ja geradezu gefürchtet war wegen seiner straffen, manchmal rigorosen Art der Konferenzleitung. Die Hauptveranstaltung wurde jeweils durch ein 45-Minuten-Referat als Einleitung in den Text begonnen. Danach forderte Busch ungefähr fünf oder sechs Brüder auf, ein kurzes Wort zum Text oder zur gehörten Einführung zu sagen. Da wurden verschiedene, auch unterschiedliche Akzente gesetzt. Es kam so etwas wie ein Gespräch in Gang, soweit das in Versammlungen möglich ist, die nach Tausenden zählen. Aber diese Worte der Brüder nach dem Referat waren zeitlich sehr stark begrenzt. Jeder hatte nur etwa 5 Minuten zur Verfügung. Und wer die Zeit überschritt, war nicht sicher davor, daß Busch ihn an passender oder unpassender Stelle unterbrach und ein Lied singen ließ. Für den Redner war das natürlich eine ziemlich harte Kur. Die Hörer waren für den dadurch gegebenen lebendigen Konferenzstil sicher dankbar.

Ähnlich ging es mit den Gebetsgemeinschaften. Wenn 2.500 Menschen im vollgepfropften Saal des Städt. Saalbaus in Essen zusammen waren, schien eine Gebetsgemeinschaft vollkommen unmöglich. Busch wagte sie trotzdem. Was in kleinen Gebetsgemeinschaften möglich ist, ist in einer solchen großen Versammlung natürlich untragbar. Busch scheute sich denn auch nicht, Beter, die kein Ende finden konnten, mit einem lauten „Amen" zum Ende zu bringen. Er wurde auch bei jedem Anflug von Hysterie und Schwärmerei ausgesprochen schroff. Er kannte die Risiken, die solch eine Gemeinschaftskonferenz mit sich brachte. Aber er scheute sie nicht. Nüchterne Bibelauslegung und Brüderbewegung — das waren die beiden wichtigsten Akzente.

Busch hat die Tersteegensruh-Konferenz nicht als kirchenpolitisches Forum gebraucht. Sie war nicht Jahrestagung einer bestimmten Organisation. Es war wirklich die Sammlung des Volkes Gottes aus allen Himmelsrichtungen unter der Verkündigung des Wortes Gottes. Und gerade so ist sie ein unübersehbares Zeichen im Raum der Kirche gewesen. Sie ist Vorbild geworden und hat als Anregung gedient für ähnliche Konferenzen in Deutschland, z. B. für die Ludwig-Hofacker-Konferenz in Württemberg.

7. Er war wirklich ein Pietist

Vielleicht findet es mancher merkwürdig, daß wir jetzt mit solch einem Satz herauskommen. Ist es nicht selbstverständlich, daß Busch Pietist war, nachdem wir gesehen haben, wie sehr er dafür kämpfte, daß der Pietismus in der Kirche eine Stimme hatte? Aber wir müssen jetzt zusehen, daß wir einer gefährlichen Zwangsläufigkeit der Beschreibung von Programm und Praxis Wilhelm Buschs entgehen. Wir haben fast nur Punkte herausgegriffen und behandelt, an denen Busch an der Front der Auseinandersetzung stand. Das könnte den Eindruck erwecken, daß Busch seiner Natur nach den Kampf brauchte. Es gibt ja solche Leute, die nicht glücklich sind, wenn sie keine Auseinandersetzungen haben.

Nun, wir wollen keine Biographie schreiben. Deshalb ist das Programmatische an Busch in den Vordergrund gestellt worden. Das hat zur Folge, daß wir dauernd die Auseinandersetzungen beobachtet haben. Es ist nun aber doch sehr bedeutungsvoll zu sehen, daß Busch nicht nur für die Sache des Pietismus gekämpft hat, sondern selber ganz bewußt Pietist war. Und zwar sind hier zwei Elemente für sein Leben von großer Bedeutung: Er brauchte und suchte sehr viel die Stille. Wir haben schon früher davon berichtet, daß er ein ausgedehntes Bibelstudium trieb, ohne Abzweckung für die Auslegung. Er suchte viel Stille vor Gott. Trotz seines Temperaments war er deshalb alles andere als ein „Hans Dampf in allen Gassen". Zum Pietismus gehört das Element der Zurückgezogenheit in der Stille vor Gott.

Das Getöse des Kampfes suchte er nicht um des Gefallens an diesem Getöse willen. Er führte den Kampf, weil er notwendig war. Zu Hause war er nicht in der lärmerfüllten Auseinandersetzung, sondern im verborgenen Studium der Schrift und im Gebet.

Ebenso — und das ist nun das zweite typische Kennzeichen des Pietisten — war er zu Hause unter Brüdern. Er hat oft die Gemeinschaft der Brüder gesucht. Viele Probleme der persönlichen Lebensführung und der geistlichen Arbeit hat er mit den Brüdern besprochen.

Nachdem er in die Jugendarbeit als Nachfolger Weigles eingestiegen war, hat er sich heftig mit Zweifeln herumschlagen müssen, ob dies wirklich der Platz Gottes für ihn sei. Er hatte die starke Befürchtung, daß er unter dem Eindruck der Persönlichkeit Weigles in diese Arbeit gedrängt worden sei. Diese Not hat er mit den Brüdern der Tersteegensruh-Konferenz beraten. Und er hat sich in solchen Beratungen auch Entscheidendes sagen lassen.

Also auch darin war er wirklich Pietist, daß er die Gemeinschaft der Brüder suchte.

Er las viel und regelmäßig sowohl die Väter des älteren Pietismus wie Gerhard Tersteegen, die schwäbischen Pietisten und den Grafen Zinzendorf als auch die herausragenden Gestalten der Erweckungsbewegung des vorigen Jahrhunderts.

Stellen wir am Ende dieses Buches alles wieder in Frage, was wir versuchten aufzuzeigen? Ist alles zu aktivistisch an Busch gezeichnet? Er war oft geradezu schwermütig und verzagt. Auch nach den großen Evangelisationen, in denen er zu Tausenden sprach, hatte er nicht das Gefühl des Triumphes. Er mußte vorher und nachher getröstet werden. Er war alles andere als ein Heroe, der von Sieg zu Sieg eilte.

Wir wollen zum Schluß zwei Liedstrophen vor unsere Augen stellen, die Wilhelm Busch als Gebet sehr wichtig waren. Die eine ist das Gebet des zerschlagenen Dieners Gottes, der in sich keine Kraft und Fähigkeit sieht, die ihn für Gott brauchbar macht:

„Das war ja so Dein Wesen von alten Tagen her,
daß Du Dir hast erlesen, was arm, gebeugt und leer,
daß mit zerbroch'nen Stäben Du Deine Wunder tatst
und mit geknickten Reben die Feinde untertratst."

(F. W. Krummacher)

Die andere Liedstrophe stammt bezeichnenderweise von Gerhard Tersteegen. Wie weit ist das doch weg von allem selbstherrlichen Aktivismus!

„Du durchdringest alles; laß Dein schönstes Lichte,
Herr, berühren mein Gesichte.
Wie die zarten Blumen willig sich entfalten
und der Sonne stille halten:
Laß mich so, still und froh
Deine Strahlen fassen, und Dich wirken lassen."

Es ist nicht wichtig, daß wir etwas tun, sondern daß Jesus durch uns wirken kann.

Anmerkungen zum 7. Kapitel

1 LL 60/1948, Nr. 1, S. 8
2 LL 61/1950, Nr. 3, S. 43
3 LL 65/1954, Nr. 9, S. 141
4 LL 76/1965, Nr. 6, S. 89

5 LL 72/1961, Nr. 10, S. 153 ff.
6 a. a. O., S. 153
7 LL 61/1950, Nr. 1, S. 6
8 a. a. O., S. 7
9 a. a. O., S. 4 ff.
10 a. a. O., S. 6
11 a. a. O., S. 7
12 a. a. O.
13 a. a. O.
14 a. a. O.
15 a. a. O., S. 8
16 LL 68/1957, Nr. 3, S. 36 ff.
17 a. a. O., S. 37
18 a. a. O., S. 38
19 a. a. O.
20 LL 75/1964, Nr. 4, S. 52 ff.
21 a. a. O., S. 53
22 LL 67/1956, Nr. 10, S. 151
23 a. a. O.
24 a. a. O.
25 a. a. O., S. 152
26 a. a. O.
27 vgl. a. a. O., S. 153
28 a. a. O., S. 152
29 LL 68/1957, Nr. 4, S. 52
30 a. a. O., S. 53
31 LL 69/1958, Nr. 5, S. 68
32 LL 60/1949, Nr. 8, S. 68 ff.
33 a. a. O., S. 68
34 a. a. O.
35 a. a. O., S. 70
36 a. a. O.; damals war das Flüchtlingsproblem in Deutschland akut.
37 LL 75/1964, Nr. 9, S. 132 ff.
38 LL 60/1949, Nr. 8, S. 70
39 LL 75/1964, Nr. 9, S. 141
40 LL 64/1953, Nr. 7, S. 106
41 LL 66/1955, Nr. 7, S. 107
42 LL 64/1953, Nr. 7, S. 106
43 LL 69/1958, Nr. 5, S. 69 ff.

Lieferbare Bücher von Pastor Wilhelm Busch †:

Jesus unser Schicksal

Vorträge nach Tonbändern

244 Seiten, kartoniert, DM 6,40; SFr. 8.40

Was uns beim Hören dieser Botschaften gar nicht bewußt wurde, fällt beim Nachlesen auf. Jede dieser klaren, christusbezogenen Ansprachen war zugleich Gespräch mit dem einzelnen, liebevolle, vollmächtige Seelsorge.

Plaudereien in meinem Studierzimmer

288 Seiten, Leinen, DM 12,80; SFr. 16.70

Schon auf der ersten Seite wird klar: Der Verfasser will nicht von sich reden, sondern von Menschen, denen er begegnet ist und die sein Leben stark beeindruckt haben: Handfeste Streiter und Vorbilder für die Sache Gottes.

Der Herr ist mein Licht und mein Heil

376 Seiten, Plastik, DM 11,80; SFr. 15.40

Andachten für jeden Tag des Kalenderjahres, lebendig, ohne Umschweife zur Sache kommend. Die Texte sind klar und kurz. Das Buch läßt sich gut als Geschenk, auch für jüngere Menschen, verwenden. Auch dem, der selbst Andachten zu halten hat, vermag es Anregung zu geben.

365 mal ER

Tägliche Andachten

376 Seiten, Leinen, DM 13,80; SFr. 17.90

Ein evangelistisches Andachtsbuch mit Bibelspruch, Andacht und Gebet für jeden Tag des Kalenderjahres. Auch in diesem dritten Andachtsbuch vermittelt Wilhelm Busch die Tiefe des biblischen Zeugnisses in einer jedem verständlichen, höchst aktuellen Form und Sprache.

Die Kirche am Markt

Kurzgeschichten der Bibel – zusammengestellt von Hartmut Lipps

132 Seiten, kartoniert, DM 4,80; SFr. 6.30

Für P. Wilhelm Busch war es die schönste Aufgabe seines Lebens, die Botschaft der Bibel vielen Menschen zu sagen. Predigten, die unter der Überschrift „Kurzgeschichten der Bibel" in der Flugblattreihe „Die Kirche am Markt" erschienen sind.

Elisa

Männer der Bibel – unsere Zeitgenossen

160 Seiten, kartoniert, DM 4,80; SFr. 6.30

Der Verfasser will denen Anleitung und Hilfe geben, die in Jugendkreisen, Gemeinden und Gemeinschaften zur Bibelarbeit gefordert sind und keine besondere Ausbildung für diesen Dienst erhalten haben.

Gideon — Markus — Noah

Männer der Bibel – unsere Zeitgenossen

136 Seiten, kartoniert, DM 3,80; SFr. 5,–

Noah: Eine Weltkatastrophe – und wie einer errettet wurde. Gideon: Aufstieg, Kampf, Sieg und Niederlage eines Gottesstreiters. Markus: Wie ein Unbrauchbarer für Gott brauchbar wurde.

Die belebte Straße

Entscheidende Begegnungen mit Jesus

100 Seiten, kartoniert, DM 3,80; SFr. 5.–

Von der Straße, die von Jesus belebt ist, will dieses Buch zeugen. Die hier vorliegenden Predigten zeichnen sich durch ihre schlichte Sprache aus.

Fundamente

60 Seiten, kartoniert, DM 2,–; SFr. 2.60

Eine Auslegung der Zehn Gebote, die als Anruf Gottes ganz ernst genommen werden, aber zugleich im Lichte der Christusbotschaft stehen.

Die von Herzen dir nachwandeln

Gestalten des rheinisch-westfälischen Pietismus

160 Seiten, kartoniert, DM 3,80; SFr. 5.–

Der Verfasser zeichnet in seiner lebendigen Art nicht nur die wesentlichen Züge dieser Männer, sondern läßt sie in ihren Liedern, Briefen und Zitaten selbst zum Leser sprechen.

Folgende Einzelvorträge aus dem Buch „Jesus unser Schicksal" sind lieferbar:

Wozu Jesus?	DM –,75; SFr. 1.10
Wozu lebe ich?	DM –,75; SFr. 1.10
Wenn man nicht mehr glauben kann	DM –,75; SFr. 1.10
Wann geht die Welt unter?	DM –,75; SFr. 1.10
Unser Recht auf Liebe	DM –,75; SFr. 1.10
Wer hat schon Zeit?	DM –,75; SFr. 1.10

Verteilblatt — Die Kirche am Markt

Redaktion: Pfarrer Ulrich Parzany, Jugendpfarrer in Essen.

Erscheinungsweise: wöchentlich, der Versand erfolgt jeweils in Folgen für vier Sonntage.

Der Bezugspreis beträgt vierteljährlich = 13 Ausgaben 80 Pf, bei Mehrbezug Mengenpreise.

Diese Predigtreihe entstand, als Hunderten von jungen Soldaten im letzten Weltkrieg für jeden Sonntag Predigten zugeschickt wurden, die umschichtig von Bischof O. Dibelius und Pfarrer W. Busch auf der Kanzel gehalten und von vielen freiwilligen Helfern abgeschrieben wurden. Als nach dem Kriege weiterhin um diese Predigten gebeten wurde, entstand die periodisch erscheinende Reihe, die nunmehr einen stark erweiterten und sehr großen Kreis erreicht.

Die Predigten eignen sich in ihrer Kürze auch ausgezeichnet als Lesepredigten und Verteilblätter. Da sie zunächst vor vielen jungen Menschen gehalten werden, ist die Sprache zeitnah und allgemein verständlich.

Von Pastor Ulrich Parzany erschien:

Was kann man denn noch ernst nehmen?
104 Seiten, kartoniert, DM 5,80; SFr. 7.60

In fünf Kapiteln werden Grundthemen des Glaubens behandelt. Hier wird biblische Botschaft modern und griffig für junge Menschen weitergegeben. Eine gute Brücke zu Jesus für eine fragende Generation.

Zum Thema Tersteegen-Konferenz (Kapitel 7) erschien:

Karl-Heinz Ehring
Die Gerhard-Tersteegen-Konferenz
88 Seiten, kartoniert, DM 4,–; SFr. 5.30

Vordermänner im Volke Gottes kommen hier zu Wort, die im Laufe der Jahrzehnte mit ihrer Botschaft die Konferenz entscheidend gestaltet haben. Die Einflußgnade der vielen unvergeßlichen Gemeinschaftskonferenzen darf nun durch dieses Buch in viele Herzen und Häuser weitergetragen werden.

Dieses Buch enthält neben der Geschichte der Gemeinschaftskonferenz Bibelarbeiten von Daniel Schäfer, Hans Dannenbaum und Wilhelm Busch.